ANDREA HOEDT-KONKEN

Bunte Socken und witzige Handschuhe stricken

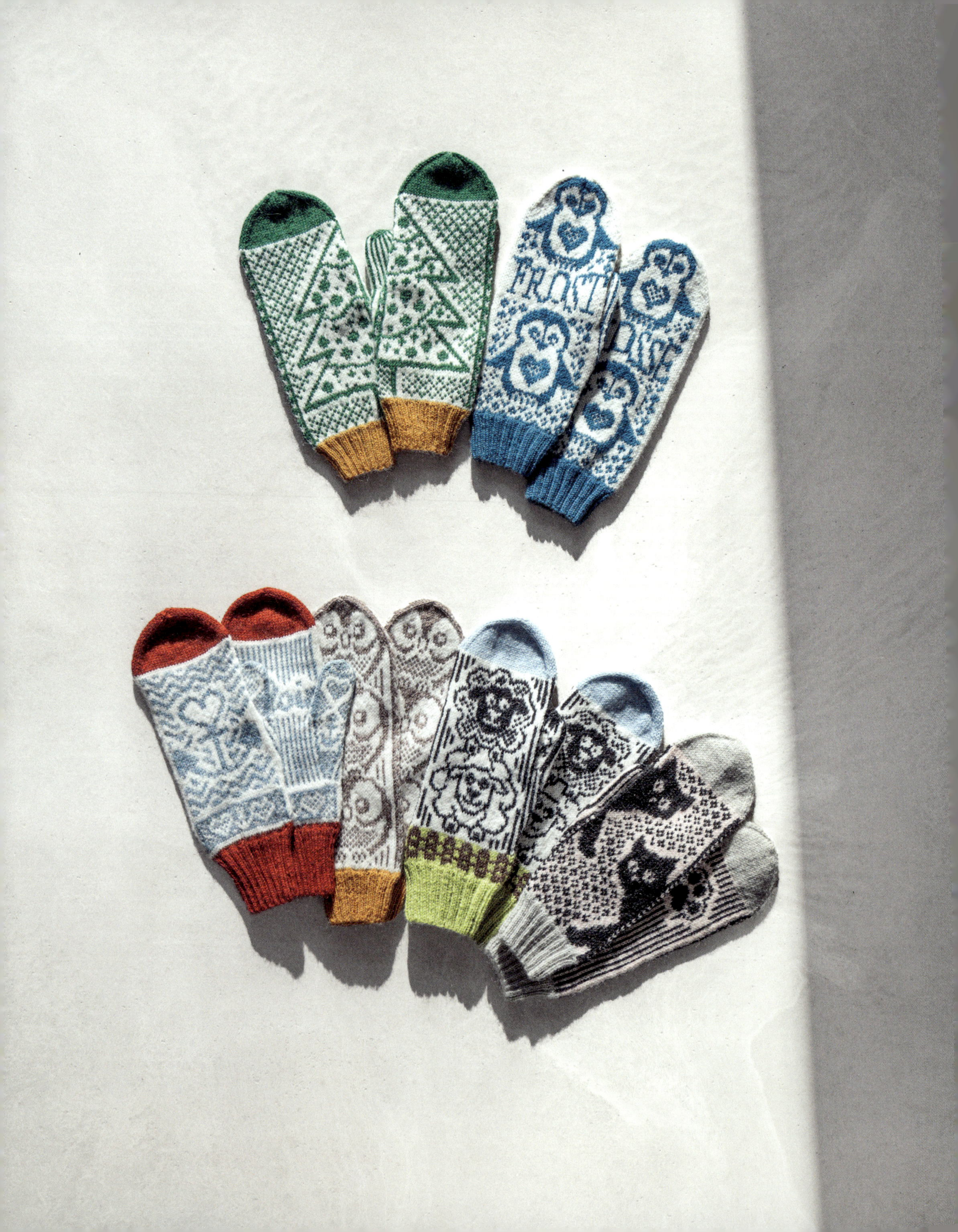

ANDREA HOEDT-KONKEN

Bunte Socken und witzige Handschuhe stricken

18 ANLEITUNGEN FÜR EINZIGARTIGE JACQUARD-MOTIVE

stiebner

Inhalt

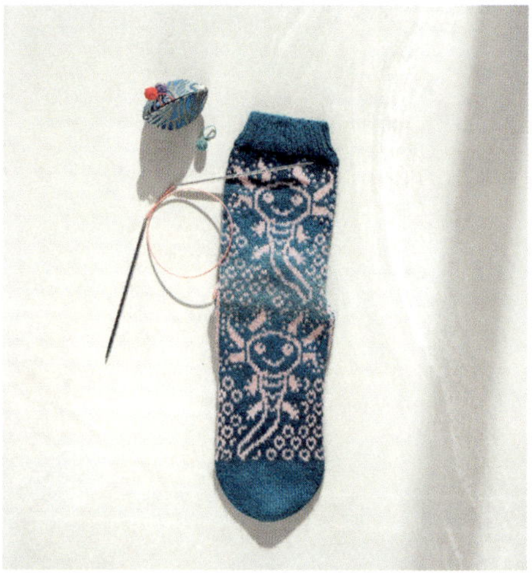

Axo-Sockl

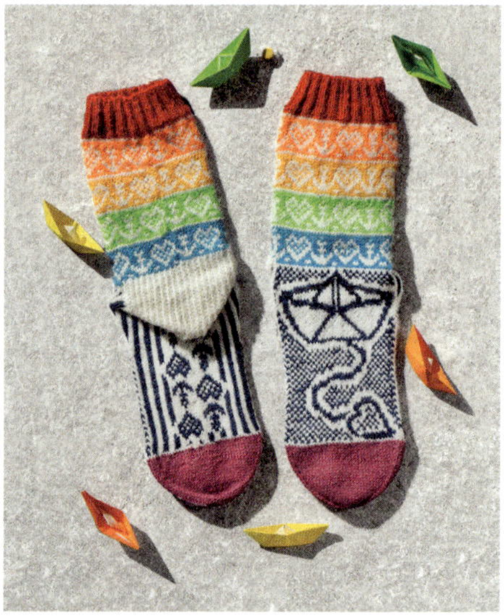

Rainbow Boat

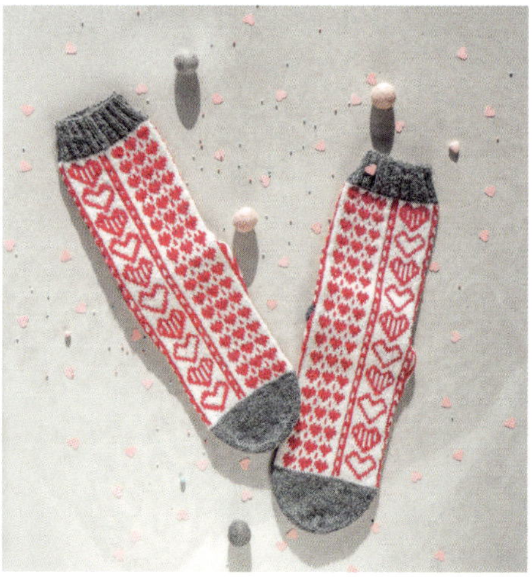

Herzenswärmer

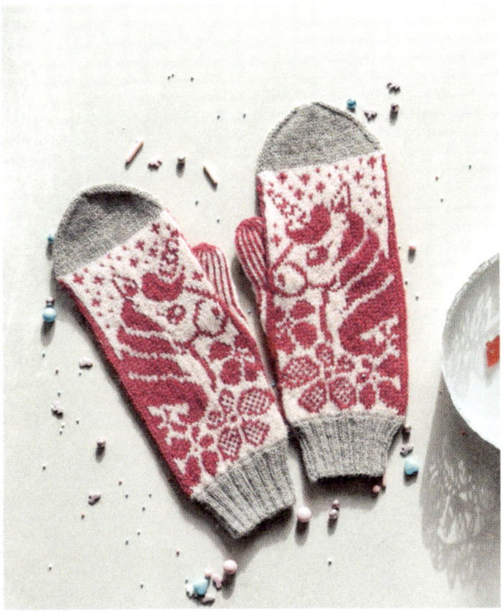

Unicorn

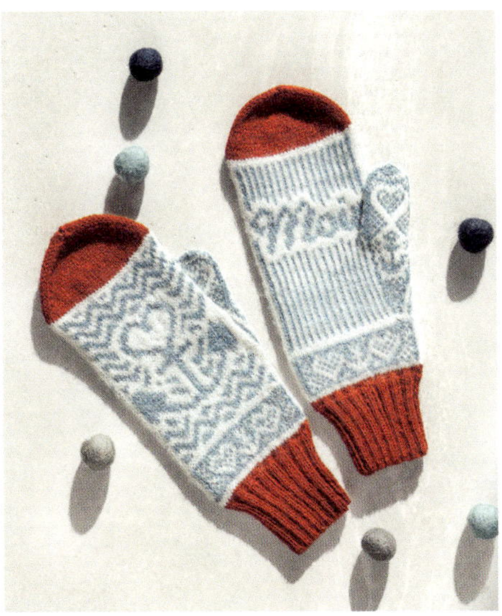

Moin Moin

WITZIGE HANDSCHUHE

ALLGEMEINE INFOS UND VERWENDETE TECHNIKEN

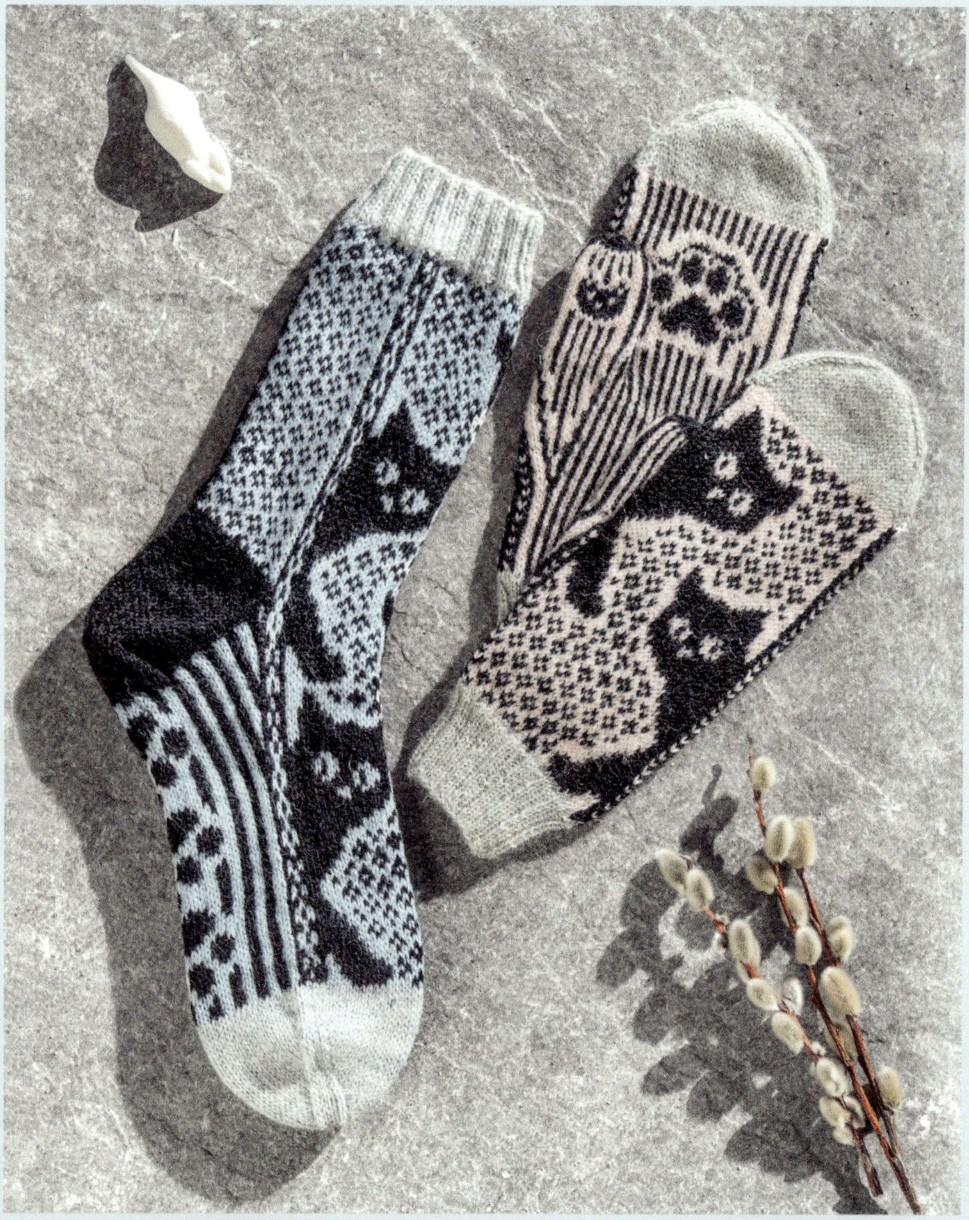

Für Franka und Hanno

(die mindestens genauso viel Farbe und Wärme in unser Leben bringen wie ein buntes gestricktes Paar Socken)

Vorwort

Wie schön, dass du dich für mein Buch entschieden hast. Es ist ein richtiges Herzensprojekt von mir, mit dem ich dich ein bisschen in meine bunte Socken- und Handschuhwelt mitnehmen möchte.

Wolle hat mich schon immer fasziniert. Nachdem meine Mutter mir im Alter von etwa neun Jahren das Stricken beigebracht hat, war kein Wollknäuel mehr vor mir sicher. Ich habe alles bestrickt, was mir in die Finger kam, am liebsten Outfits für die Kuscheltiere. Das erste tragbare Kleidungsstück war ein zugegebenermaßen etwas schiefer Schal, den ich aber mit Stolz getragen habe.

Heute stricke ich am allerliebsten Socken und Handschuhe mit individuellen und lustigen Motiven. Für mich ist das ein wundervoller Ausgleich vom Alltag. Es fasziniert mich immer wieder, wie dabei Runde für Runde ein neues Motiv entsteht. Das kann sehr erfüllend und beruhigend sein. Außerdem sind diese eher kleinen Projekte im Gegensatz zu etwa einem Pullover relativ schnell gestrickt und eignen sich hervorragend als Geschenk. Und das Beste: Kalte Füße bzw. Hände sind stets stilvoll und warm eingepackt.

Irgendwann habe ich angefangen, meine Strickmuster zu veröffentlichen. Vielleicht kennst du ja auch die eine oder andere Anleitung.
In diesem Buch möchte ich dir 18 weitere meiner Lieblingsmuster für Socken und Handschuhe zeigen. Dabei bin ich meinem Stil treu geblieben und es sind eher großflächige Motive entstanden. Die Anleitungen sind vor allem für fortgeschrittene Stricker:innen geeignet, sie sind aber detailliert und leicht verständlich erklärt, sodass eventuell auch fortgeschrittene Strickanfänger:innen die Modelle nachstricken können. Nur Mut – das mehrfarbige Stricken ist kein Hexenwerk. Alles, was es dafür braucht, sind zwei bis drei Knäuel Garn, ein Nadelspiel, ein bisschen Übung und Geduld.

Und nun schnappt euch einen Becher Kaffee, vielleicht mit einem Keks dazu, macht es euch gemütlich und lasst die Nadeln klappern. Ich hoffe, dass ihr beim Nachstricken der Modelle genauso viel Spaß habt wie ich beim Entwerfen der einzelnen Muster!

Jacquardmuster stricken

FADENHALTUNG UND FARBDOMINANZ

Es gibt mehrere Möglichkeiten, die Fäden zu halten und es ist wichtig, diejenige zu finden, die für dich am besten funktioniert. Ich lege beide Fäden über den linken Zeigefinger. (Bei einem Linkshänder liegen die beiden Fäden auf dem rechten Zeigefinger.) Der vordere Faden wird vor dem Mittel- und der hintere Faden hinter dem Mittelfinger geführt. Der Ringfinger und der kleine Finger fixieren beide Fäden für eine bessere Fadenspannung.

Ob diese oder z. B. eher die englische Methode (bei der der Hauptfaden mit der rechten Hand und der Kontrastfaden mit der linken gehalten wird) besser funktioniert, ist ganz individuell von Stricker:in zu Stricker:in verschieden. Einige finden einen Fadenfingerring hilfreich, während wieder andere lieber ohne stricken ...
Experimentiere mit verschiedenen Methoden und finde heraus, welche dir am meisten liegt.

Farbdominanz bedeutet im Grunde nichts anderes, als das die Musterfarbe etwas deutlicher herauskommt als die Hintergrundfarbe. Dieses lässt sich mit der Fadenhaltung steuern. Egal nach welcher Methode man strickt, die Musterfarbe wird immer links von der Hintergrundfarbe gehalten. Dadurch ordnet sie sich auf der Rückseite unter der Hintergrundfarbe hindurch und hat so einen etwas weiteren Weg zur Arbeitsnadel. Deswegen wird eine Winzigkeit mehr Faden gebraucht, wodurch die Masche ein bisschen größer wird und sich stärker abhebt. Damit das Muster so sauber wie möglich herauskommt, achte unbedingt darauf, dass immer die gleiche Farbe auf der linken Seite liegt.

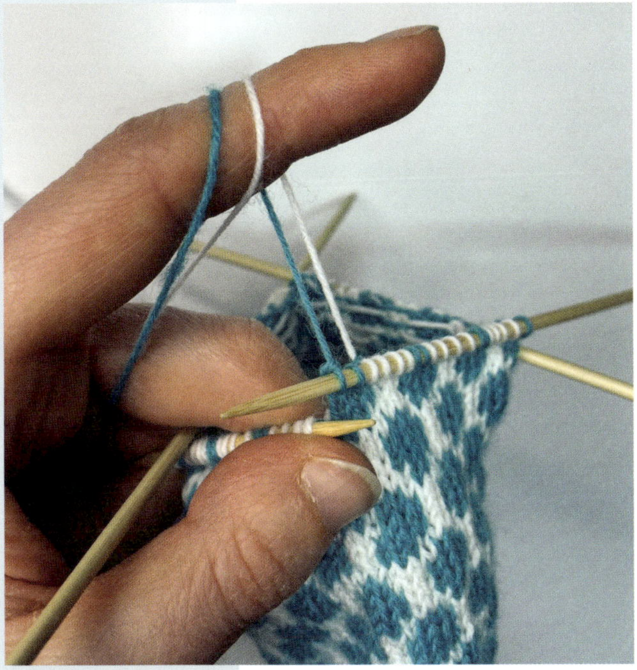

Der blaue Faden liegt links neben dem weißen Faden ...

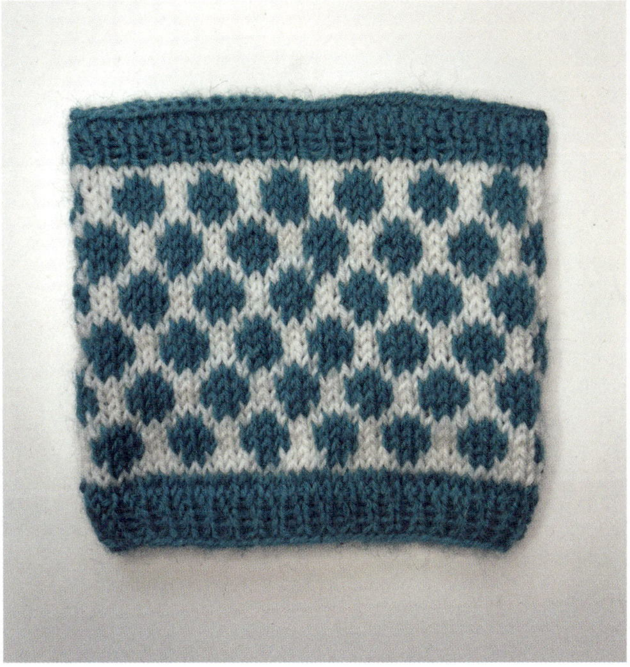

... und damit dominiert die Farbe Blau im Muster.

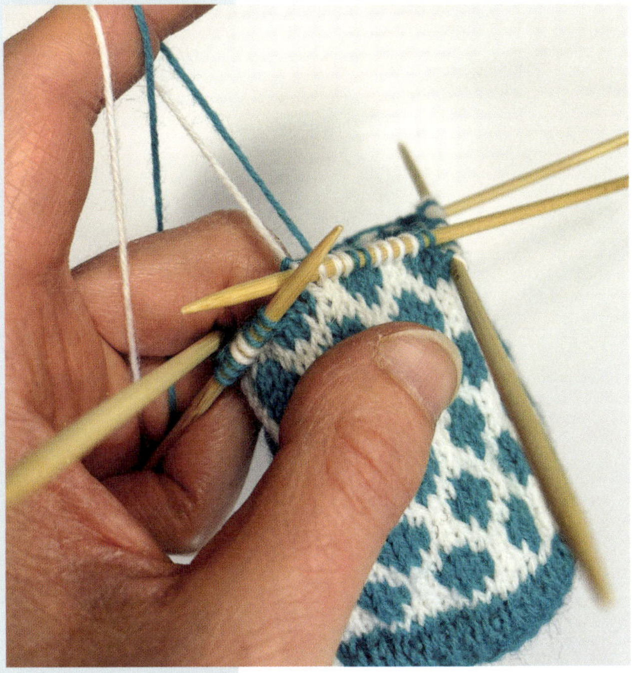

Der weiße Faden liegt links neben dem blauen Faden ...

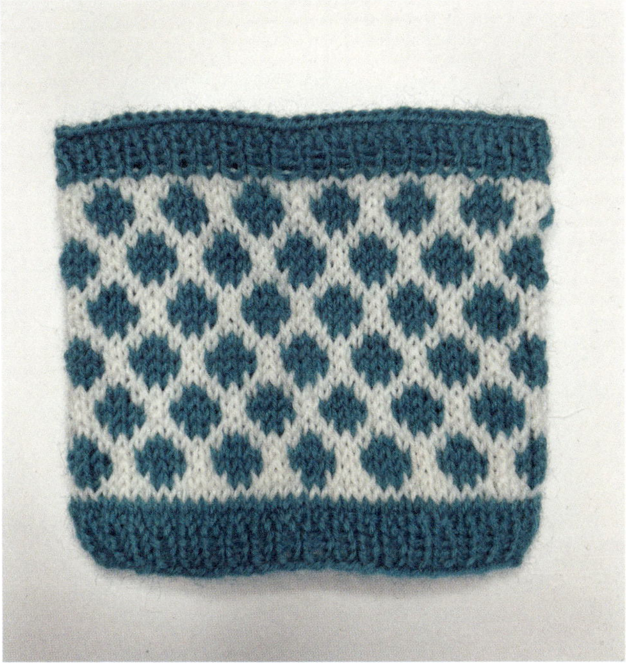

... und damit dominiert die Farbe Weiß im Muster.

FADENSPANNUNG

Bei Strickstücken in der Jacquardtechnik wird mit mindestens zwei Farben gestrickt. Der nicht benutzte Faden wird auf der Rückseite mitgeführt (Spannfaden). Um ein gleichmäßiges Strickbild zu erzielen, ist es wichtig, dass die Fadenspannung gleichmäßig ist. Ist sie zu fest, können die Spannfäden das Strickstück zusammenziehen. Wenn sie zu locker ist, können die Fäden zu viel Spiel haben und im Muster entstehen Lücken. Die richtige Fadenspannung zu erreichen, erfordert etwas Übung. Ich stricke bei jedem Farbwechsel zuerst eine Masche in der neuen Farbe und schiebe/ziehe dann die Maschen auf der rechten Nadel in die richtige Breite. Damit lässt sich die Länge der Spannfäden leicht korrigieren.

VERDREHEN DER SPANNFÄDEN

Am gleichmäßigsten wird das Arbeitsstück, je öfter sich die Farben abwechseln. In den meisten Strickmustern in diesem Buch kommen aber auch immer mal wieder größere einfarbige Bereiche vor. Um einen zu langen Spannfaden auf der Rückseite zu vermeiden, in dem man später mit Finger bzw. Zehen hängen bleiben kann, ist es wichtig, den mitgeführten Faden mit dem Arbeitsfaden auf der Rückseite in Abständen von 3 bis maximal 5 Maschen zu verdrehen.
Gehe dabei wie folgt vor: Die Nadel wie zum Rechtsstricken in die Masche stechen. Nun wird der Arbeitsfaden nicht wie bisher von oben geholt, sondern man geht mit der Nadel unter die Kontrastfarbe, um den Arbeitsfaden durch die Masche zu ziehen (siehe Bild Faden verkreuzen 1). Bei der nächsten Masche wird der Arbeitsfaden wieder von oben geholt (siehe Bild Faden verkreuzen 2). Nun kann man auf der Rückseite sehen, dass der mitgeführte Faden eingewebt ist (siehe Bild Faden verkreuzen 3).

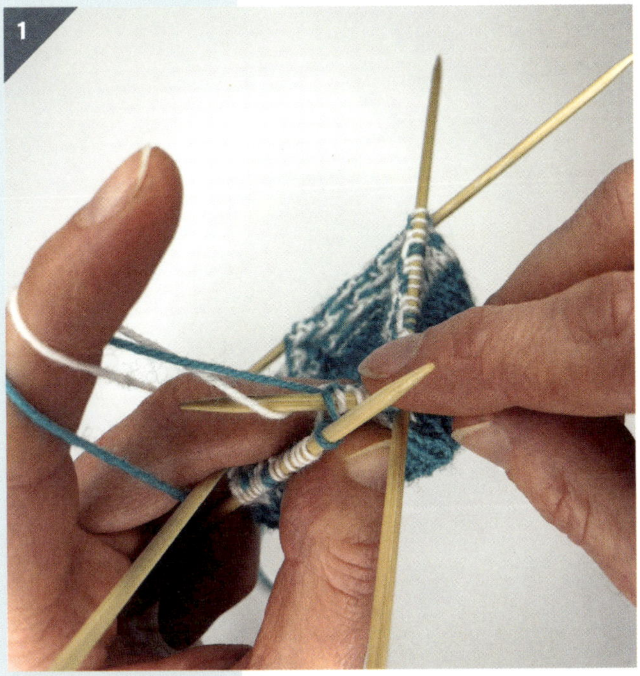

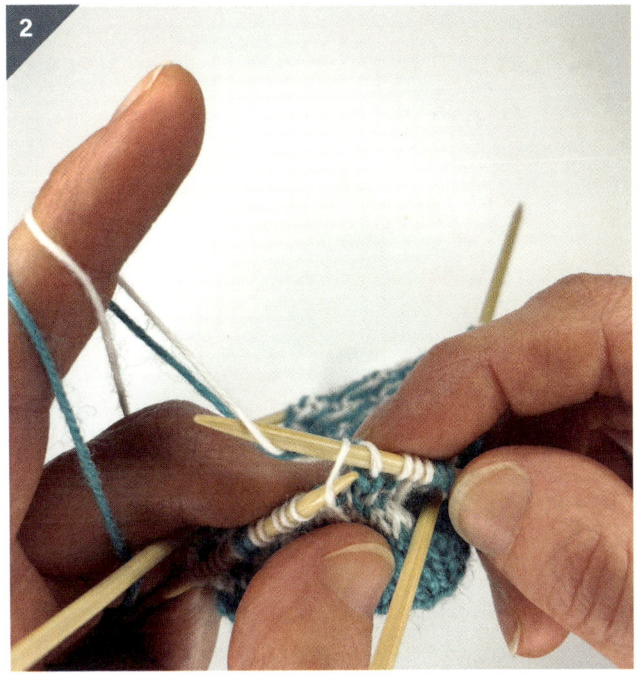

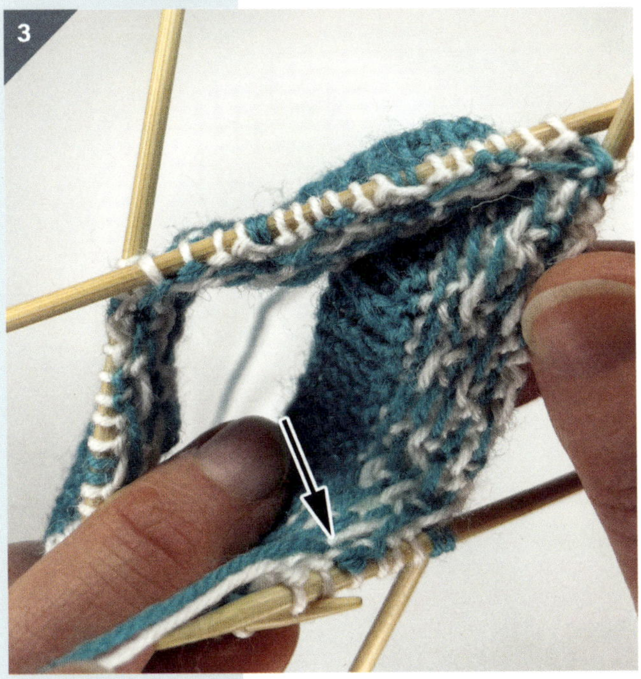

Die Bilder 1-3 zeigen, wie man die Fäden verkreuzt, um lange Spannfäden zu vermeiden.

Infos zu Maschenanzahl und Größen

Nicht erschrecken: Ich arbeite immer mit viel mehr Maschen, als es für das Stricken einer Socke oder eines Fäustlings üblich ist. Das mache ich hauptsächlich aus zwei Gründen.
Zum einen möchte ich natürlich, dass die Zählmustergrafik so detailreich wie möglich ist und zum anderen sind Strickstücke in der Jacquardtechnik aufgrund der Spannfäden auf der Rückseite nicht so dehnbar wie einfarbig Gestricktes. Wer also etwas lockerer strickt, sollte auf dünnere Nadeln zurückgreifen, damit die Socken bzw. Handschuhe nicht zu weit werden. Als kleiner Richtwert: Ich stricke eher fest und benutze die Nadelstärke 3.

Fast alle Strickschriften für die Socken in diesem Buch, sind für die **Größen 39–40** angelegt. Da ich sehr gern eher großflächige Muster erstelle, die sich über den kompletten Oberfuß erstrecken, ist man bei der Größenanpassung leider nicht so flexibel, wie z. B. bei Mustern mit einem immer wiederkehrenden Rapport über 3–5 Maschen. Dennoch lassen sich diese leicht um 1–2 Größen nach unten oder oben anpassen.

Für die **Größen 37–38**, sollte mit den Abnahmen für die Bandspitze früher begonnen werden (etwa bei Runde 27 des Fuß-Zählmusters). Für die **Größen 41–42** kann in der Länge variiert werden, indem vor den Bandspitzenabnahmen, das Fußzählmuster um etwa 4–5 Reihen verlängert wird. Die Sockenweite kann angepasst werden, indem dünnere oder dickere Nadeln verwendet werden.

Tipps zur Pflege der Socken und Handschuhe

Nachdem die Socken bzw. Handschuhe fertiggestrickt sind, können diese vorsichtig auf niedriger Stufe mit einem Dampfbügeleisen gebügelt werden. Dadurch sieht das Maschenbild glatter und gleichmäßiger aus und so manche ungleichmäßige Masche wird wortwörtlich ausgebügelt.

Um möglichst lange Freude an den selbst gestrickten Socken und Handschuhen zu haben, ist es wichtig, diese richtig zu waschen und zu pflegen.
Um Verformungen zu vermeiden, wasche die Strickstücke per Hand in lauwarmem Wasser oder mit dem Wollprogramm der Waschmaschine. Benutze hierfür ein Wollwaschmittel. Trockne die Socken bzw. Handschuhe schonend. Drücke sie leicht aus, um überschüssiges Wasser zu entfernen und lege sie zum Trocknen flach auf ein Handtuch.

Um eine Mottenattacke zu verhindern, bewahre die Socken und Handschuhe gewaschen und getrocknet in einem luftdichten Beutel auf. Besonders wertvolle Strickstücke bekommen von mir zusätzlich ein kleines Lavendelsäckchen mit in den Beutel gelegt. So sind die gestrickten Schätze weitestgehend sicher vor diesen hungrigen Plagegeistern geschützt.

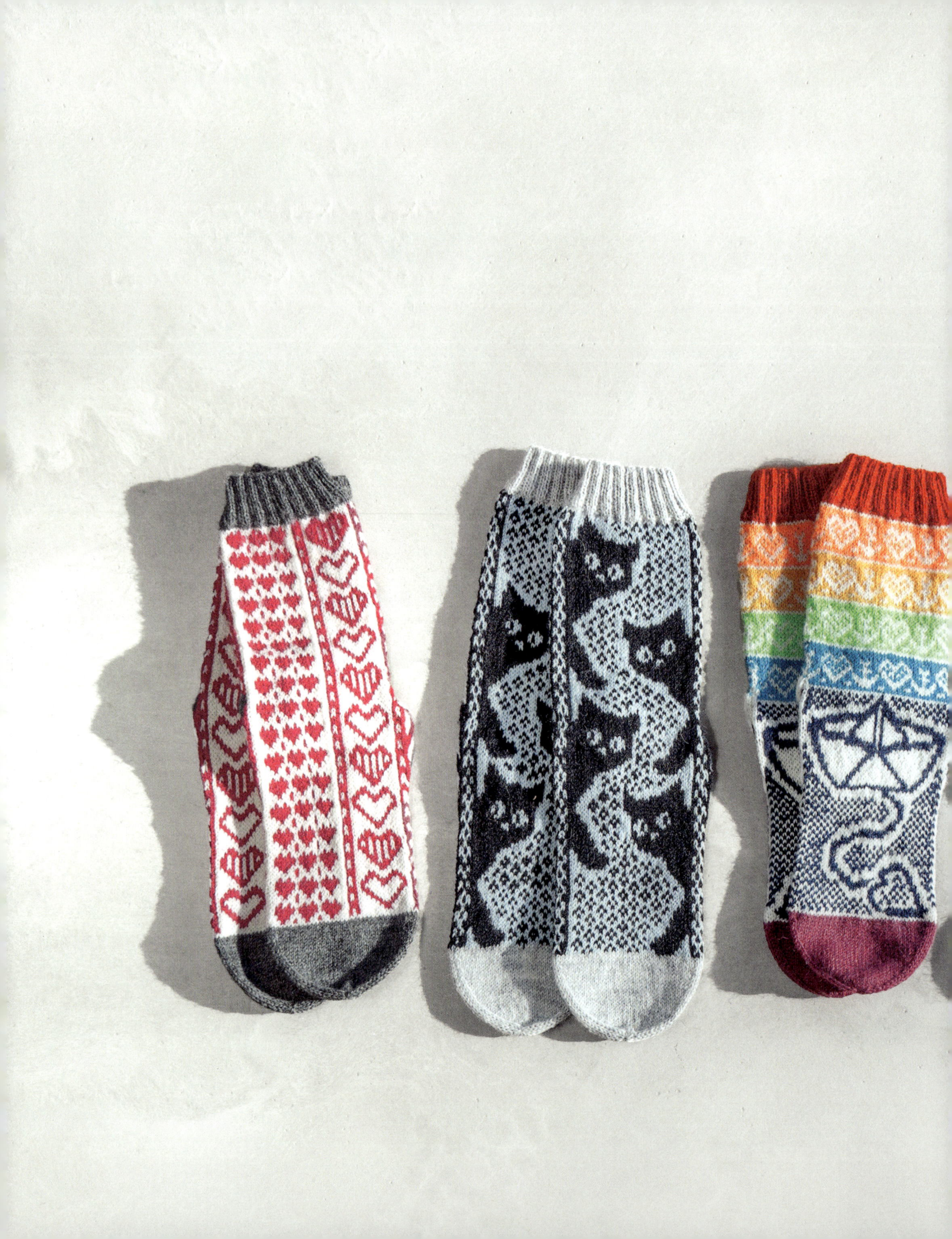

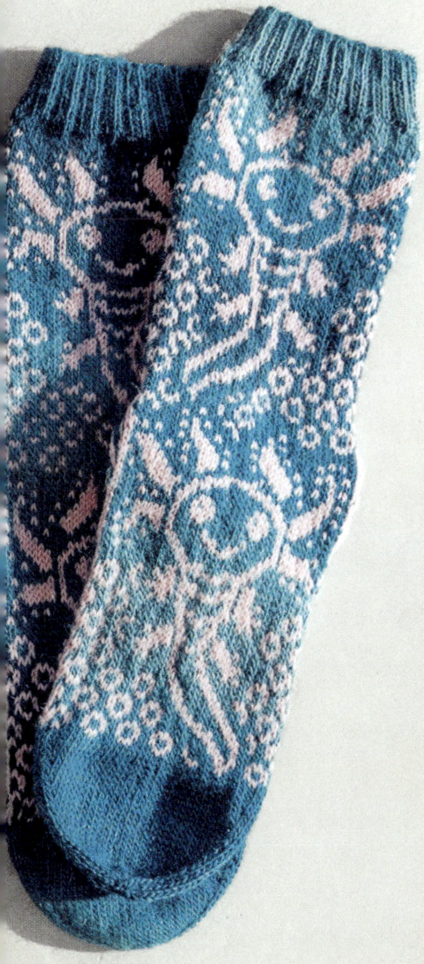

Bunte Socken

STEP BY STEP –
So werden das Käppchen und der Zwickel gestrickt

DAS KÄPPCHEN:

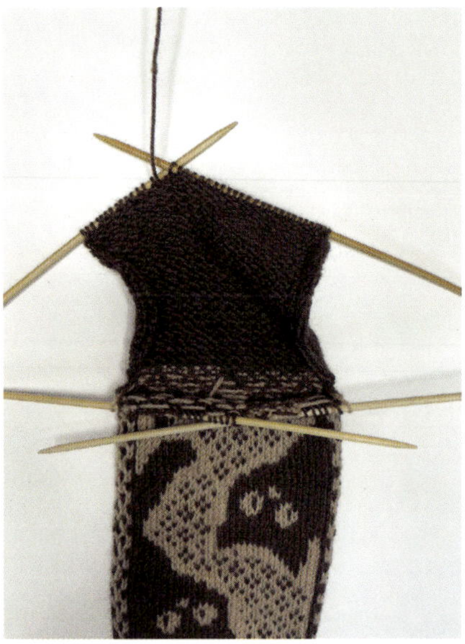

Beginne auf der linken Seite.

1. Reihe:
1 Masche abheben, 22 Maschen links stricken, 2 Maschen links zusammenstricken, 1 Masche links stricken, ...

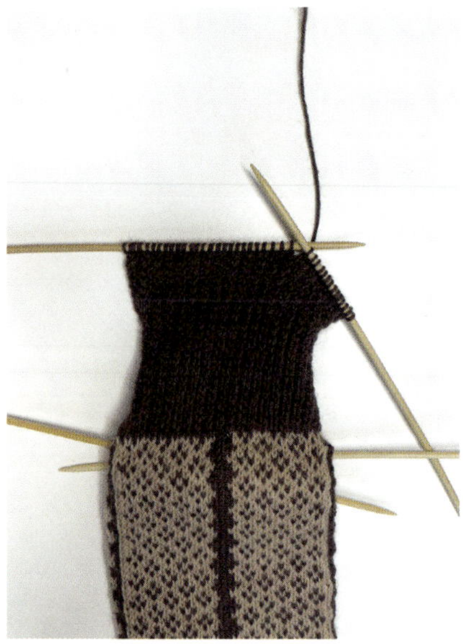

... wenden.

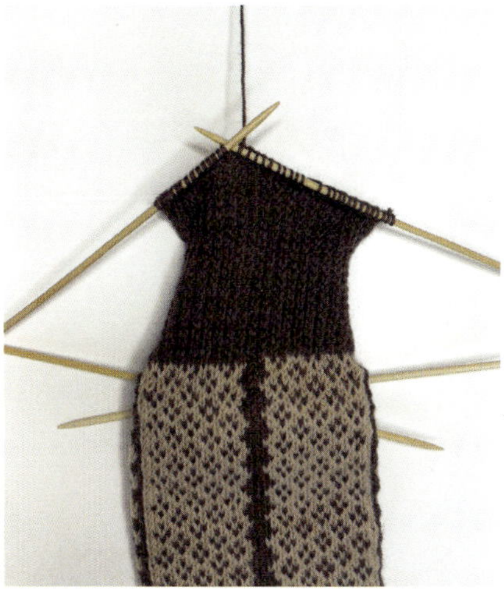

2. Reihe:
1 Masche rechts abheben, 7 Maschen rechts stricken, 2 Maschen rechts überzogen zusammenstricken (1 M wie zum Rechtsstricken abheben, folgende M rechts stricken, abgehobene M über die gestrickte M heben), 1 Masche rechts stricken, ...

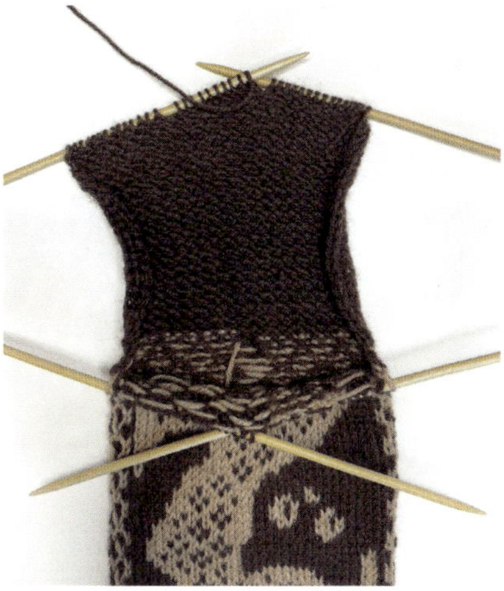

... wenden.

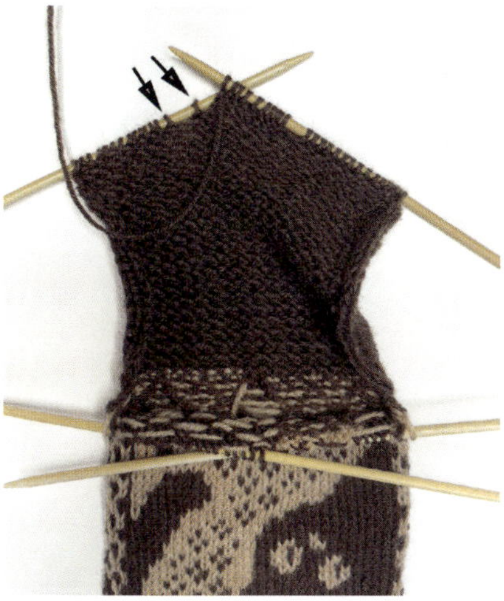

3. Reihe:
1 Masche links abheben, bis zur Masche vor der Lücke links stricken, 2 Maschen links zusammenstricken (je 1 M auf jeder Seite der Lücke – siehe Pfeile auf dem Foto), 1 Masche links stricken, ...

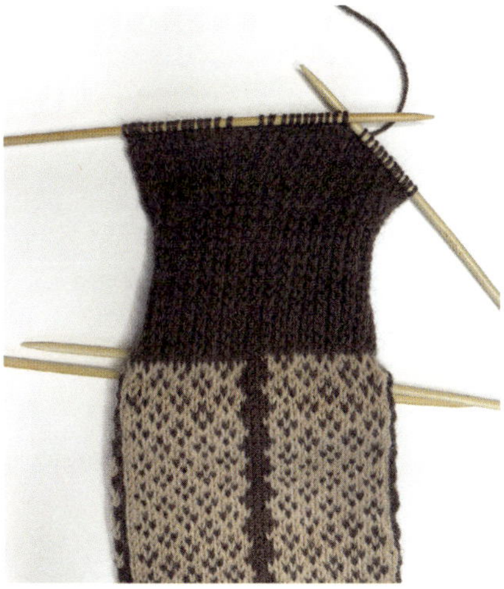

... wenden.

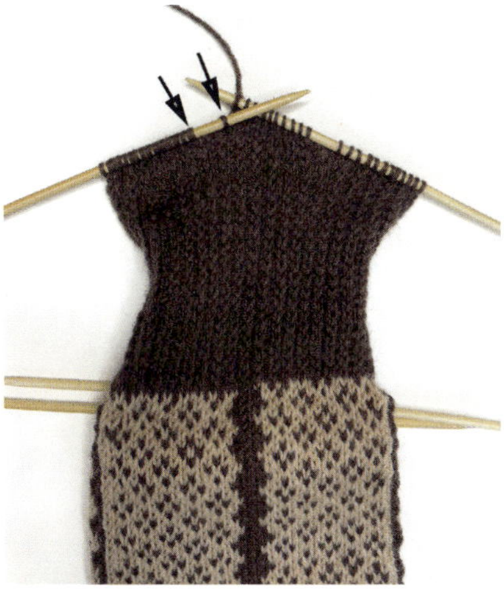

4. Reihe:
1 Masche rechts abheben, bis zur Masche vor der Lücke rechts stricken, 2 Maschen rechts überzogen zusammenstricken (je 1 M auf jeder Seite der Lücke – siehe Pfeile auf dem Foto), 1 Masche rechts stricken, wenden.

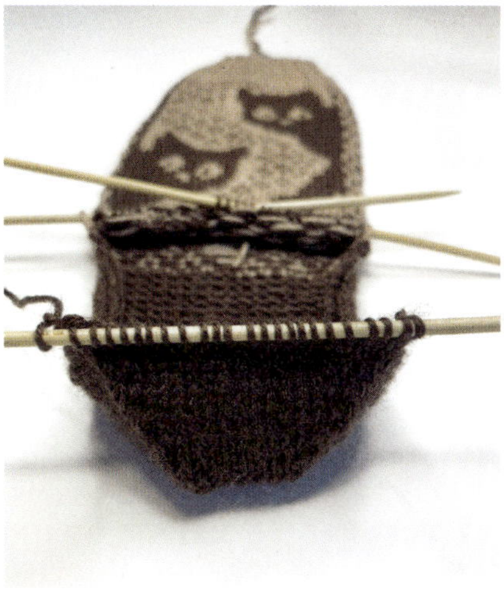

Reihen 3 und 4 so lange wiederholen, bis alle Seitenmaschen abgenommen wurden.
Du hast nun 24 Maschen auf der Nadel und soeben eine rechte Reihe beendet.
Das Käppchen ist fertig.

DER ZWICKEL:

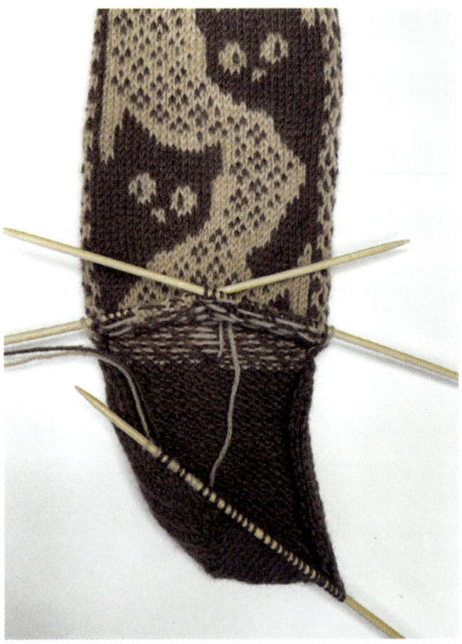

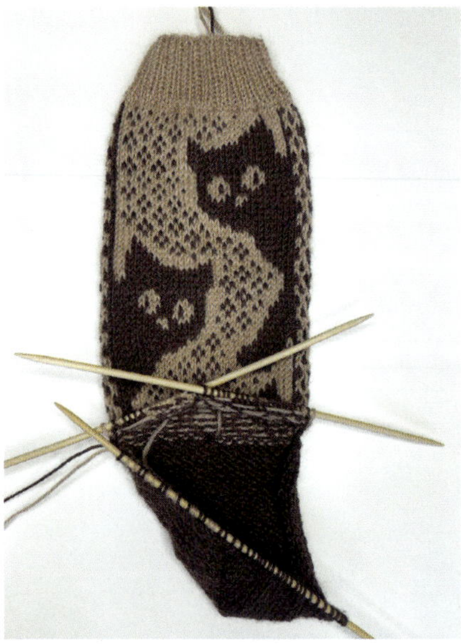

Folge der Strickschrift »Zwickel« und stricke mit derselben Nadel, auf der die Käppchenmaschen sind, 20 Maschen entlang der linken Seite der Ferse auf.

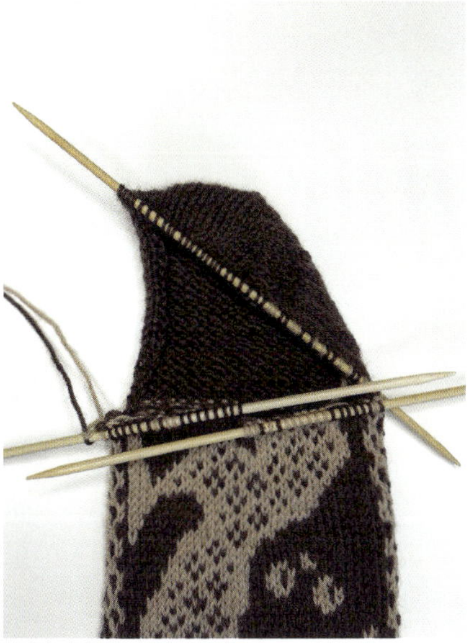

Über die 2. und 3. Nadel (Oberfuß) rechts stricken und dabei weiterhin der Strickschrift folgen.

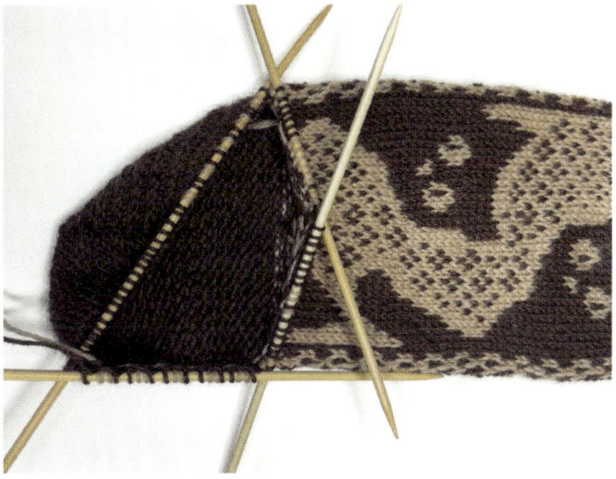

Nun 20 Randmaschen entlang der rechten Seite der Ferse auf Nadel 4 aufstricken und dabei der Strickschrift folgen.

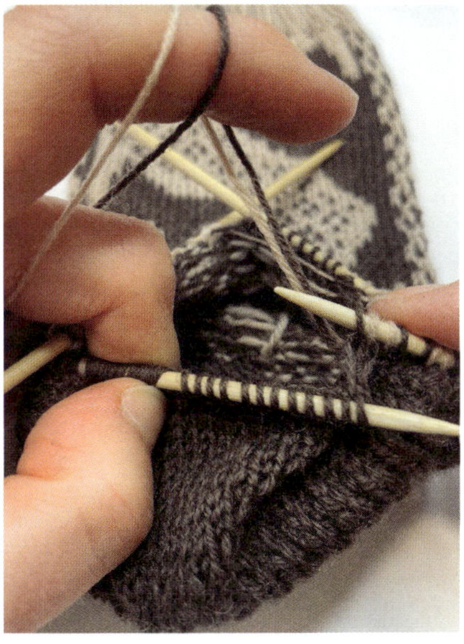

Dann noch die 12 zusätzlichen Maschen vom Käppchen (die jetzt noch auf Nadel 1 sind) ebenfalls auf Nadel 4 stricken.

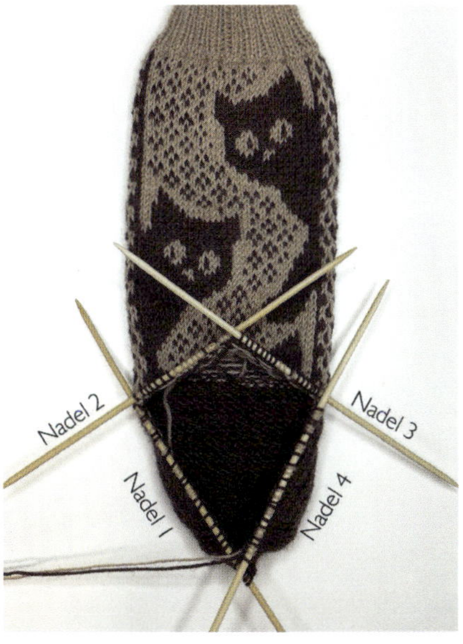

Du bist nun wieder am Rundenanfang angekommen.
(Nadel 1 = 32 Maschen,
Nadel 2 + 3 = je 20 Maschen,
Nadel 4 = 32 Maschen)

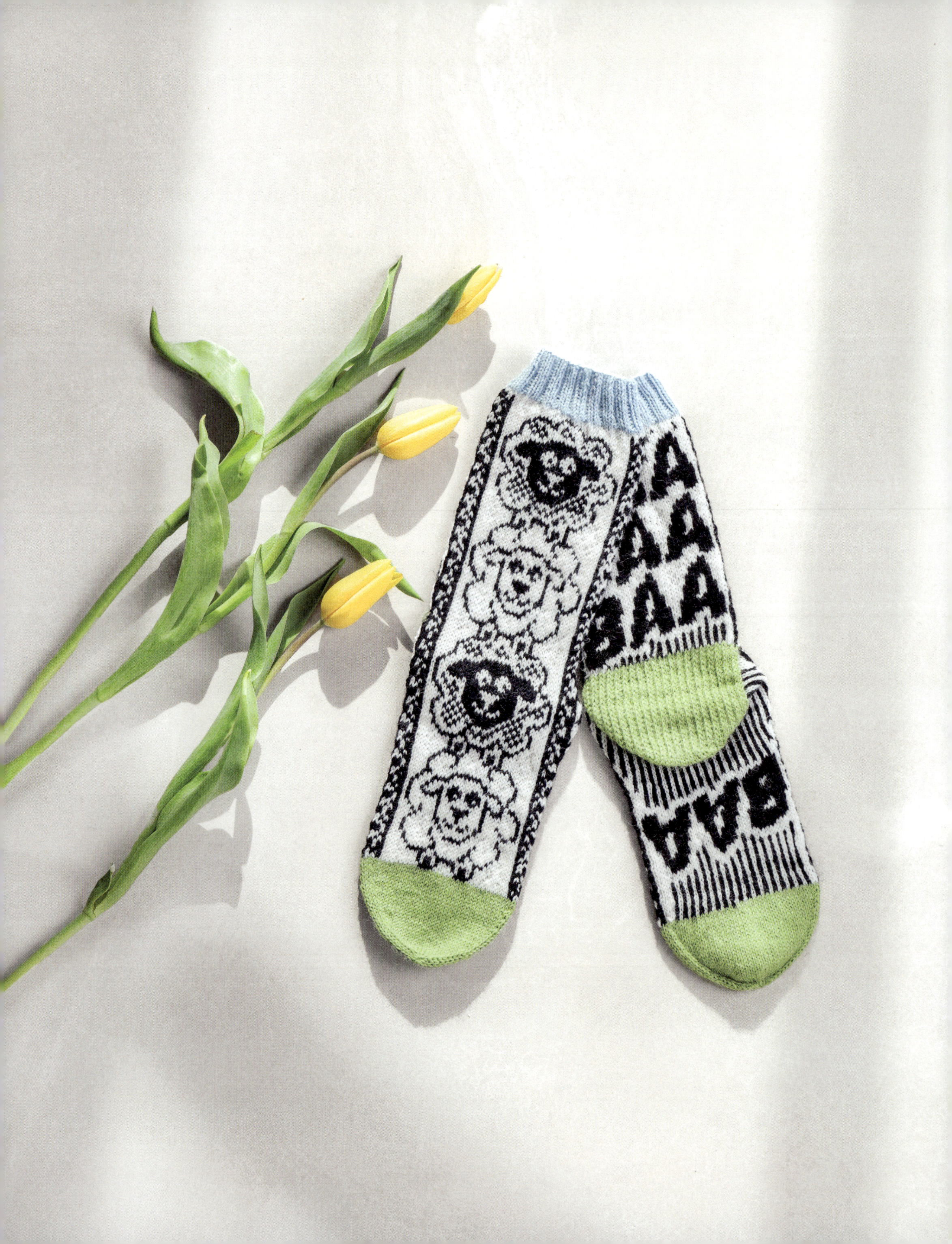
BAA
BAA

Baa Baa Baa - Schäfchen

Schwierigkeitsgrad
Fortgeschritten

Größe
39–40
(kann um eine Größe nach unten oder oben angepasst werden, siehe Seite 12)

Material
Lana Grossa Meilenweit, Sockenwolle 4-fädig
(LL: 210 m/50 g)
ca. 10 g Hellblau (#1375)
ca. 50 g Weiß (#1101)
ca. 50 g Schwarz (#1106)
ca. 25 g Gelbgrün (#1362)

Nadelspiel Stärke 2–3
(je nachdem wie fest gestrickt wird)

Strickmuster
Bündchen (2 M rechts, 2 M links im Wechsel)
glatt rechts

Maschenprobe
Im Jacquardmuster
ca. 19 M und 18 R = 5 cm x 5 cm

BÜNDCHEN

72 M in Hellblau anschlagen und gleichmäßig auf einem Nadelspiel verteilen (18 M je Nd) und zur Rd schließen.
Nun 14 Rd im Bündchenmuster stricken.

SCHAFT

1 Rd in Weiß glatt rechts stricken. Dabei gleichmäßig verteilt 8 M zunehmen (= 80 M). Nun die Strickschrift »Schaft« stricken. (ACHTUNG: Für den rechten bzw. linken Schaft gibt es jeweils eine eigene Strickschrift!)
Danach die Fäden abschneiden und mit der Ferse beginnen.

FERSE

Die Ferse wird über die Maschen der 1. und 4. Nadel wie folgt gestrickt:
Bringe zunächst die Maschen von der 1. Nadel auf die 4. Nadel, Arbeit wenden und mit Grün auf der linken Seite beginnen.
1. Reihe: 1 M wie zum Linksstricken abheben, über die restlichen 39 M links stricken.
2. Reihe: *1 M abheben, 1 M rechts stricken*, von * bis * wiederholen bis zum Ende der Reihe.
Diese beiden Reihen wiederholen, bis die Ferse 40 Reihen lang ist.
(Die 40. Reihe ist eine rechte Reihe.)

KÄPPCHEN UND ZWICKEL

Stricke das Käppchen und den Zwickel wie es in der bebilderten Step-by-Step-Anleitung auf Seite 16–19 beschrieben ist.

FUß

Nach dem »Zwickel« das Strickmuster »Fuß« stricken. (ACHTUNG: Für den rechten bzw. linken Fuß gibt es jeweils eine eigene Strickschrift!)

SPITZE

Mit Gelbgrün bei der 1. und 3. Nd bis 3 M vor dem Ende stricken. Dann 2 M rechts zusammenstricken und die letzte M rechts stricken.
Bei der 2. und 4. Nd 1 M rechts stricken und dann 2 M rechts überzogen zusammenstricken (1 M wie zum Rechtsstricken abheben, folgende M rechts stricken, abgehobene M über die gestrickte M heben), weiter rechts stricken bis zum Ende der jeweiligen Nd.

Diese Abnahmen wie folgt stricken:
1-mal in der 4. Rd.
2-mal in jeder 3. Rd.
4-mal in jeder 2. Rd.
Danach in jeder Rd die Abnahmen stricken, bis noch 3 M auf jeder Nd sind. Faden abschneiden, durch die restlichen 12 M ziehen und Fäden vernähen.

Mit einem Dampfbügeleisen auf niedriger Stufe vorsichtig bügeln. Dadurch wird das Maschenbild gleichmäßiger.

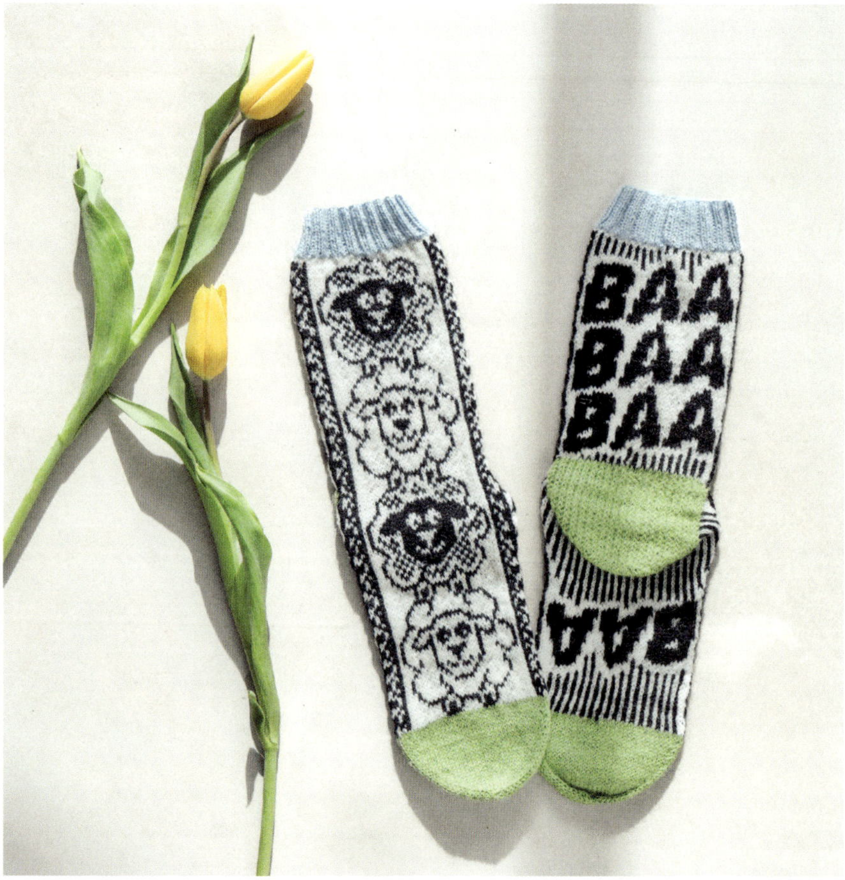

Strickschrift Schaft links

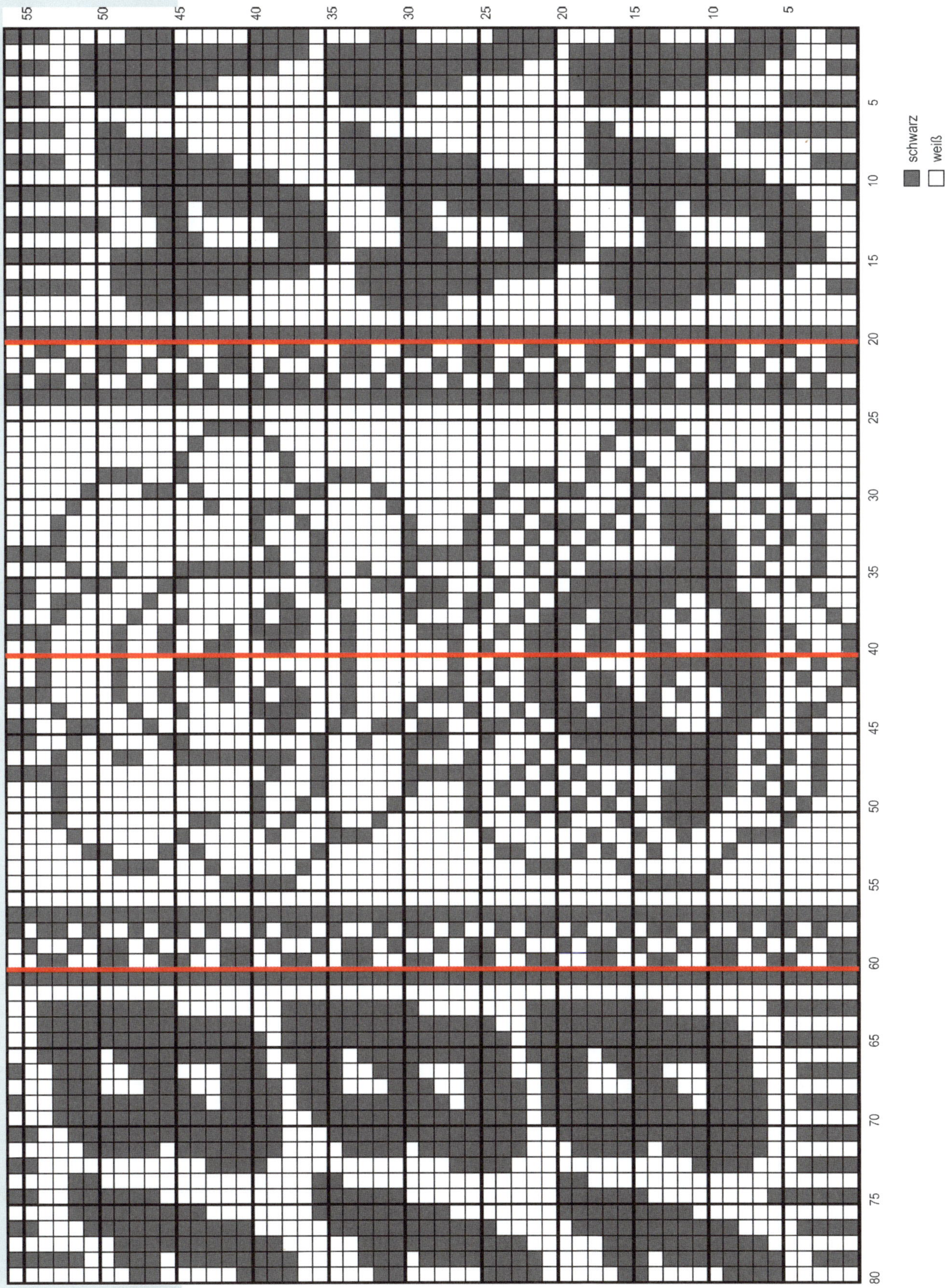

Strickschrift Schaft rechts

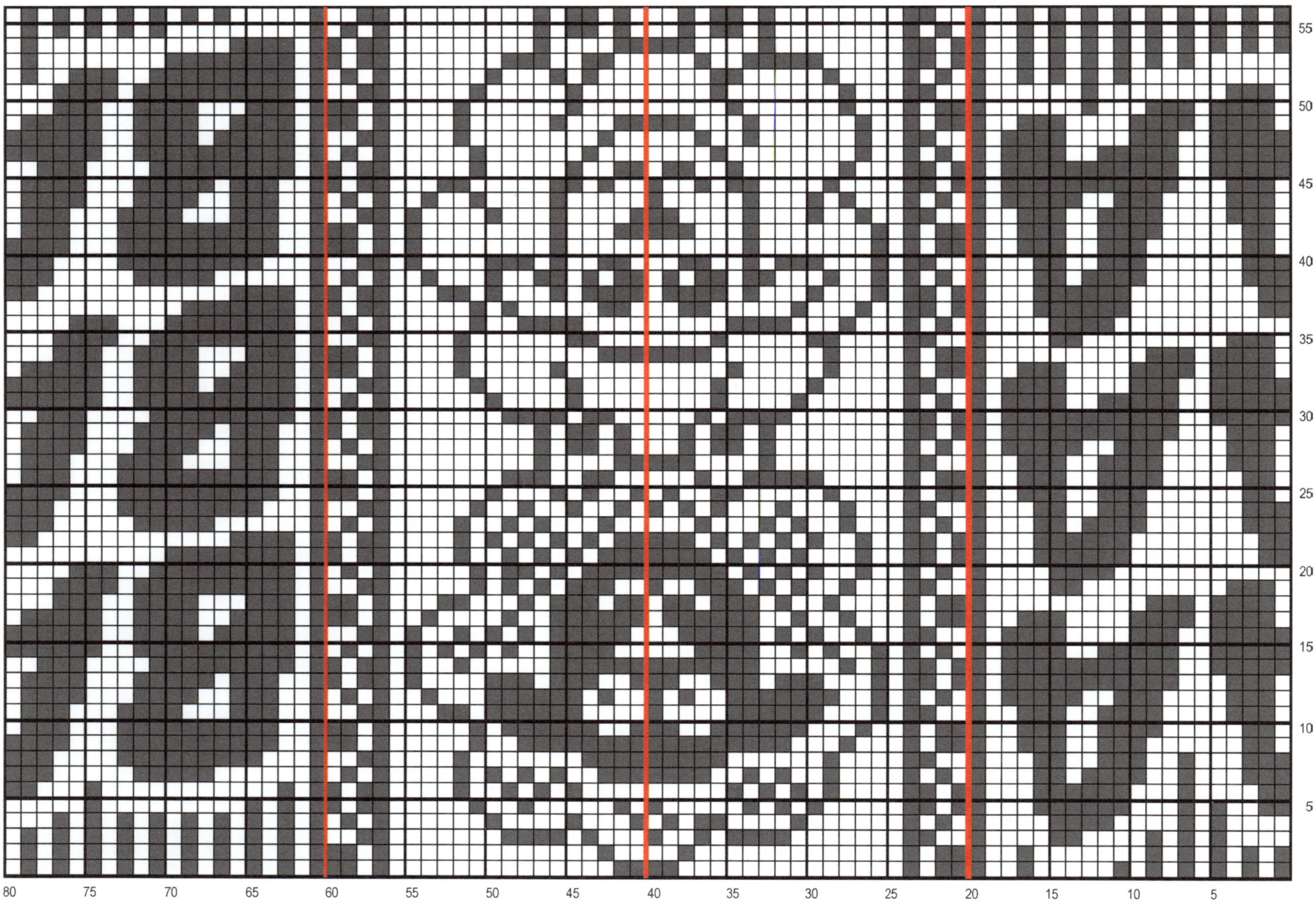

schwarz

weiß

Strickschrift Zwickel links

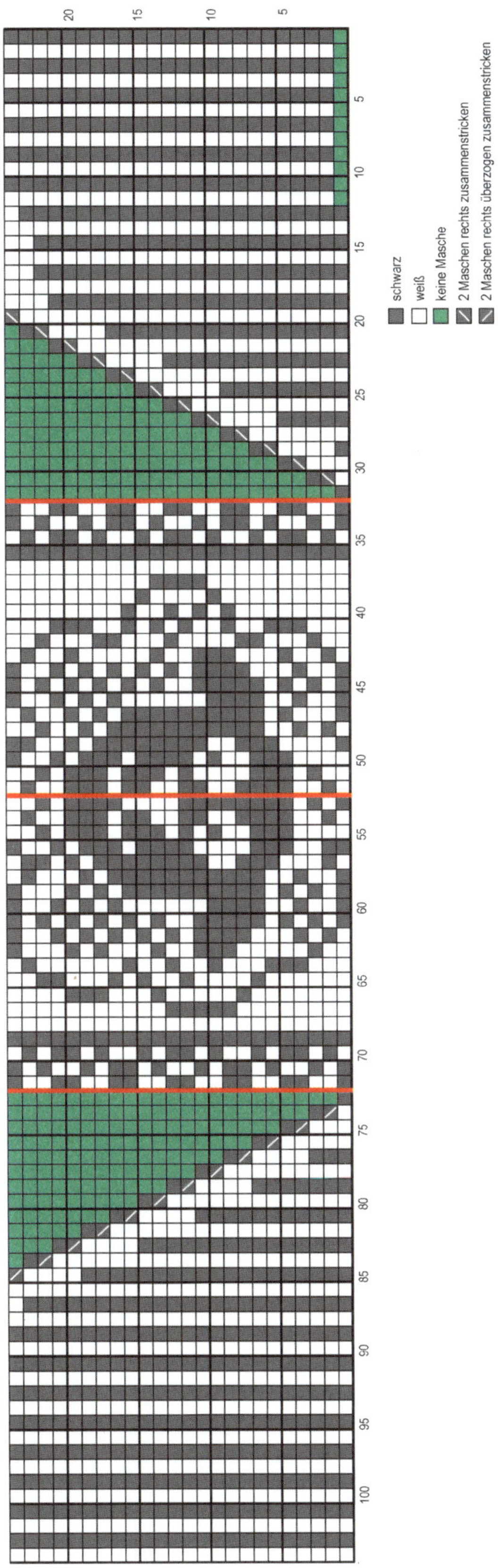

Strickschrift Zwickel rechts

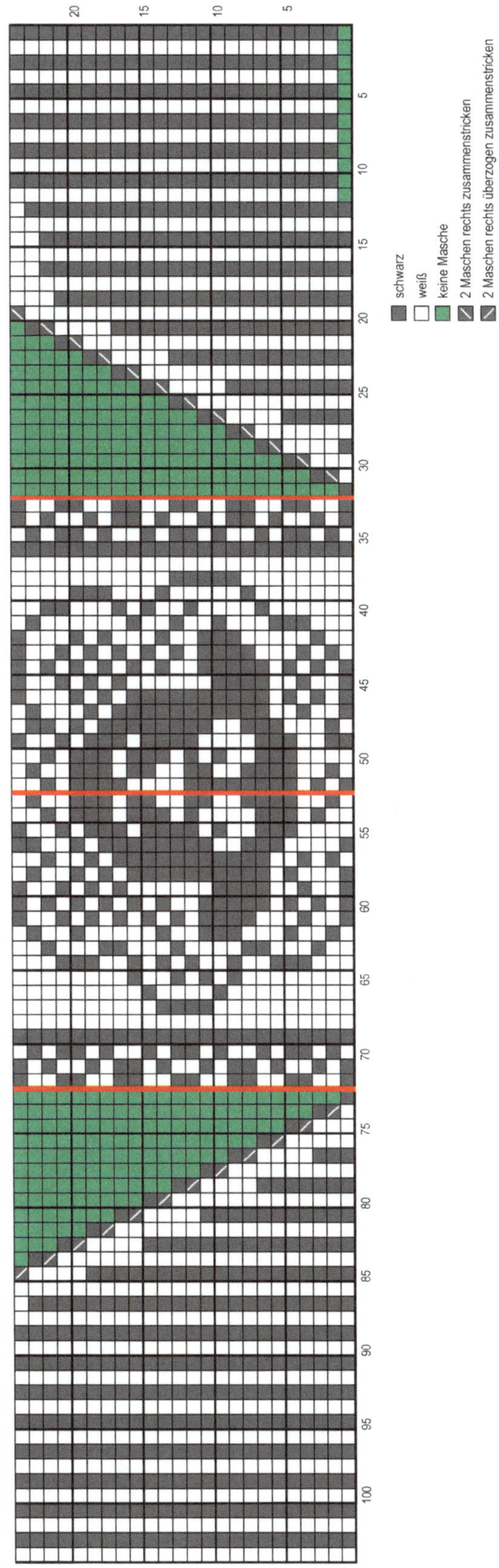

Strickschrift Fuß links

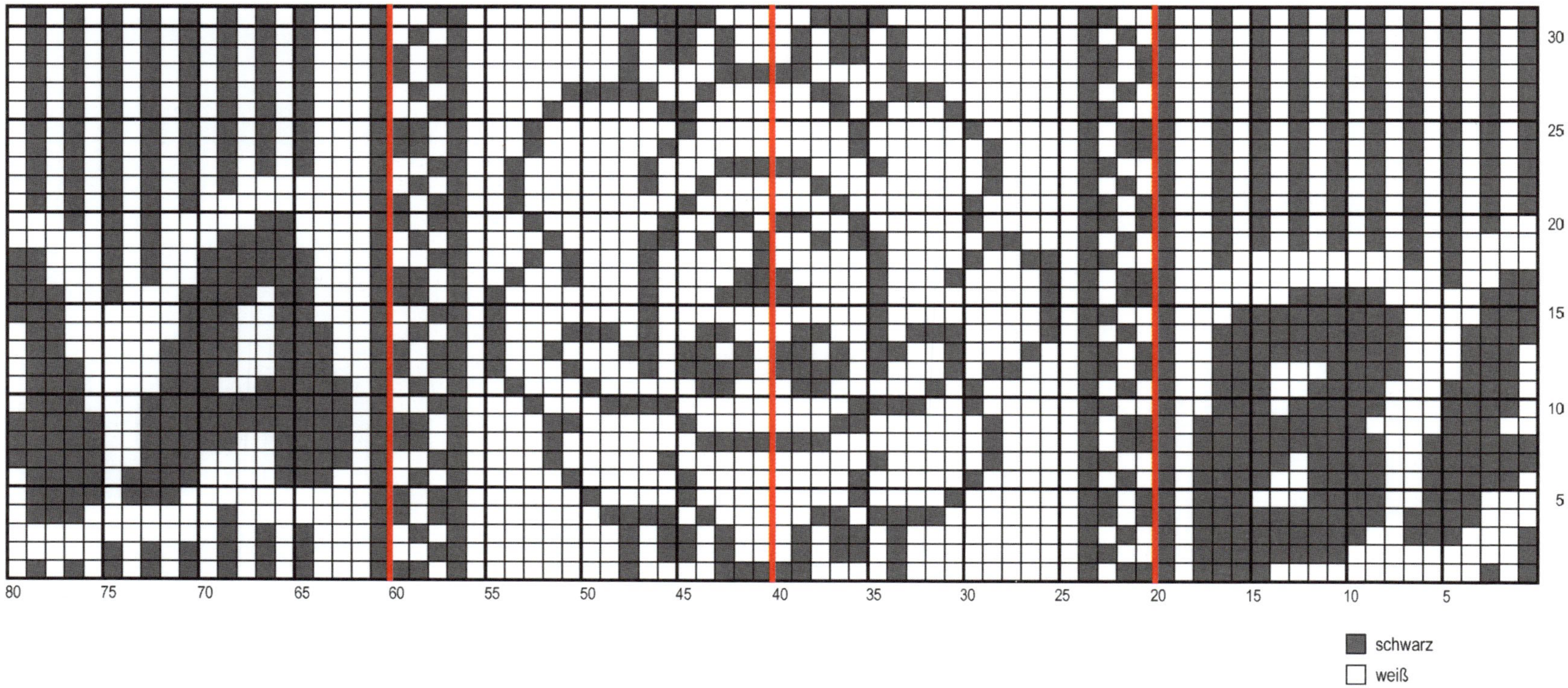

Strickschrift Fuß rechts

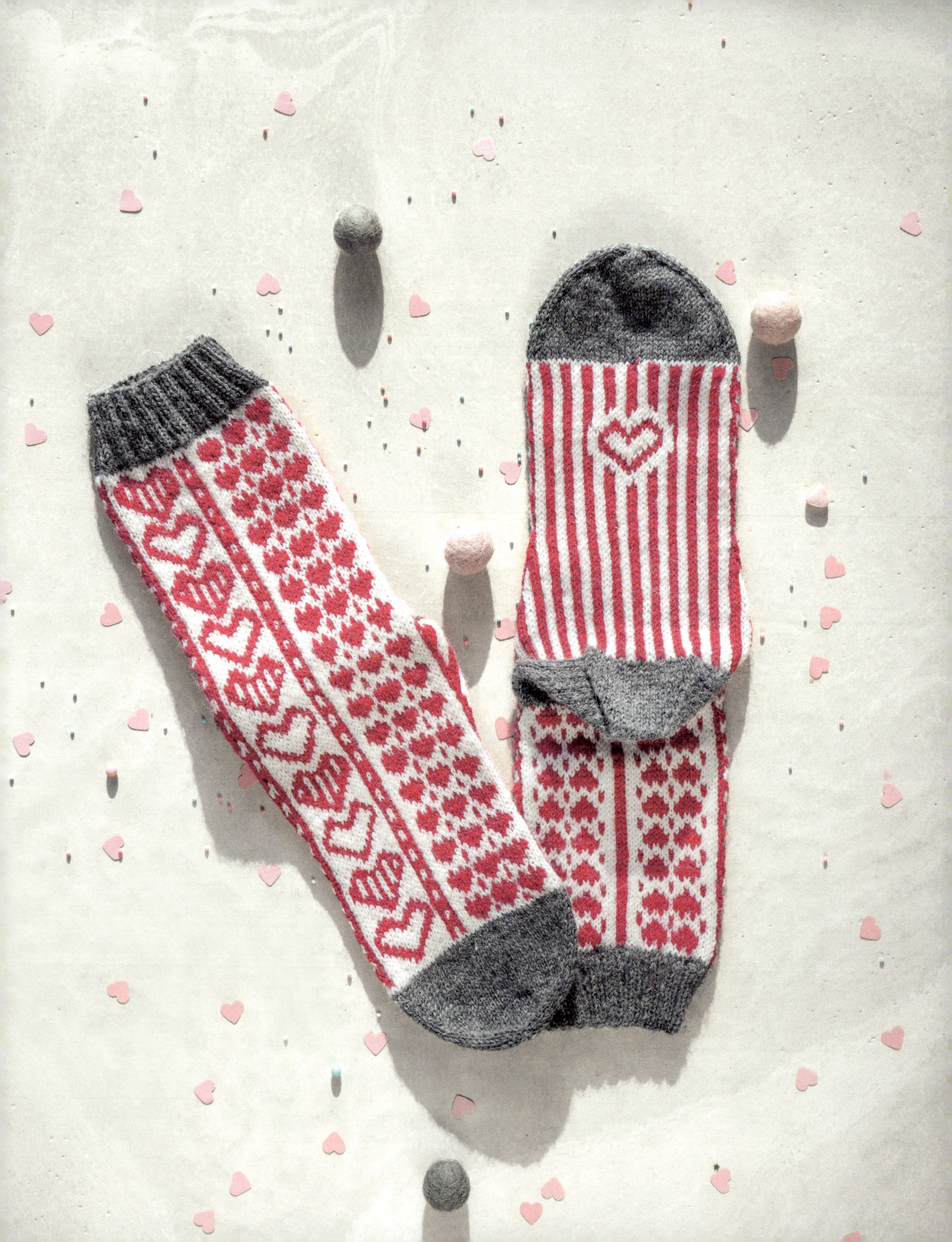

Herzenswärmer

Schwierigkeitsgrad
Fortgeschritten

Größe
39–40
(kann um eine Größe nach unten oder oben angepasst werden, siehe Seite 12)

Material
Regia, Sockenwolle 4-fädig
(LL: 210 m/50 g),
ca. 40 g Mittelgrau (#00044)
ca. 50 g Weiß (#00600)
ca. 50 g Pink/Fuchsia (#01051)

Nadelspiel Stärke 2–3
(je nachdem wie fest gestrickt wird)

Strickmuster
Bündchen (2 M rechts, 2 M links im Wechsel)
glatt rechts

Maschenprobe
Im Jacquardmuster
ca. 19 M und 18 R = 5 cm x 5 cm

BÜNDCHEN

72 M in Mittelgrau anschlagen und gleichmäßig auf einem Nadelspiel verteilen (18 M je Nd) und zur Rd schließen.
Nun 14 Rd im Bündchenmuster stricken.

SCHAFT

1 Rd in Mittelgrau glatt rechts stricken. Dabei gleichmäßig verteilt 8 M zunehmen (80 M). Nun die Strickschrift »Schaft« stricken. (ACHTUNG: Für den rechten bzw. linken Schaft gibt es jeweils eine eigene Strickschrift!)
Danach die Fäden abschneiden und mit der Ferse beginnen.

FERSE

Die Ferse wird über die Maschen der 1. und 4. Nadel wie folgt gestrickt: Bringe die Maschen von der 1. Nadel auf die 4. Nadel, Arbeit wenden und mit Mittelgrau auf der linken Seite beginnen.
1. Reihe: 1 M wie zum Linksstricken abheben, über die restlichen 39 M links stricken.
2. Reihe: *1 M abheben, 1 M rechts stricken*, von * bis * wiederholen bis zum Ende der R.
Diese beiden R wiederholen, bis die Ferse 40 Reihen lang ist.
(Die 40. Reihe ist eine rechte Reihe.)

KÄPPCHEN UND ZWICKEL

Stricke das Käppchen und den Zwickel wie es in der bebilderten Step-by-Step-Anleitung auf Seite 16–19 beschrieben ist.

FUß

Nach dem »Zwickel« das Strickmuster »Fuß« stricken. (ACHTUNG: Für den rechten bzw. linken Fuß gibt es jeweils eine eigene Strickschrift!)

SPITZE

Mit Mittelgrau bei der 1. und 3. Nd bis 3 M vor dem Ende stricken. Dann 2 M rechts zusammenstricken und die letzte M rechts stricken.
Bei der 2. und 4. Nd 1 M rechts stricken und dann 2 M rechts überzogen zusammenstricken (1 M wie zum Rechtsstricken abheben, folgende M rechts stricken, abgehobene M über die gestrickte M heben), weiter rechts stricken bis zum Ende der jeweiligen Nd.

Diese Abnahmen wie folgt stricken:
1-mal in der 4. Rd.
2-mal in jeder 3. Rd.
4-mal in jeder 2. Rd.
Danach in jeder Rd die Abnahmen stricken, bis noch 3 M auf jeder Nd sind. Faden abschneiden, durch die restlichen 12 M ziehen und Fäden vernähen.

Mit einem Dampfbügeleisen auf niedriger Stufe vorsichtig bügeln. Dadurch wird das Maschenbild gleichmäßiger.

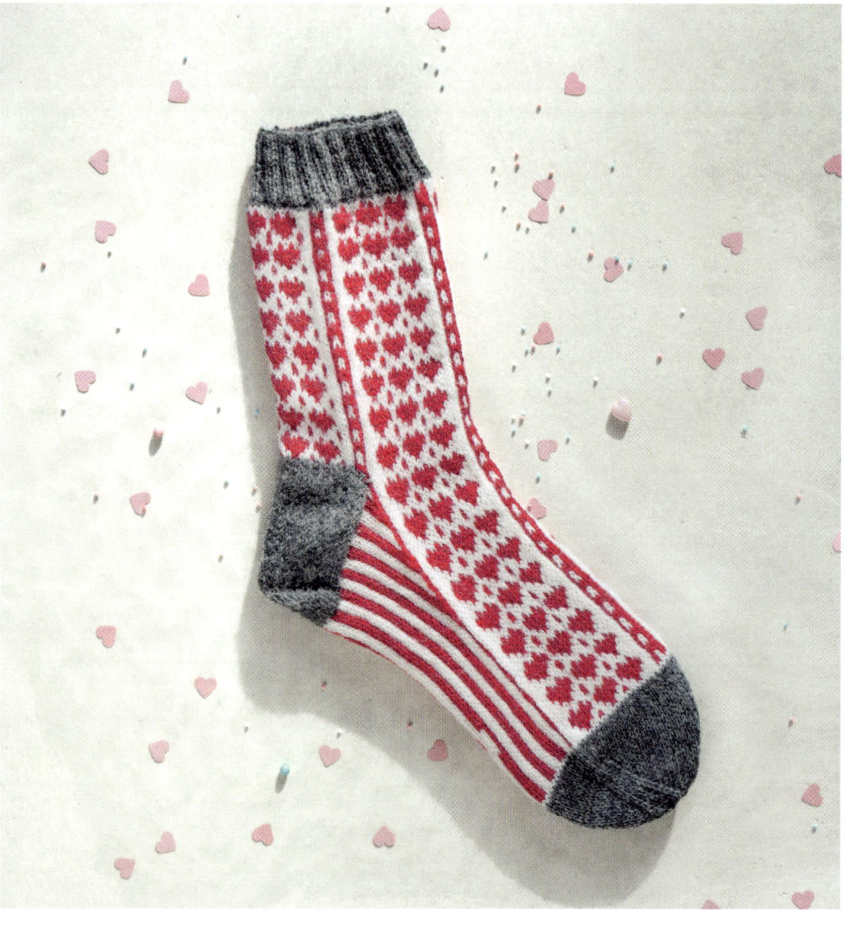

Strickschrift Schaft links

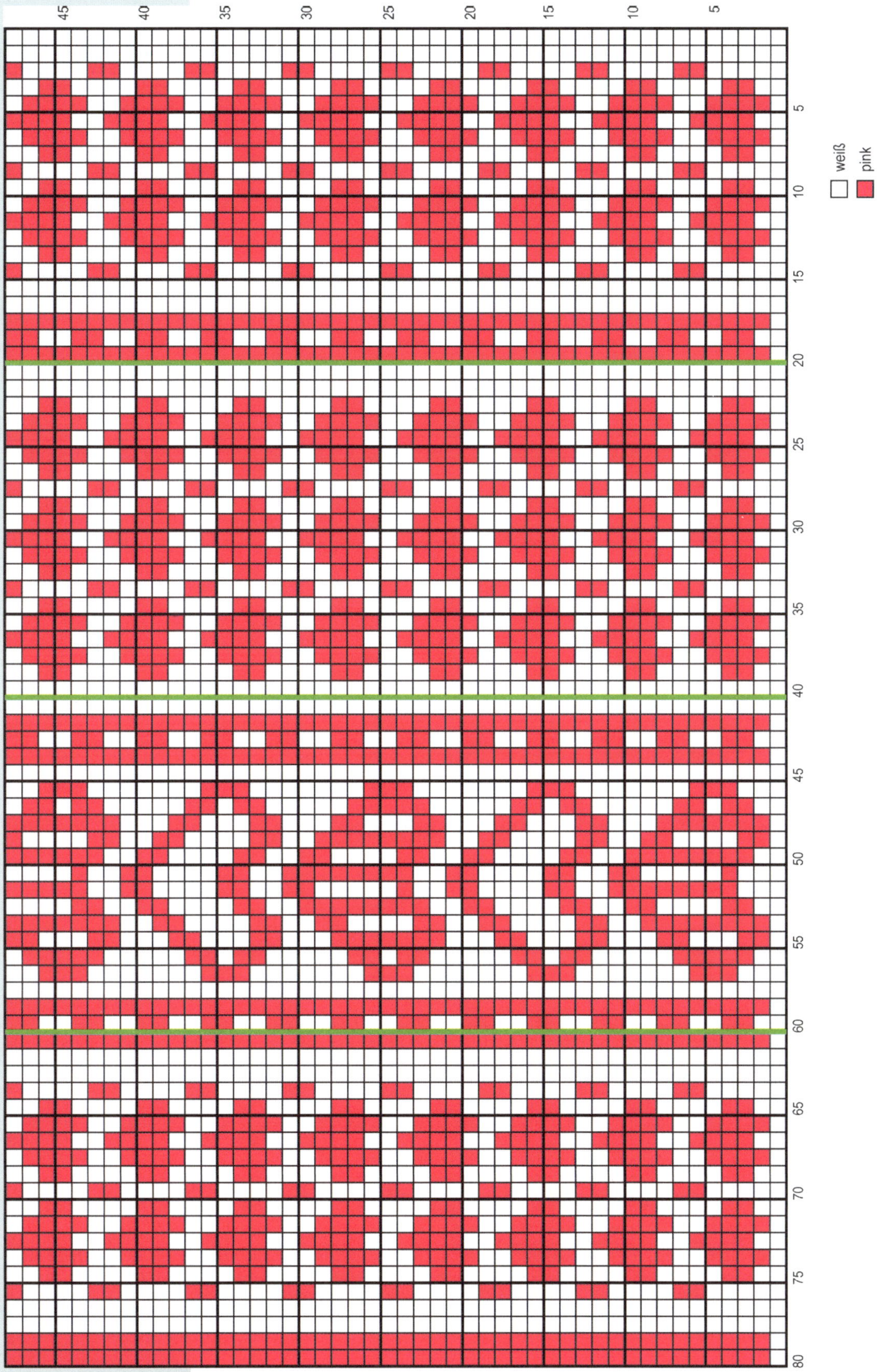

Strickschrift Schaft rechts

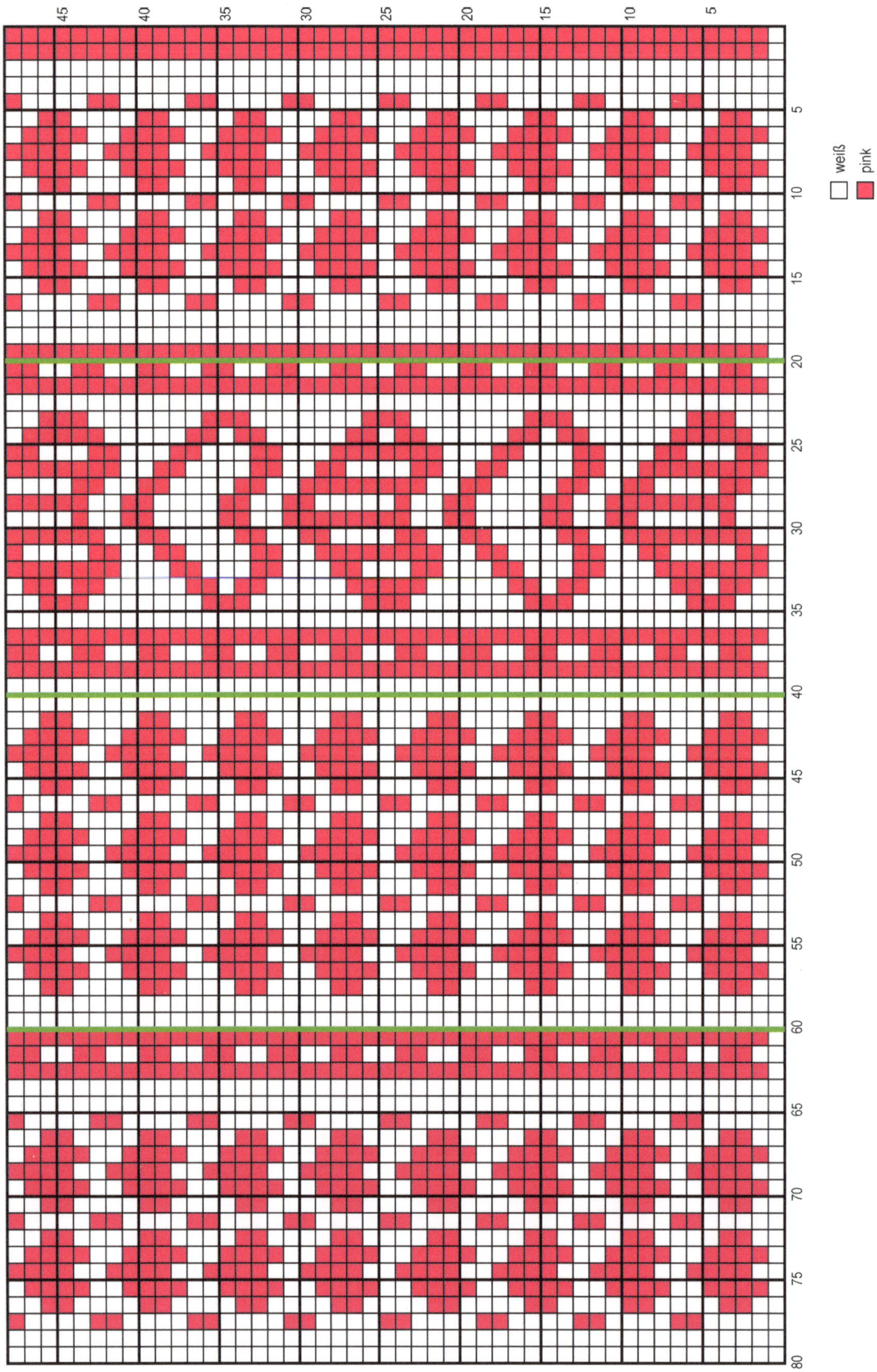

Strickschrift Zwickel links

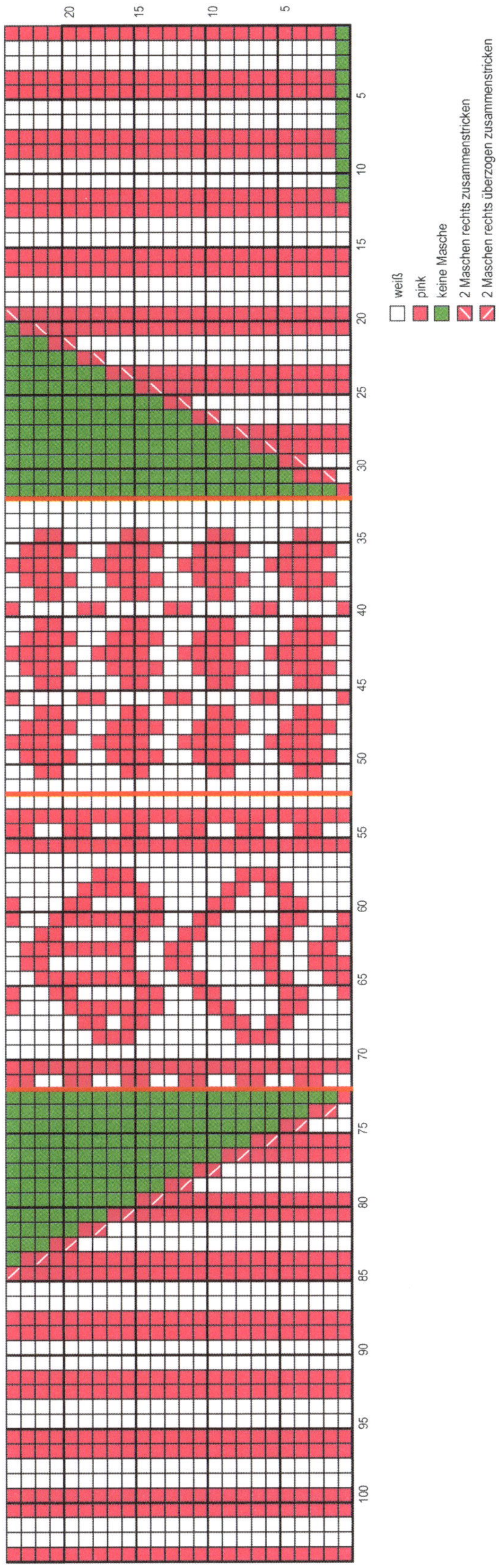

Strickschrift Zwickel rechts

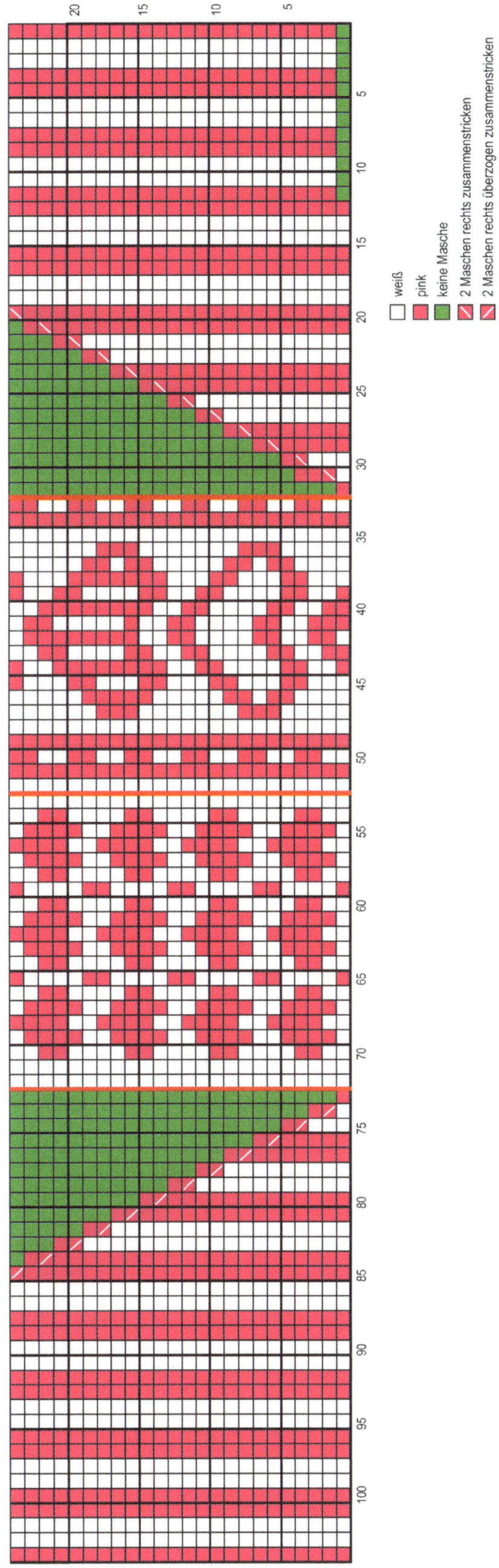

Strickschrift Fuß links

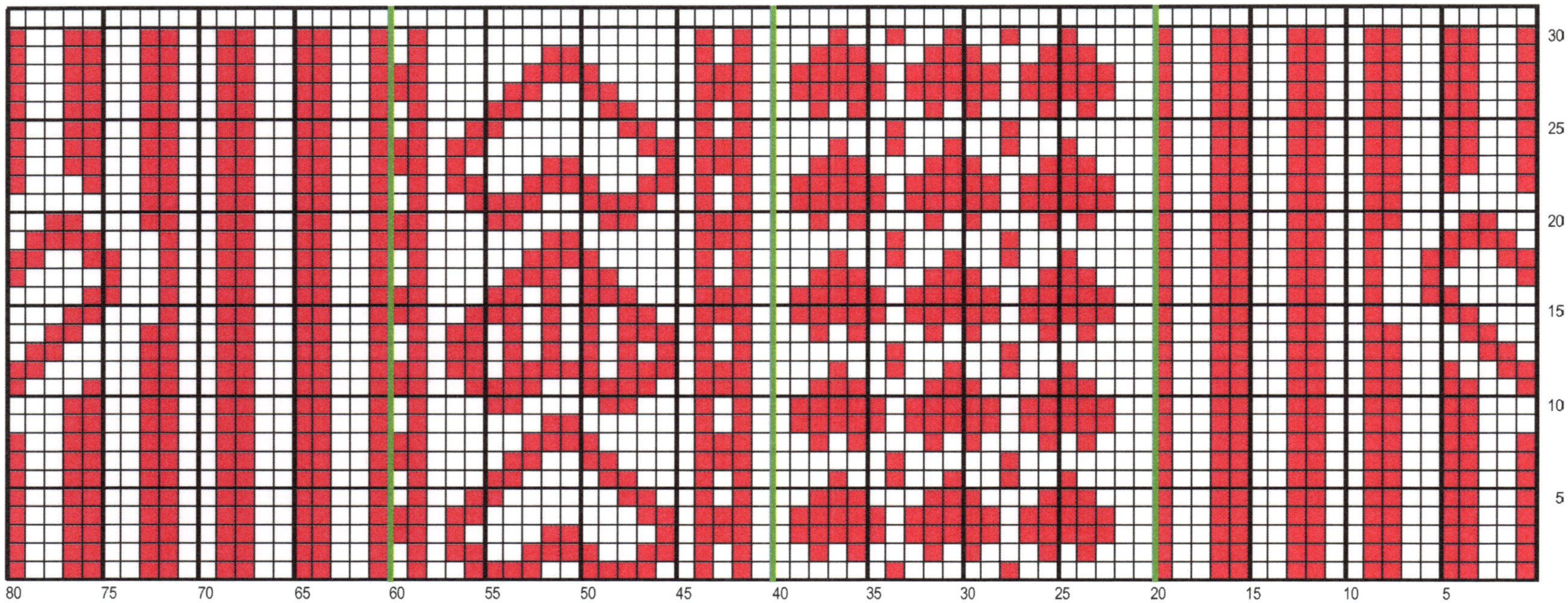

weiß
pink

Strickschrift Fuß rechts

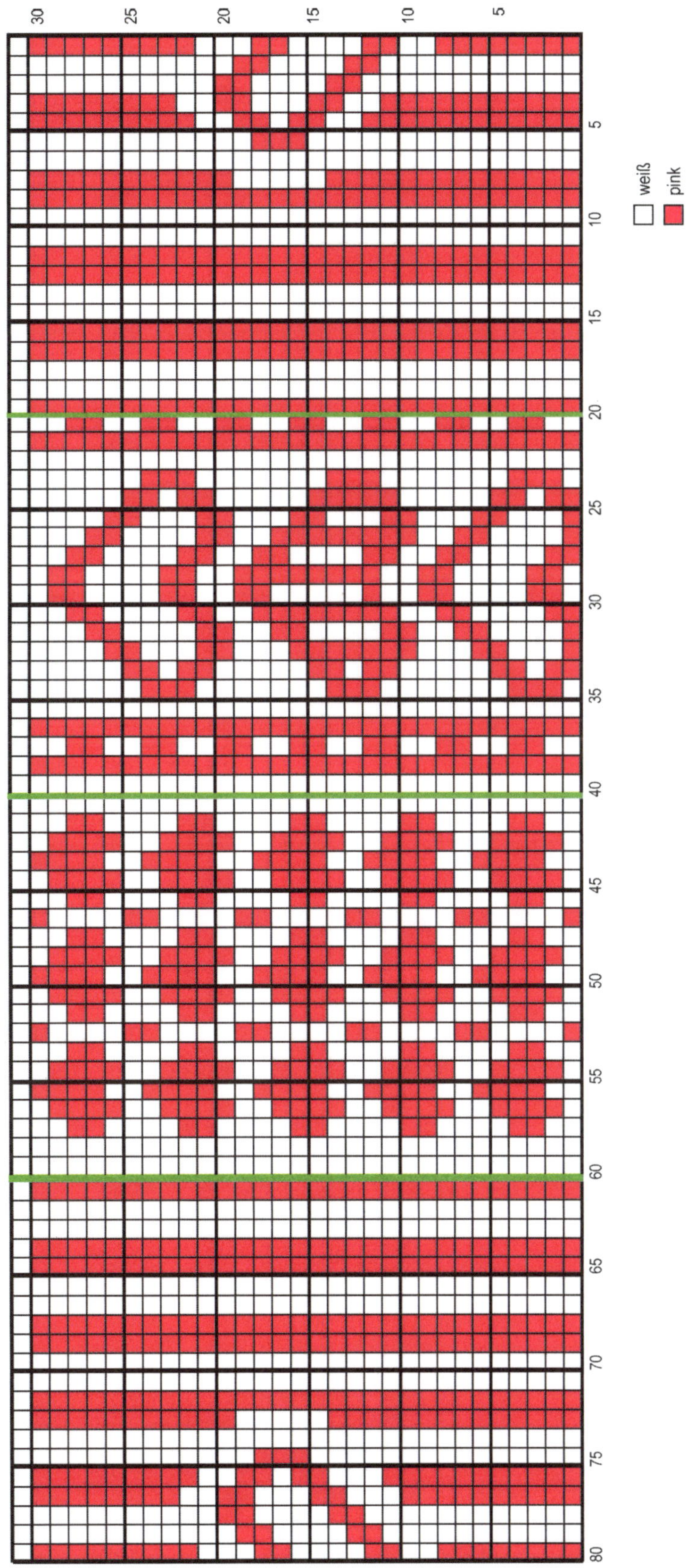

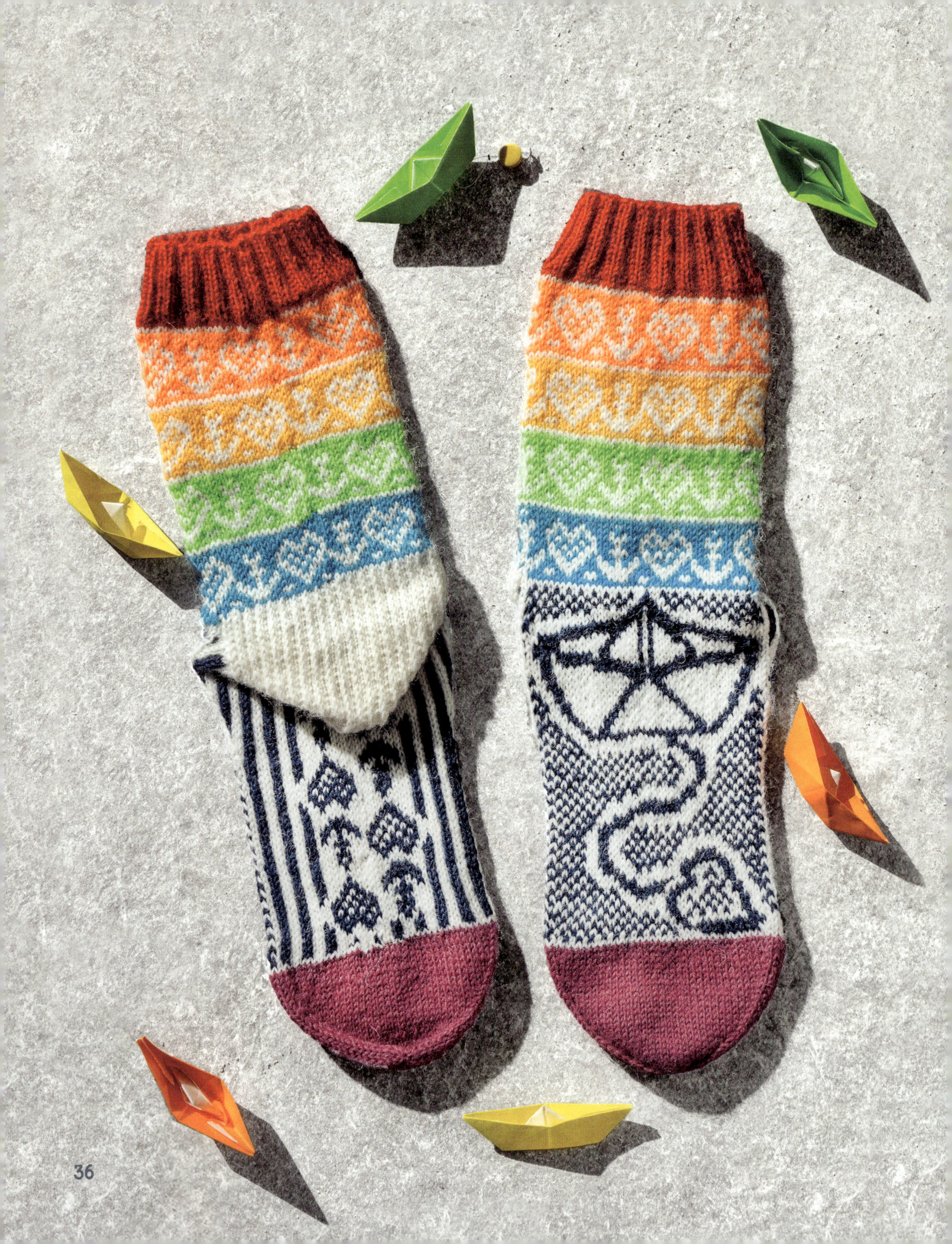

Rainbow Boat

Schwierigkeitsgrad
Fortgeschritten

Größe
39–40
(kann um eine Größe nach unten oder oben angepasst werden, siehe Seite 12)

Material
Regia Sockenwolle 4-fädig
(LL: 210 m/50 g) Regia
ca. 10 g Rot (#02054)
ca. 10 g Orange (#02092)
ca. 10 g Gelb (#02041)
ca. 10 g Grün (#06613)
ca. 10 g Blau/Ocean (#06629)
ca. 25 g Dunkel-/Royalblau (#00540)
ca. 12 g Violet (#01050)
ca. 50 g Superweiß (#02080)

Nadelspiel Stärke 2–3 (je nachdem wie fest gestrickt wird)

Strickmuster
Bündchen (2 M rechts, 2 M links im Wechsel)
glatt rechts

Maschenprobe
Im Jacquardmuster
ca. 19 M und 18 R = 5 cm x 5 cm

BÜNDCHEN

72 M in Rot anschlagen und gleichmäßig auf einem Nadelspiel verteilen (18 M je Nd) und zur Rd schließen.
Nun 14 Rd im Bündchenmuster stricken.

SCHAFT

1 Rd in Superweiß glatt rechts stricken. Dabei gleichmäßig verteilt 8 M zunehmen (80 M). Nun die Strickschrift »Schaft« stricken.
Danach die Fäden abschneiden und mit der Ferse beginnen.

FERSE

Die Ferse wird über die Maschen der 1. und 4. Nadel wie folgt gestrickt: Bringe die M von der 1. Nd auf die 4. Nd, Arbeit wenden und mit Superweiß auf der linken Seite beginnen.
1. Reihe: 1 M wie zum Linksstricken abheben, über die restlichen 39 M links stricken.
2. Reihe: *1 M abheben, 1 M rechts stricken*, von * bis * wiederholen bis zum Ende der Reihe.
Diese beiden Reihen wiederholen, bis die Ferse 40 Reihen lang ist.
(Die 40. Reihe ist eine rechte Reihe.)

KÄPPCHEN

Stricke das Käppchen, wie es in der bebilderten Step-by-Step-Anleitung auf Seite 16–17 beschrieben ist.

ZWICKEL

Mit derselben Nadel, auf der die Käppchenmaschen sind, weiter mit Superweiß 20 M entlang der linken Seite der Ferse aufstricken.

Über die 2. und 3. Nd (Oberfuß) rechts stricken.

Nun 20 Randmaschen entlang der rechten Seite der Ferse auf Nd 4 aufstricken.
Dann die 12 zusätzlichen M vom Käppchen (die jetzt noch auf Nd 1 sind) ebenfalls auf Nd 4 stricken (siehe auch in der Step-by-Step-Anleitung auf Seite 19).

Du bist nun wieder am Rundenanfang angekommen.
(Nd 1 = 32 Maschen, Nd 2 + 3 = je 20 M, Nd 4 = 32 M)

Nun das Strickmuster »Zwickel« stricken. (ACHTUNG: Für den rechten bzw. linken Fuß, gibt es jeweils eine eigene Strickschrift!)

FUß

Nach dem »Zwickel« das Strickmuster »Fuß« stricken. (ACHTUNG: Für den rechten bzw. linken Fuß gibt es jeweils eine eigene Strickschrift!)

SPITZE

Die erste Reihe der Spitze in Superweiß stricken, danach mit Violet weiterstricken.
Bei der 1. und 3. Nd bis 3 M vor dem Ende stricken. Dann 2 M rechts zusammenstricken und die letzte M rechts stricken.
Bei der 2. und 4. Nd 1 M rechts stricken und dann 2 M rechts überzogen zusammenstricken (1 M wie zum Rechtsstricken abheben, folgende M rechts stricken, abgehobene M über die gestrickte M heben), weiter rechts stricken bis zum Ende der jeweiligen Nd.

Diese Abnahmen wie folgt stricken:
1-mal in der 4. Rd.
2-mal in jeder 3. Rd.
4-mal in jeder 2. Rd.
Danach in jeder Rd die Abnahmen stricken, bis noch 3 M auf jeder Nd sind.
Faden abschneiden, durch die restlichen 12 M ziehen und Fäden vernähen.

Mit einem Dampfbügeleisen auf niedriger Stufe vorsichtig bügeln. Dadurch wird das Maschenbild gleichmäßiger.

Strickschrift Schaft

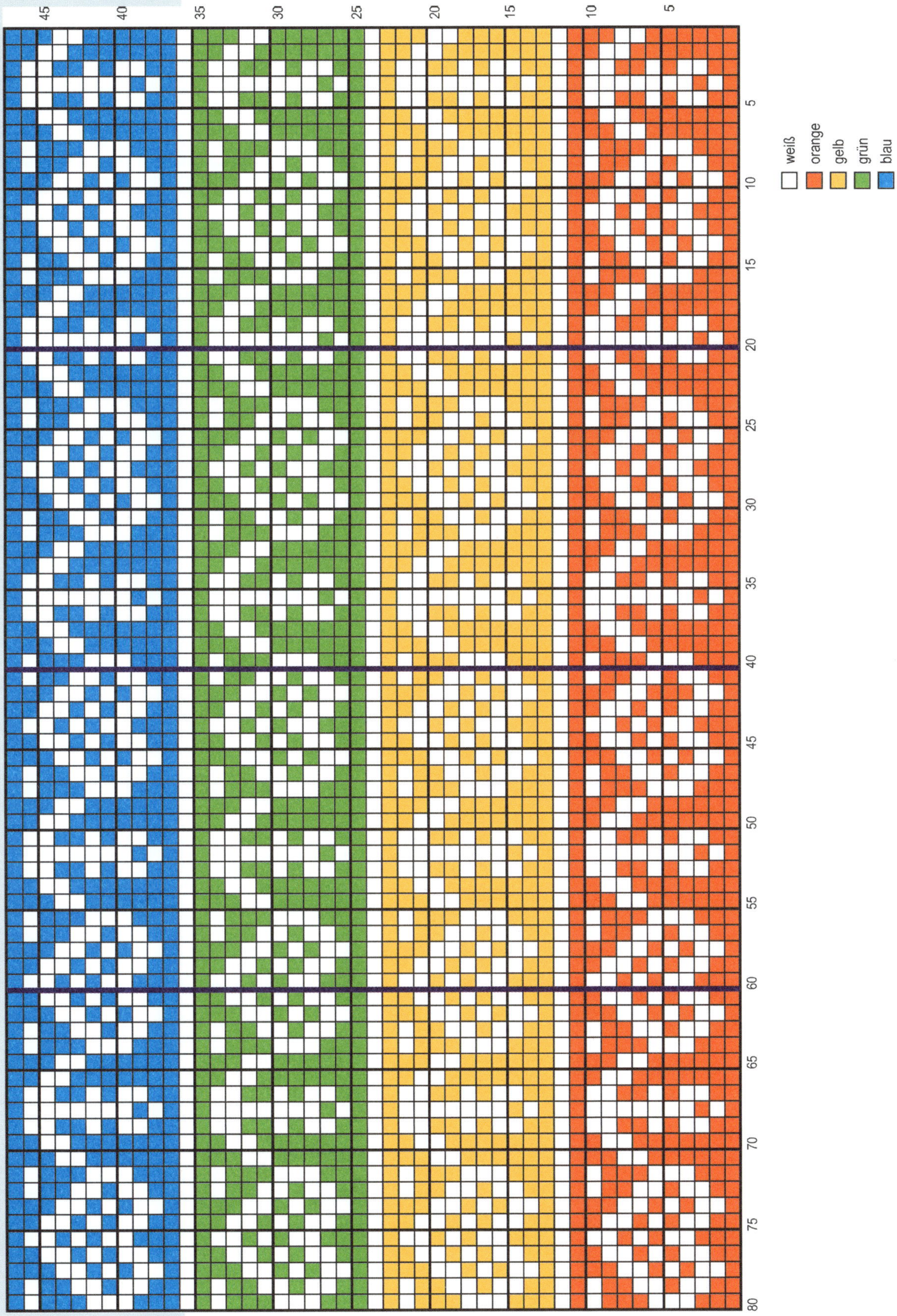

Strickschrift Zwickel links

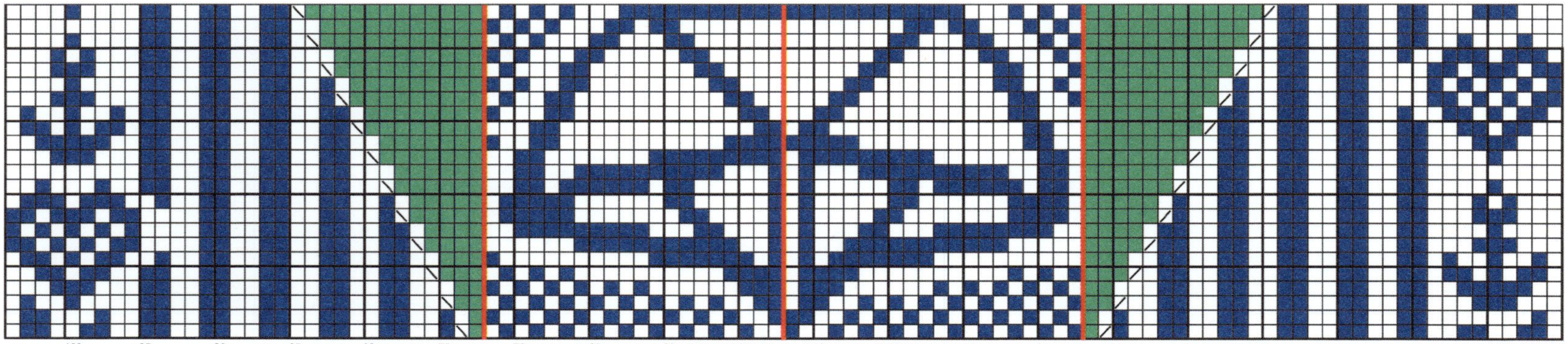

- dunkelblau
- weiß
- keine Masche
- 2 Maschen rechts zusammenstricken
- 2 Maschen rechts überzogen zusammenstricken

Strickschrift Zwickel rechts

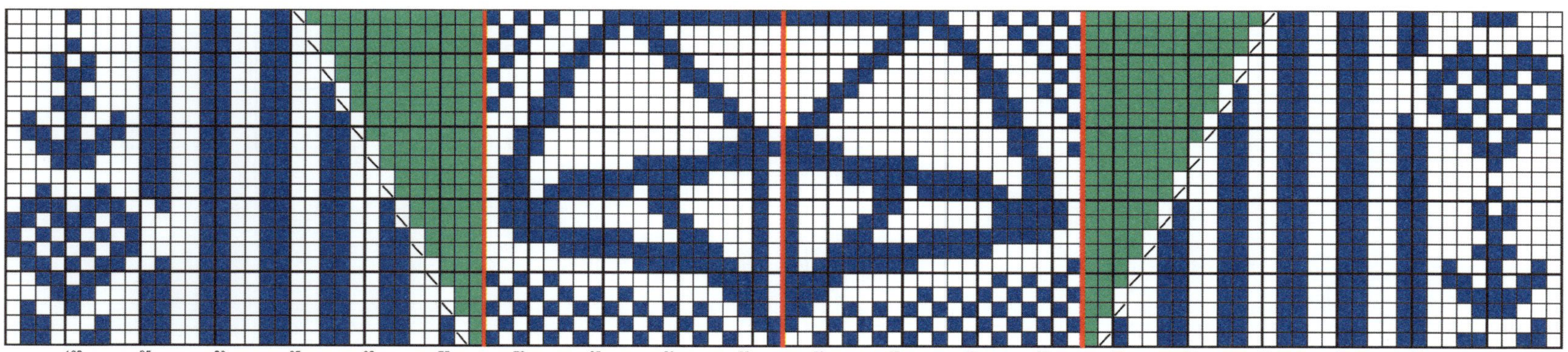

- dunkelblau
- weiß
- keine Masche
- 2 Maschen rechts zusammenstricken
- 2 Maschen rechts überzogen zusammenstricken

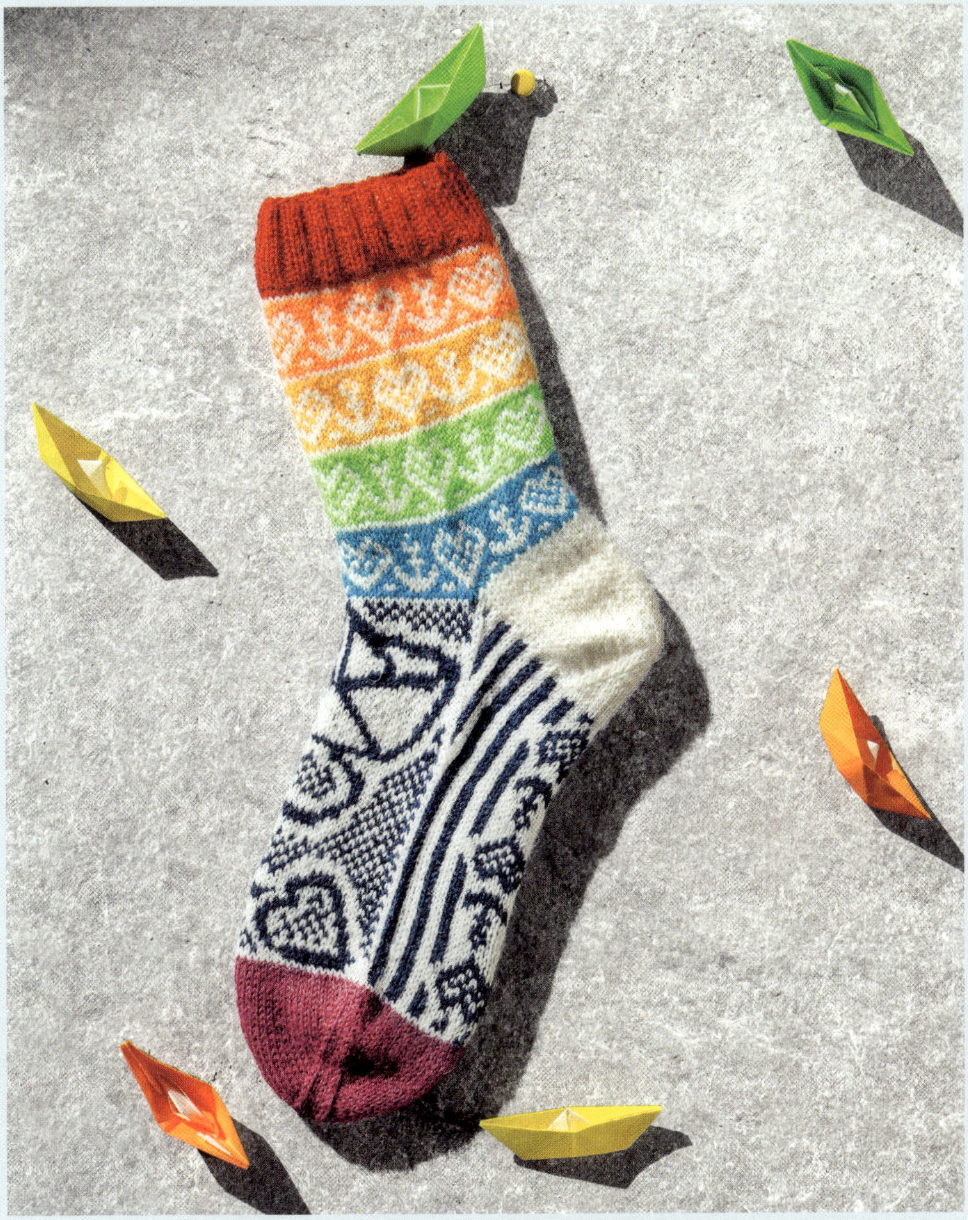

Strickschrift Fuß links

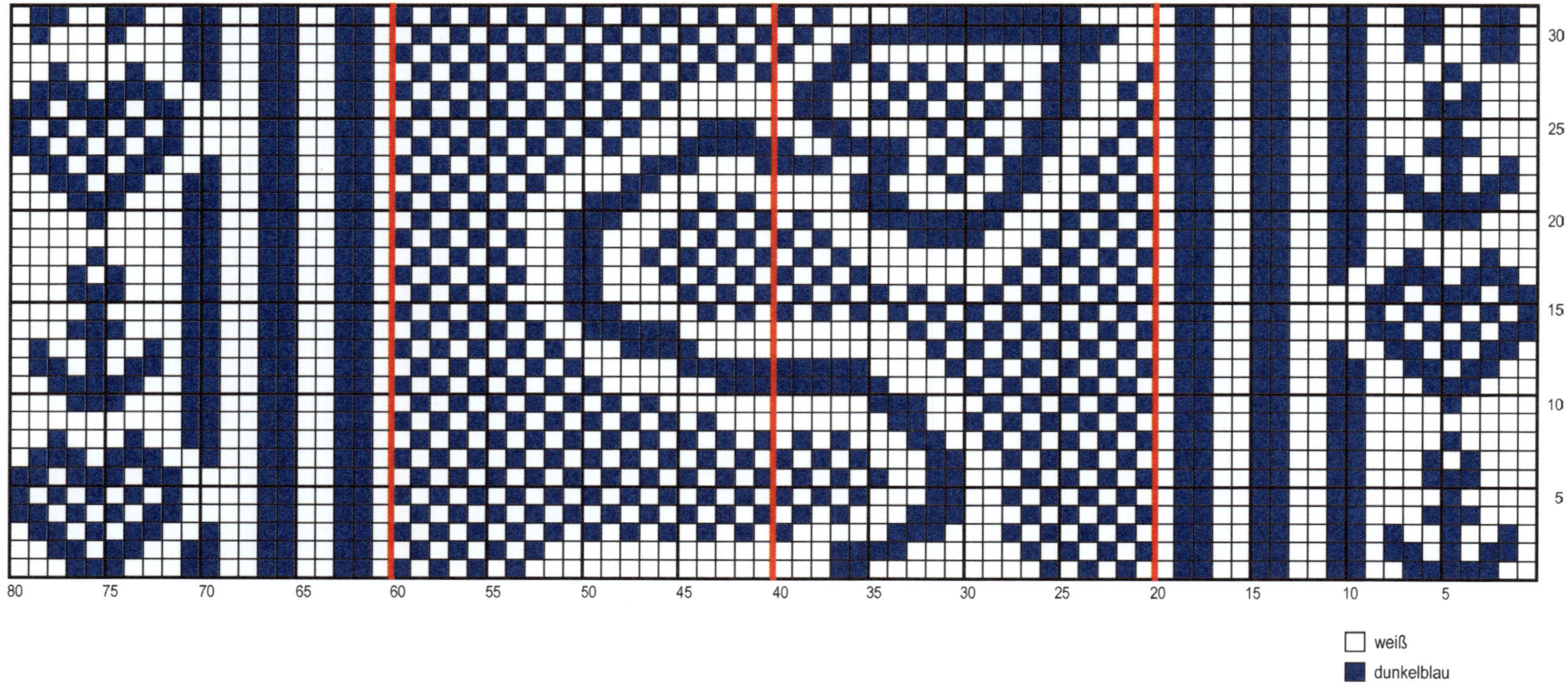

Strickschrift Fuß rechts

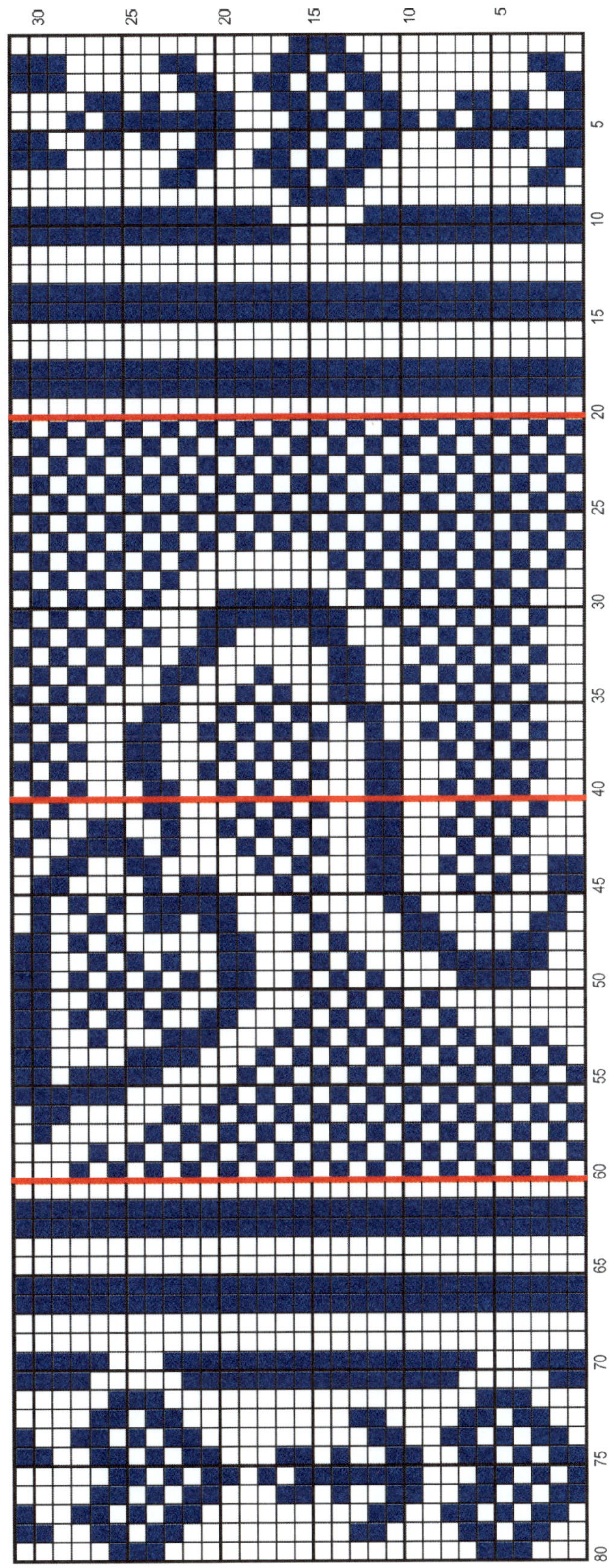

weiß
dunkelblau

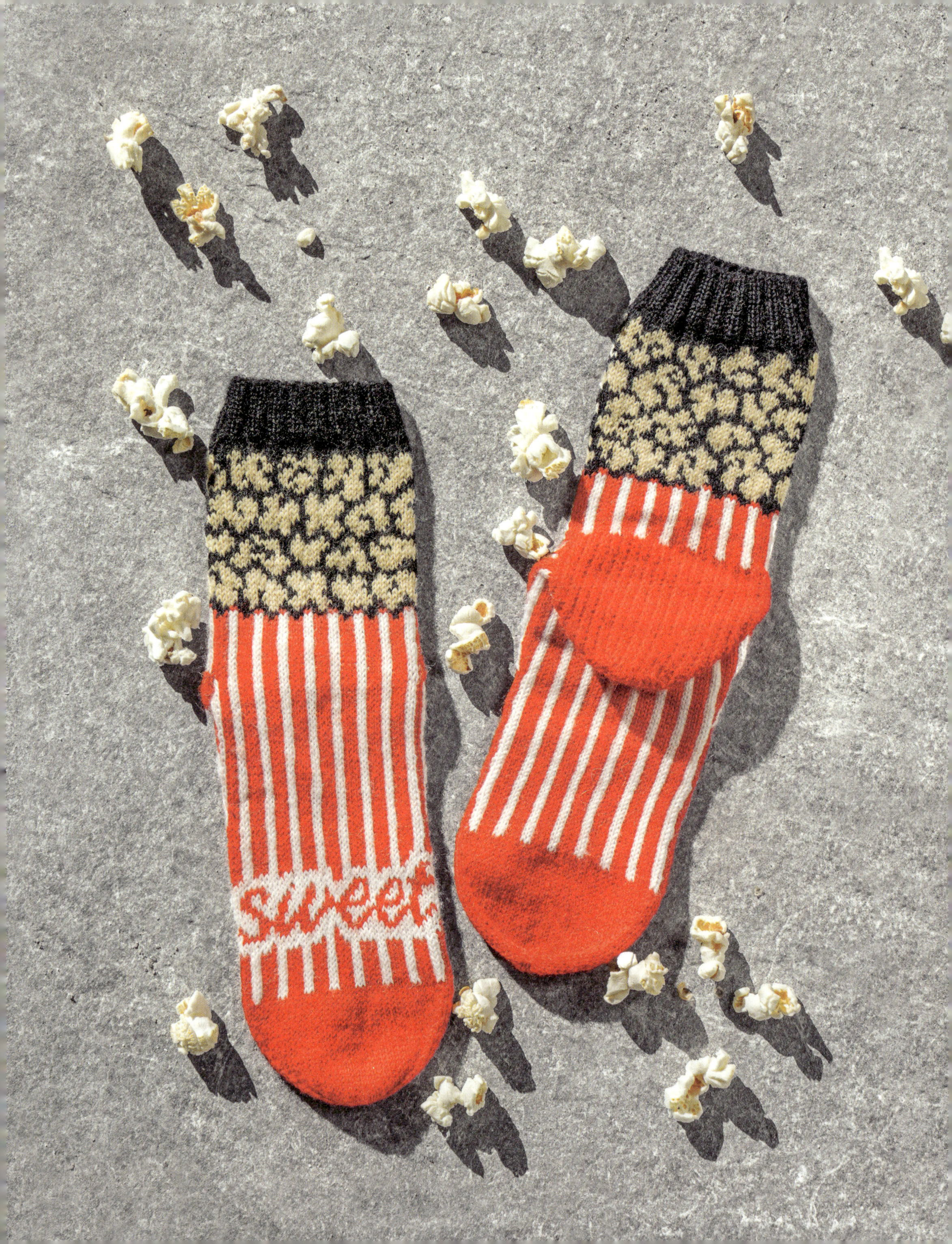
sweet

Sweet Feet

Schwierigkeitsgrad
Fortgeschritten

Größe
39–40
(kann um eine Größe nach unten oder oben angepasst werden, siehe Seite 12)

Material
Lang Yarns JAWOLL, Sockenwolle 4-fädig, (LL: 210 m/50 g)
ca. 50 g Rot (#83.0060)
ca. 40 g Weiß (#83.0001)
ca. 40 g Schwarz (#83.0004)
ca. 25 g Hellgelb (#83.0213)

Nadelspiel Stärke 2–3
(je nachdem wie fest gestrickt wird)

Strickmuster
Bündchen (2 M rechts, 2 M links im Wechsel)
glatt rechts

Maschenprobe
Im Jacquardmuster
ca. 19 M und 18 R = 5 cm x 5 cm

BÜNDCHEN

72 M in Schwarz anschlagen und gleichmäßig auf einem Nadelspiel verteilen (18 M je Nd) und zur Rd schließen.
Nun 14 Rd im Bündchenmuster stricken.

SCHAFT

1 Reihe in Schwarz glatt rechts stricken. Dabei gleichmäßig verteilt 8 M zunehmen (80 M). Nun die Strickschrift »Schaft« stricken.
Danach die Fäden abschneiden und mit der Ferse beginnen.

FERSE

Die Ferse wird über die Maschen der 1. und 4. Nadel wie folgt gestrickt:
Bringe die M von der 1. Nd auf die 4. Nd, Arbeit wenden und mit Rot auf der linken Seite beginnen.
1. Reihe: 1 M wie zum Linksstricken abheben, über die restlichen 39 M links stricken.
2. Reihe: *1 M abheben, 1 M rechts stricken*, von * bis * wiederholen bis zum Ende der Reihe.
Diese beiden Reihen wiederholen, bis die Ferse 40 Reihen lang ist.
(Die 40. Reihe ist eine rechte Reihe.)

KÄPPCHEN UND ZWICKEL

Stricke das Käppchen und den Zwickel wie es in der bebilderten Step-by-Step-Anleitung auf Seite 16–19 beschrieben ist.

FUẞ

Nach dem »Zwickel« das Strickmuster »Fuß« stricken. (ACHTUNG: Für den rechten bzw. linken Fuß gibt es jeweils eine eigene Strickschrift!)

SPITZE

Mit Rot bei der 1. und 3. Nd bis 3 M vor dem Ende stricken. Dann 2 M rechts zusammenstricken und die letzte M rechts stricken.
Bei der 2. und 4. Nd 1 M rechts stricken und dann 2 M rechts überzogen zusammenstricken (1 M wie zum Rechtsstricken abheben, folgende M rechts stricken, abgehobene M über die gestrickte M heben), weiter rechts stricken bis zum Ende der jeweiligen Nd.

Diese Abnahmen wie folgt stricken:
1-mal in der 4. Rd.
2-mal in jeder 3. Rd.
4-mal in jeder 2. Rd.
Danach in jeder Rd die Abnahmen stricken, bis noch 3 M auf jeder Nd sind.
Faden abschneiden, durch die restlichen 12 M ziehen und Fäden vernähen.

Mit einem Dampfbügeleisen auf niedriger Stufe vorsichtig bügeln. Dadurch wird das Maschenbild gleichmäßiger.

Strickschrift Schaft

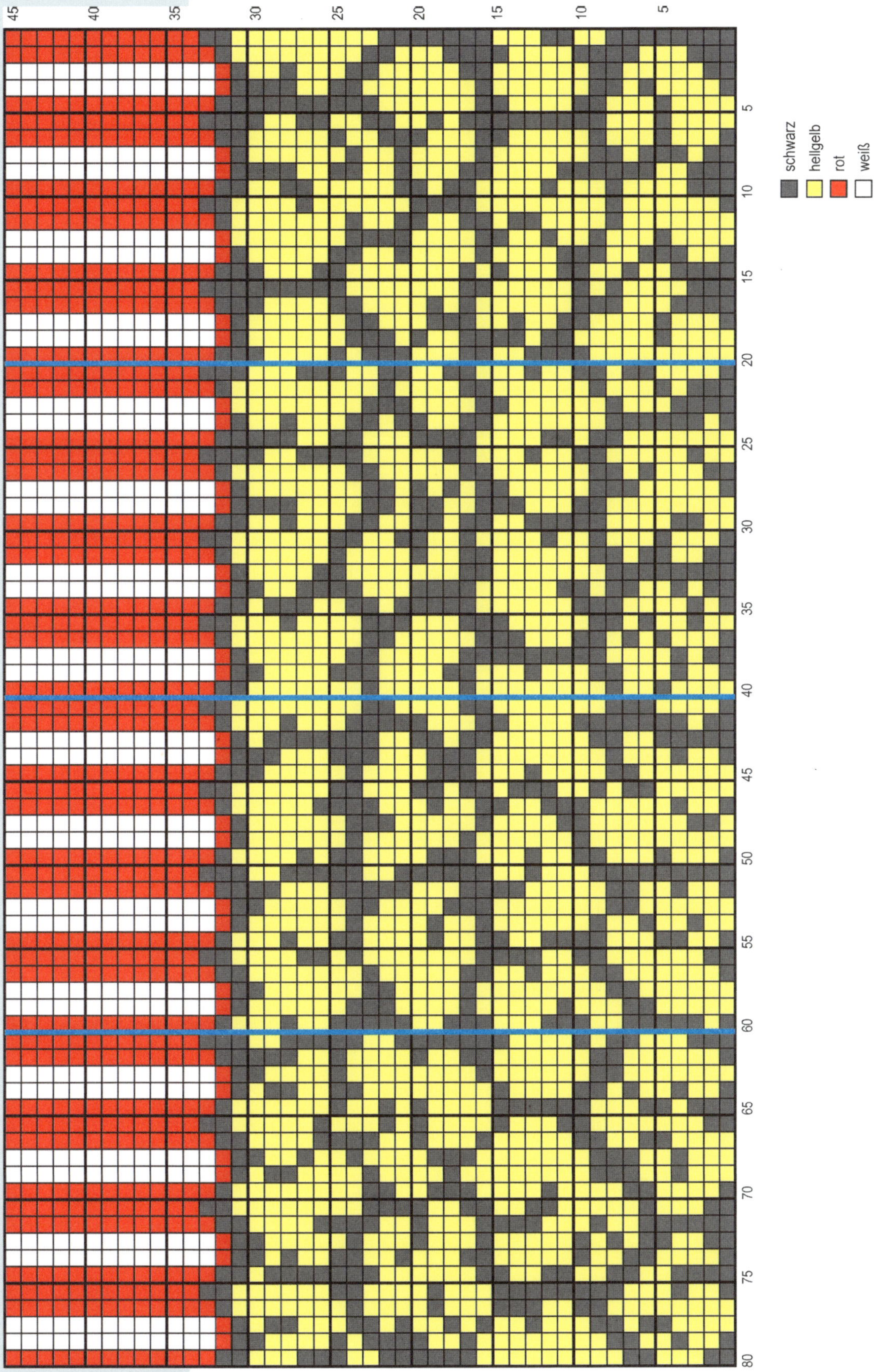

Strickschrift Zwickel

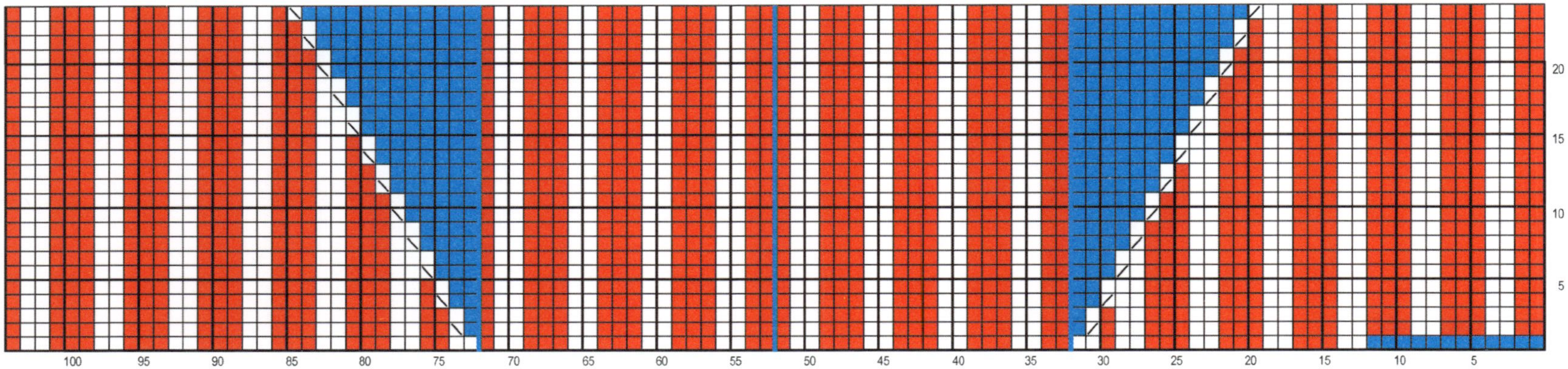

- rot
- weiß
- keine Masche
- 2 Maschen rechts zusammenstricken
- 2 Maschen rechts überzogen zusammenstricken

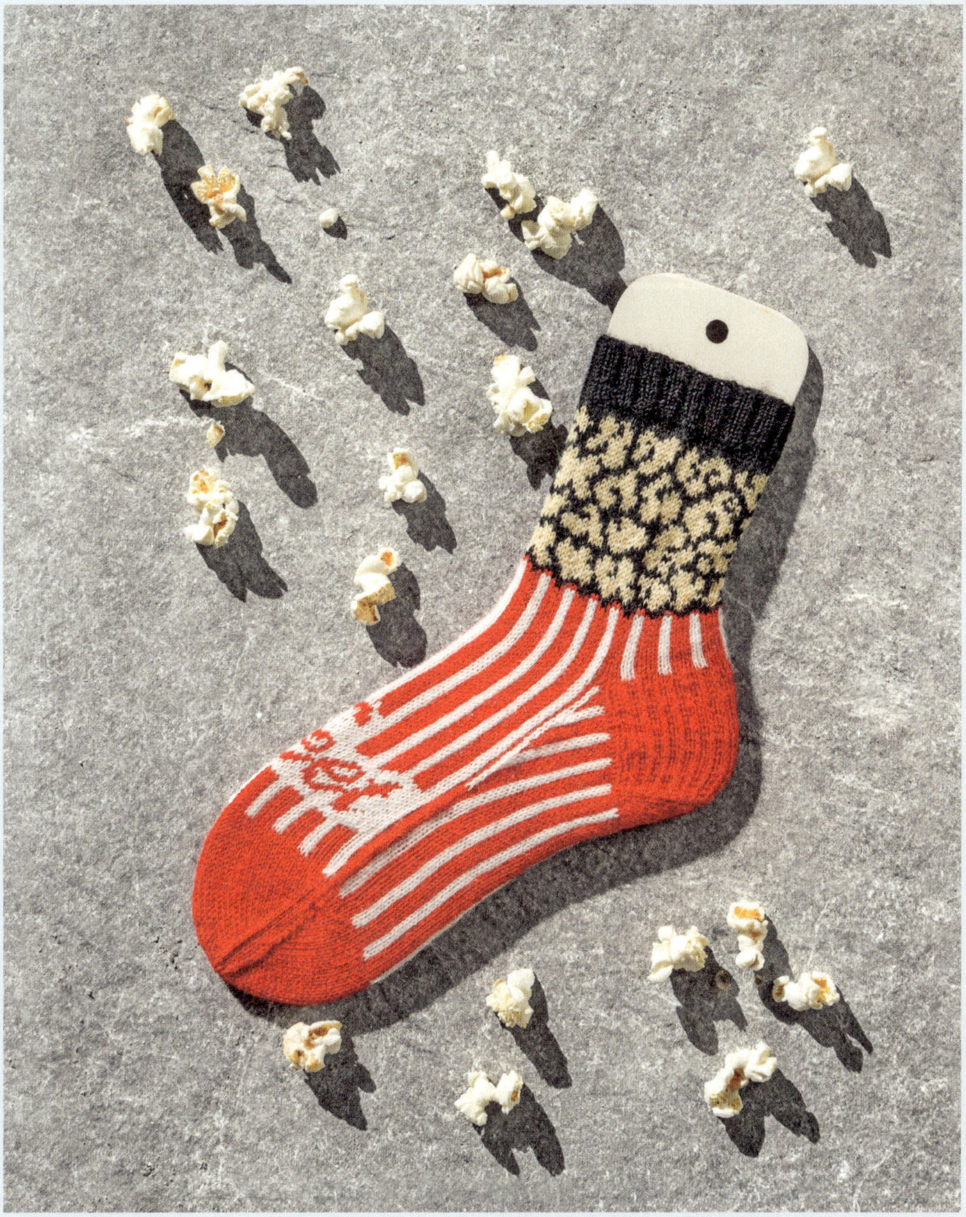

Strickschrift Fuß links

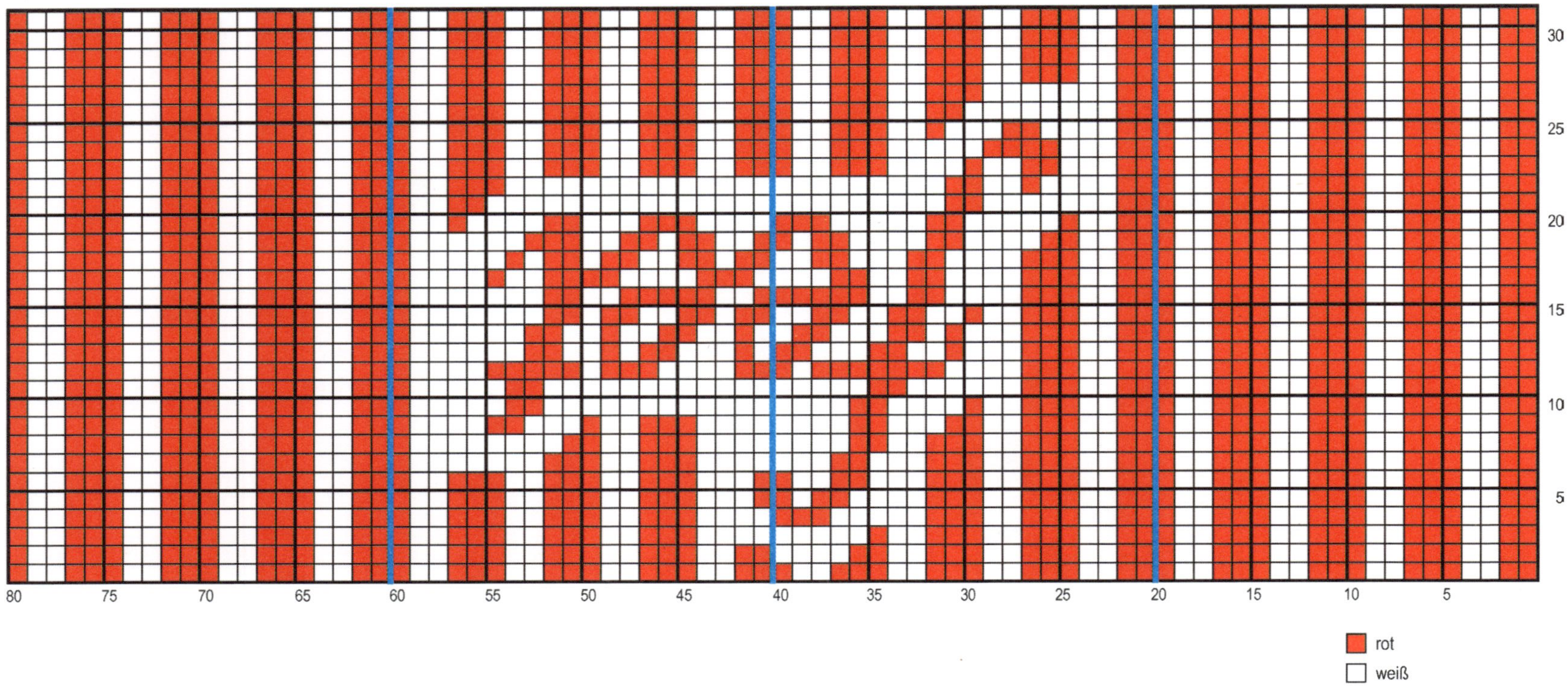

Strickschrift Fuß rechts

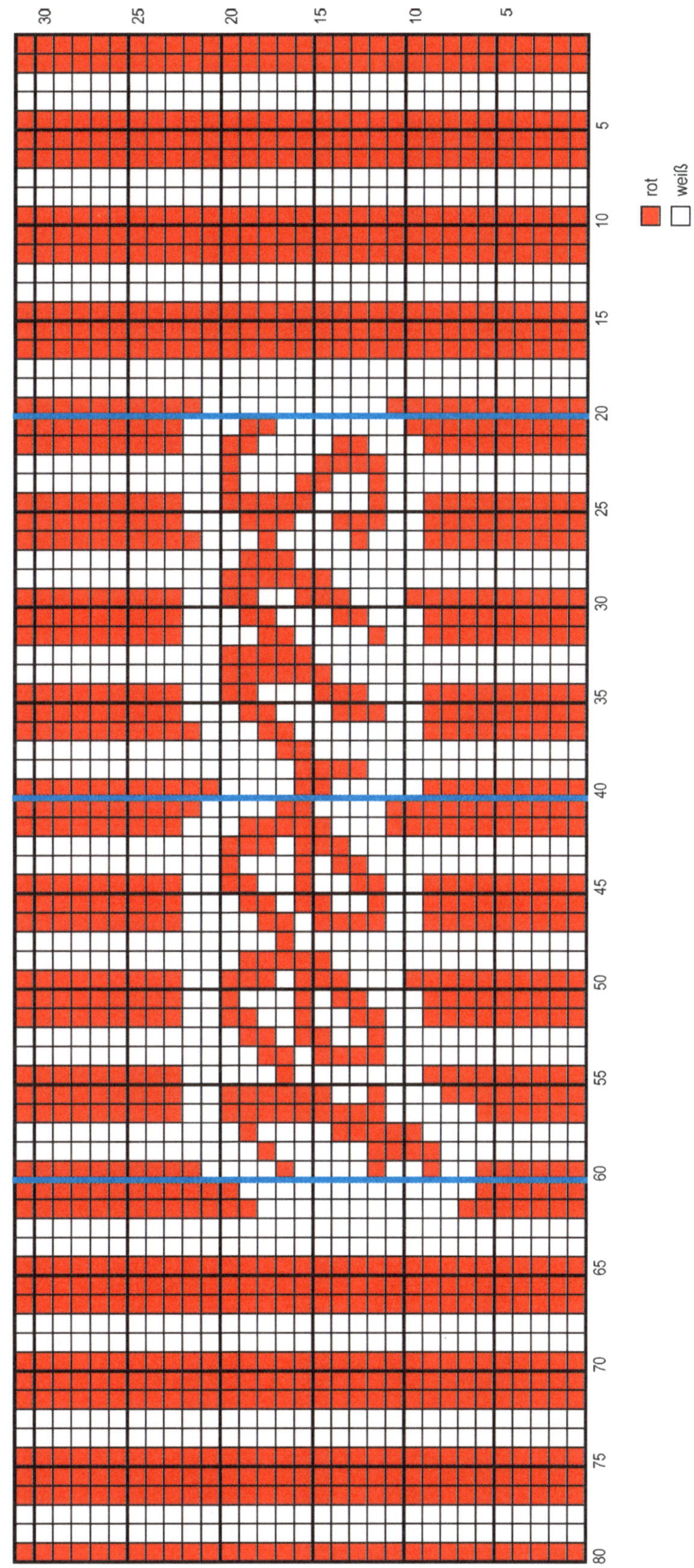

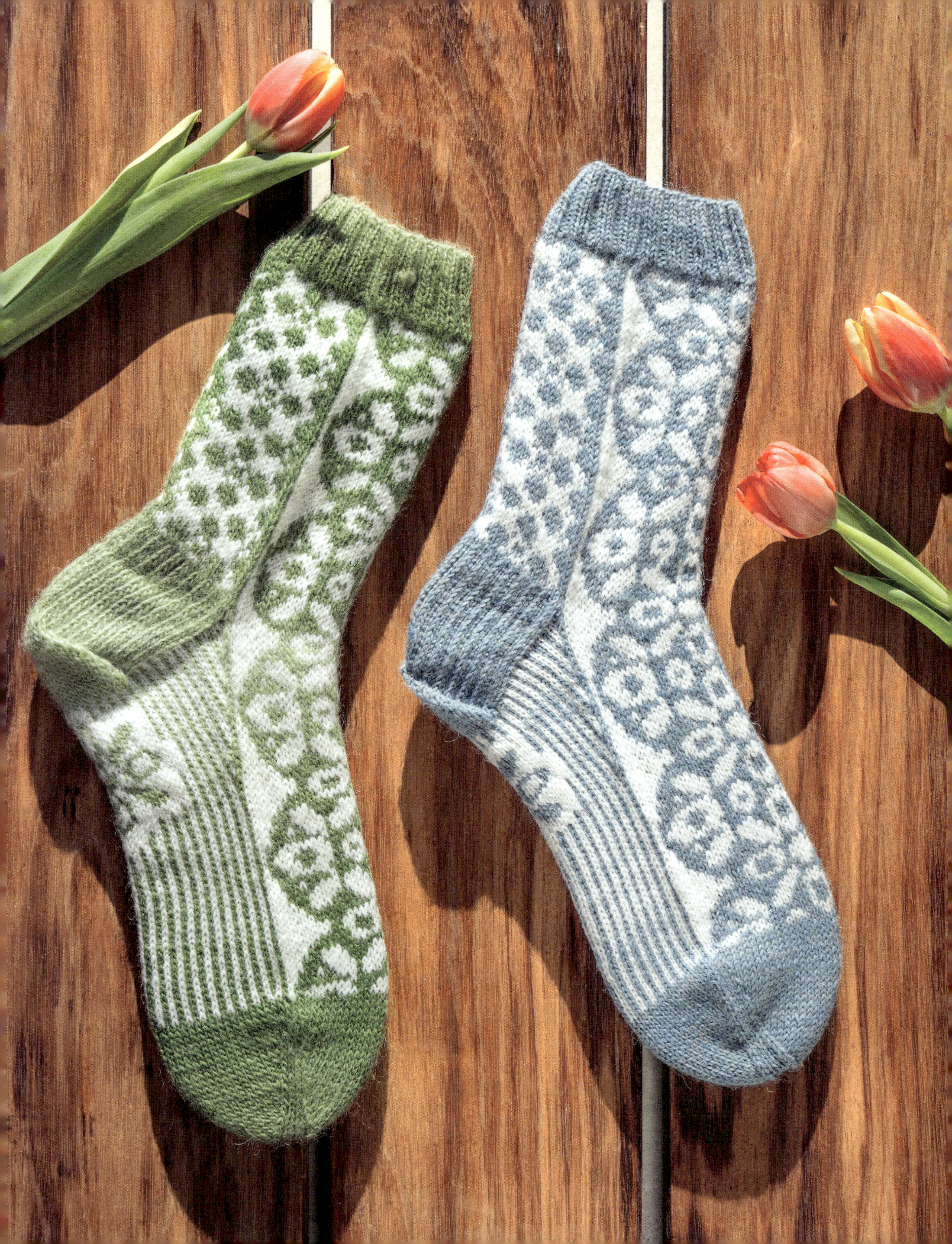

Almost Spring

Schwierigkeitsgrad
Fortgeschritten

Größe
39–40
(kann um eine Größe nach unten oder oben angepasst werden, siehe Seite 12)

Material
Regia, Sockenwolle 4-fädig
(LL: 210 m/50 g)
ca. 40 g Superweiß (#02080)
ca. 70 g Graublau/Cloud meliert (#01844)
oder
Wooly Hugs Year, Sockenwolle 4-fädig (LL: 200m/50 g)
ca. 70 g Mai/Grün (#05)

Nadelspiel Stärke 2–3
(je nachdem wie fest gestrickt wird)

Strickmuster
Bündchen (2 M rechts, 2 M links im Wechsel)
glatt rechts

Maschenprobe
Im Jacquardmuster
ca. 19 M und 18 R = 5 cm x 5 cm

BÜNDCHEN

72 M in Cloud meliert bzw. Mai/Grün anschlagen und gleichmäßig auf einem Nadelspiel verteilen (18 M je Nd) und zur Rd schließen.
Nun 14 Rd im Bündchenmuster stricken.

SCHAFT

1 Rd in Cloud meliert bzw. Mai/Grün glatt rechts stricken. Dabei gleichmäßig verteilt 8 M zunehmen (80 M). Nun die Strickschrift »Schaft« stricken.
Danach die Fäden abschneiden und mit der Ferse beginnen.

FERSE

Die Ferse wird über die Maschen der 1. und 4. Nadel wie folgt gestrickt: Bringe die Maschen von der 1. Nd auf die 4. Nd, Arbeit wenden und mit Cloud meliert bzw. Mai/Grün auf der linken Seite beginnen.
1. Reihe: 1 M wie zum Linksstricken abheben, über die restlichen 39 M links stricken.
2. Reihe: *1 M abheben, 1 M rechts stricken*, von * bis * wiederholen bis zum Ende der Reihe.
Diese beiden Reihen wiederholen, bis die Ferse 40 Reihen lang ist.
(Die 40. Reihe ist eine rechte Reihe.)

KÄPPCHEN UND ZWICKEL

Stricke das Käppchen und den Zwickel wie es in der bebilderten Step-by-Step-Anleitung auf Seite 16–19 beschrieben ist.

FUß

Nach dem »Zwickel« das Strickmuster »Fuß« stricken.

SPITZE

Mit Cloud meliert bzw. Mai/Grün bei der 1. und 3. Nd bis 3 M vor dem Ende stricken. Dann 2 M rechts zusammenstricken und die letzte M rechts stricken. Bei der 2. und 4. Nd 1 M rechts stricken und dann 2 M rechts überzogen zusammenstricken (1 M wie zum Rechtsstricken abheben, folgende M rechts stricken, abgehobene M über die gestrickte M heben), weiter rechts stricken bis zum Ende der jeweiligen Nadel.

Diese Abnahmen wie folgt stricken:
1-mal in der 4. Rd.
2-mal in jeder 3. Rd.
4-mal in jeder 2. Rd.
Danach in jeder Rd die Abnahmen stricken, bis noch 3 M auf jeder Nadel sind. Faden abschneiden, durch die restlichen 12 M ziehen und Fäden vernähen.

Mit einem Dampfbügeleisen auf niedriger Stufe vorsichtig bügeln. Dadurch wird das Maschenbild gleichmäßiger.

Strickschrift Schaft

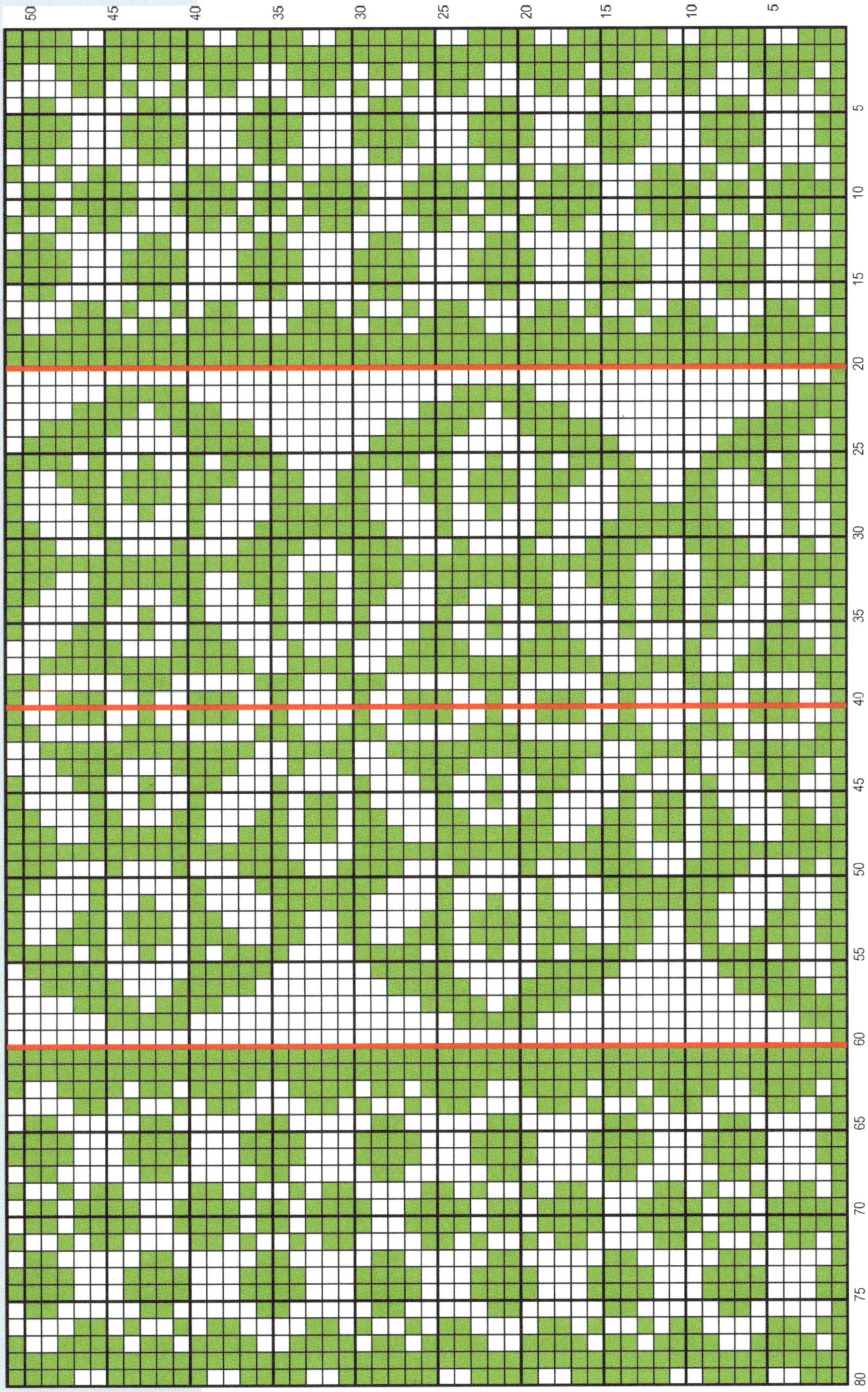

grün
weiß

Strickschrift Zwickel

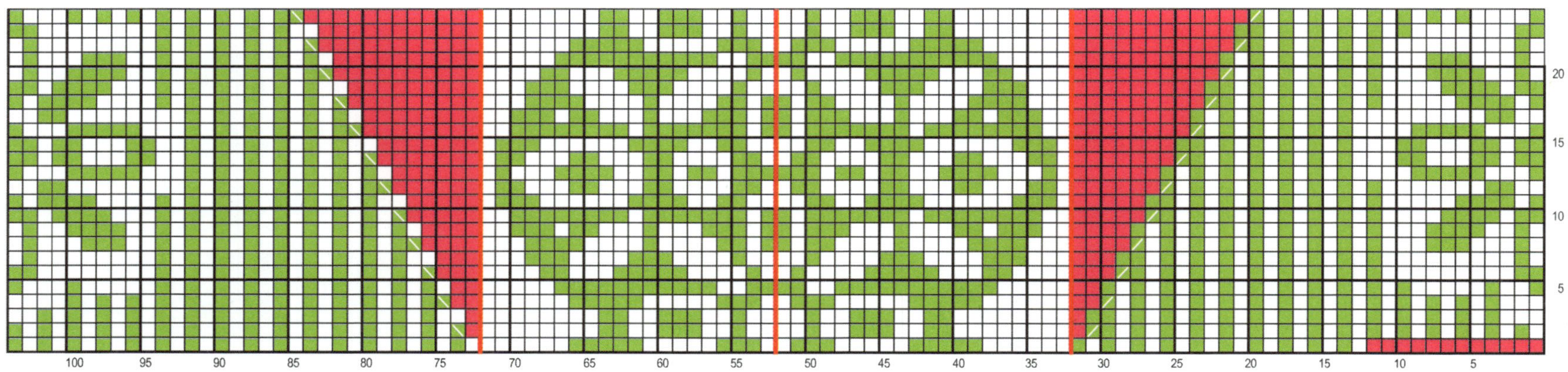

- grün
- weiß
- keine Masche
- 2 Maschen rechts zusammenstricken
- 2 Maschen rechts überzogen zusammenstricken

Strickschrift Fuß

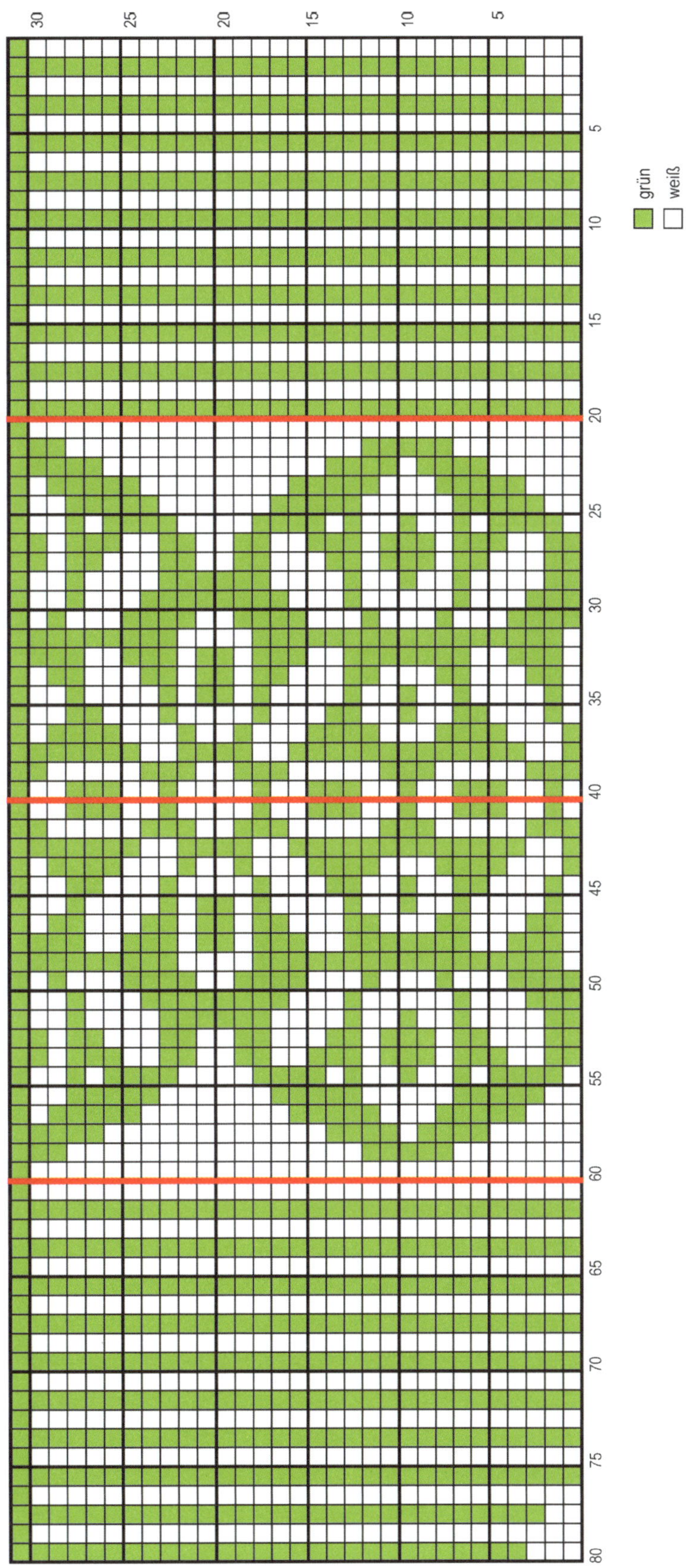

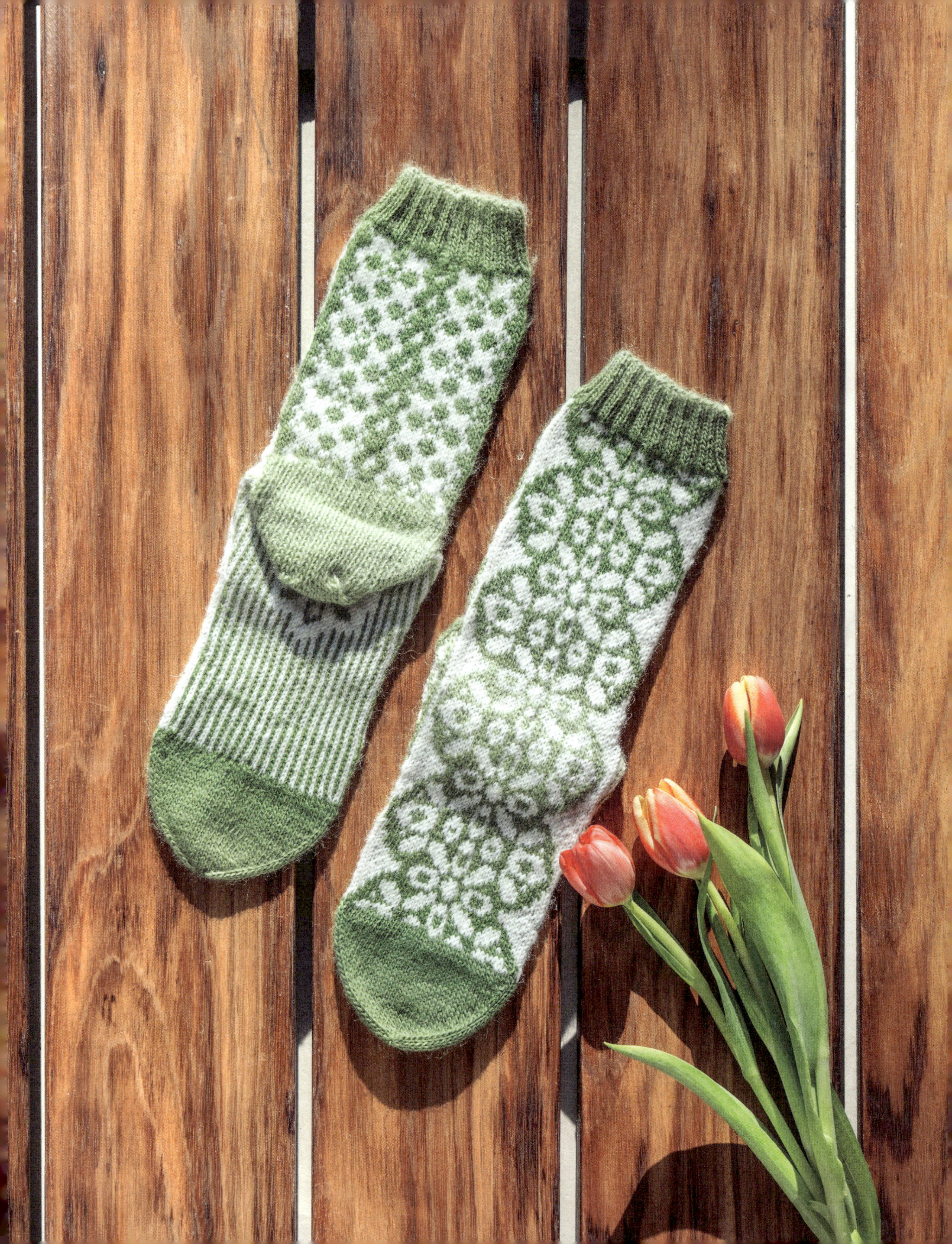

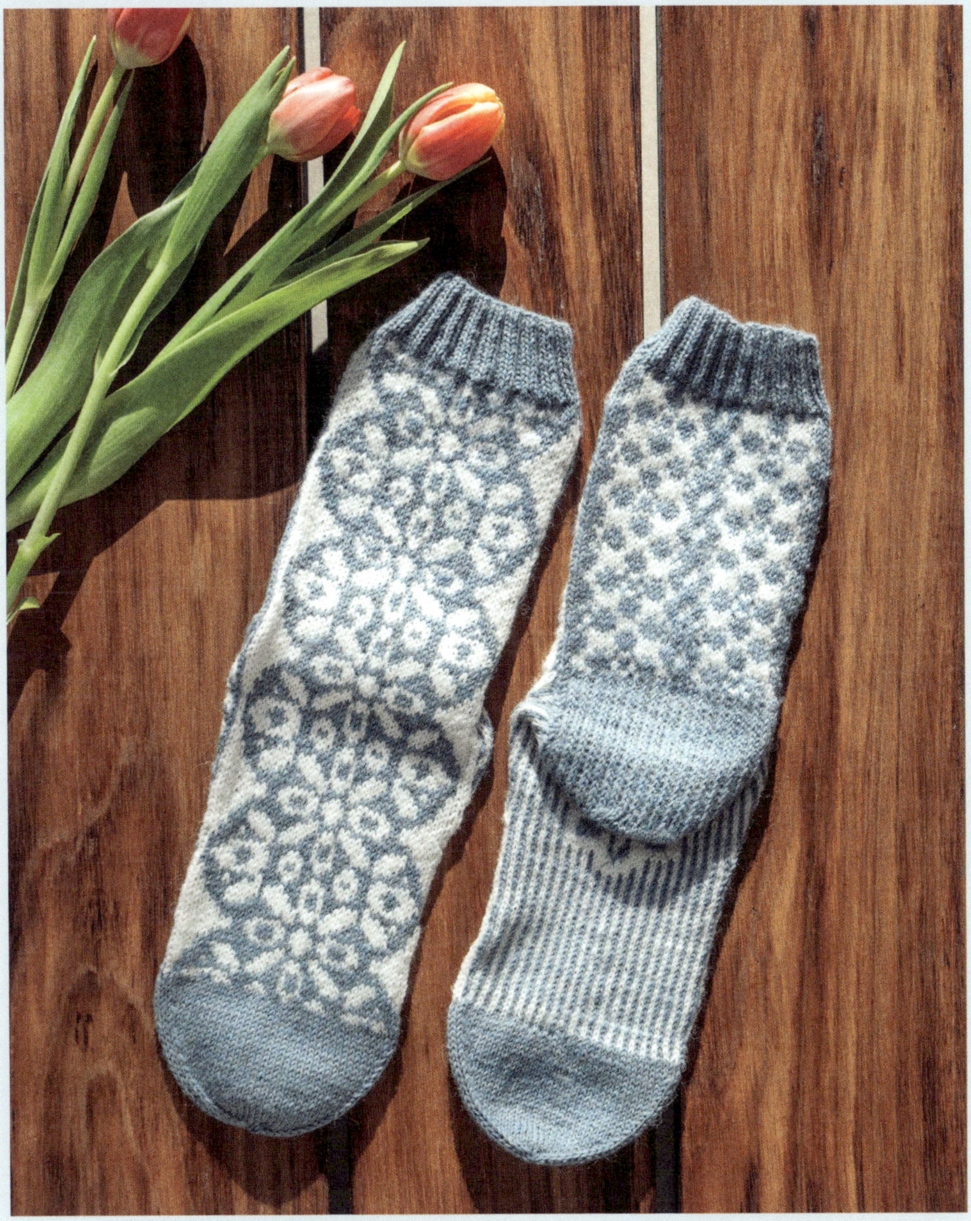

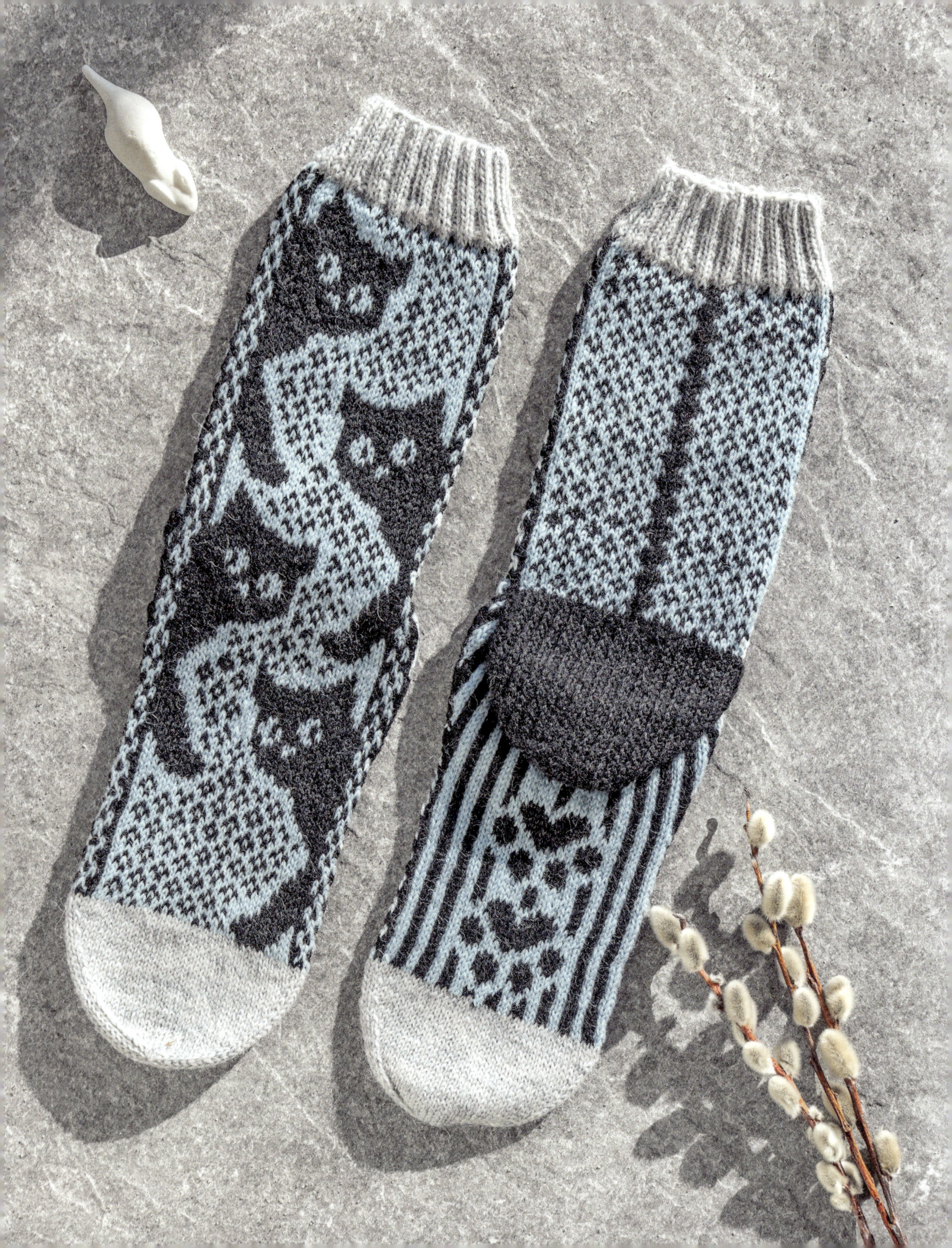

Stubentiger

Schwierigkeitsgrad
Fortgeschritten

Größe
39–40
(kann um eine Größe nach unten oder oben angepasst werden, siehe Seite 12)

Material
Lana Grossa - Meilenweit, Sockenwolle 4-fädig
(LL: 210 m/50 g)
ca. 25 g Grau (#1346)
ca. 60 g Schwarz (#1106)
ca. 50 g Hellblau (#1375)

Nadelspiel Stärke 2–3
(je nachdem wie fest gestrickt wird)

Strickmuster
Bündchen (2 M rechts, 2 M links im Wechsel)
glatt rechts

Maschenprobe
Im Jacquardmuster
ca. 19 M und 18 R = 5 cm x 5 cm

BÜNDCHEN

72 M in Grau anschlagen und gleichmäßig auf einem Nadelspiel verteilen (18 M je Nd) und zur Rd schließen.
Nun 14 Rd im Bündchenmuster stricken.

SCHAFT

1 Rd in Grau glatt rechts stricken. Dabei gleichmäßig verteilt 8 M zunehmen (80 M). Nun die Strickschrift »Schaft« stricken. (ACHTUNG: Für den rechten bzw. linken Schaft, gibt es jeweils eine eigene Strickschrift!)
Danach die Fäden abschneiden und mit der Ferse beginnen.

FERSE

Die Ferse wird über die Maschen der 1. und 4. Nadel wie folgt gestrickt:
Bringe die M von der 1. Nd auf die 4. Nd, Arbeit wenden und mit Schwarz auf der linken Seite beginnen.
1. Reihe: 1 M wie zum Linksstricken abheben, über die restlichen 39 M links stricken.
2. Reihe: *1 M abheben, 1 M rechts stricken*, von * bis * wiederholen bis zum Ende der Reihe.
Diese beiden Reihen wiederholen, bis die Ferse 40 Reihen lang ist.
(Die 40. Reihe ist eine rechte Reihe.)

KÄPPCHEN UND ZWICKEL

Stricke das Käppchen und den Zwickel wie es in der bebilderten Step-by-Step-Anleitung auf Seite 16–19 beschrieben ist.

FUẞ

Nach dem »Zwickel« das Strickmuster »Fuß« stricken. (ACHTUNG: Für den rechten bzw. linken Fuß gibt es jeweils eine eigene Strickschrift!)

SPITZE

Mit Grau bei der 1. und 3. Nd bis 3 M vor dem Ende stricken. Dann 2 M rechts zusammenstricken und die letzte M rechts stricken.
Bei der 2. und 4. Nd 1 M rechts stricken und dann 2 M rechts überzogen zusammenstricken (1 M wie zum Rechtsstricken abheben, folgende M rechts stricken, abgehobene M über die gestrickte M heben), weiter rechts stricken bis zum Ende der jeweiligen Nd.

Diese Abnahmen wie folgt stricken:
1-mal in der 4. Rd.
2-mal in jeder 3. Rd.
4-mal in jeder 2. Rd.
Danach in jeder Rd die Abnahmen stricken, bis noch 3 M auf jeder Nd sind. Faden abschneiden, durch die restlichen 12 M ziehen und Fäden vernähen.

Mit einem Dampfbügeleisen auf niedriger Stufe vorsichtig bügeln. Dadurch wird das Maschenbild gleichmäßiger.

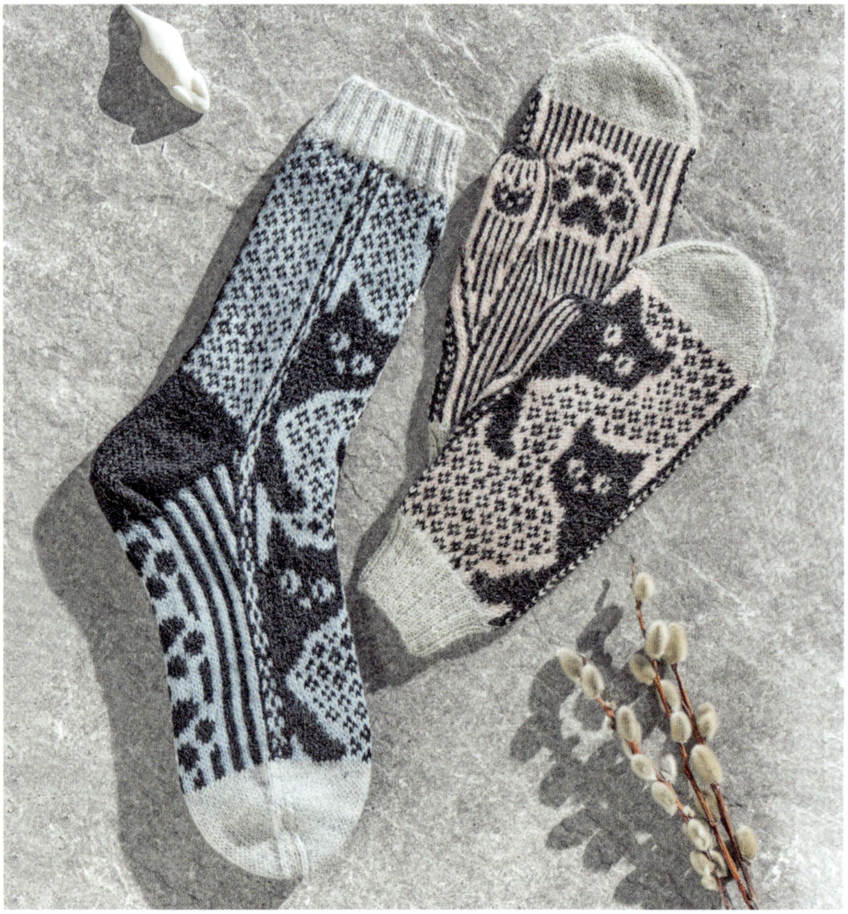

Strickschrift Schaft links

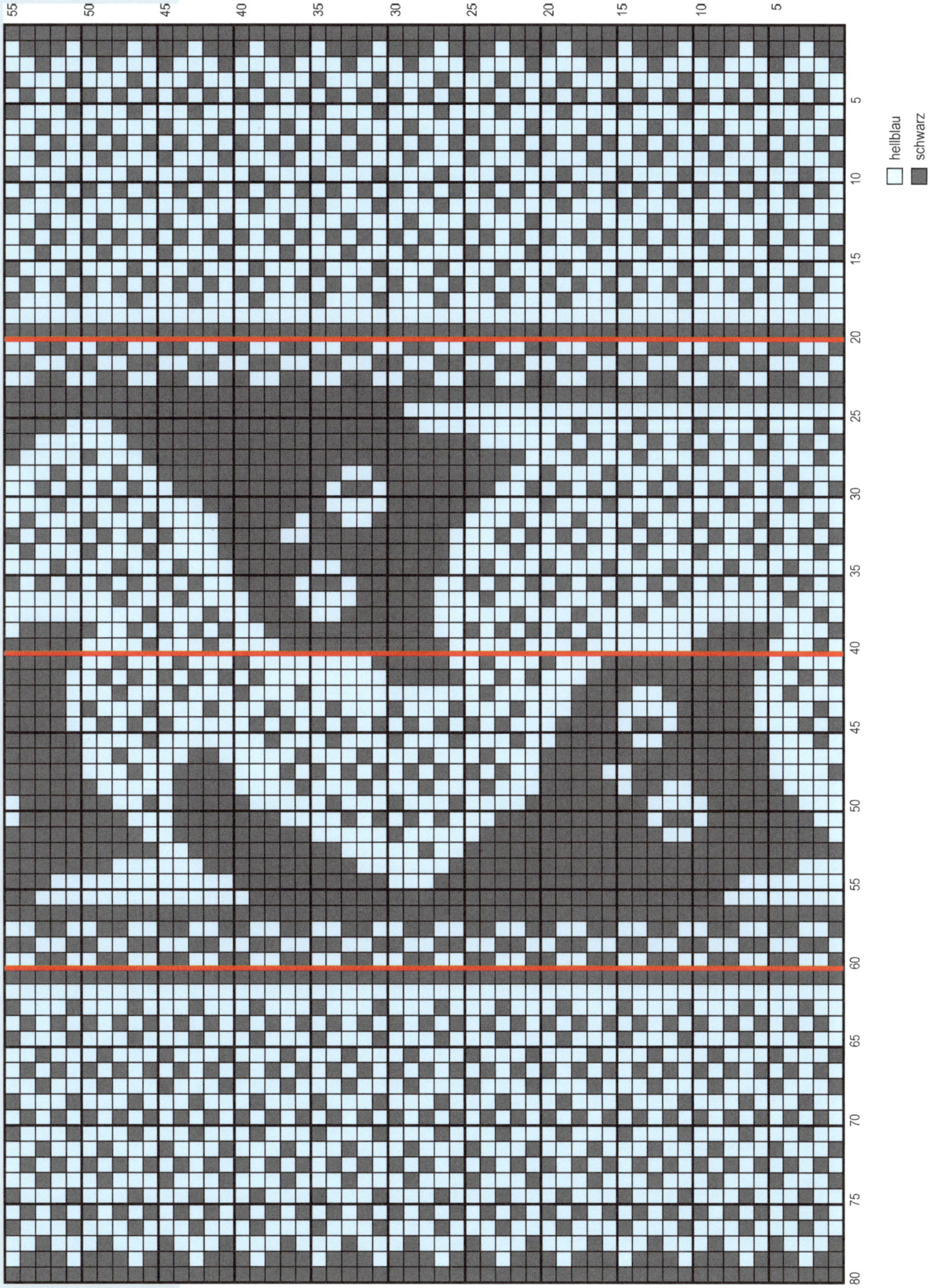

Strickschrift Schaft rechts

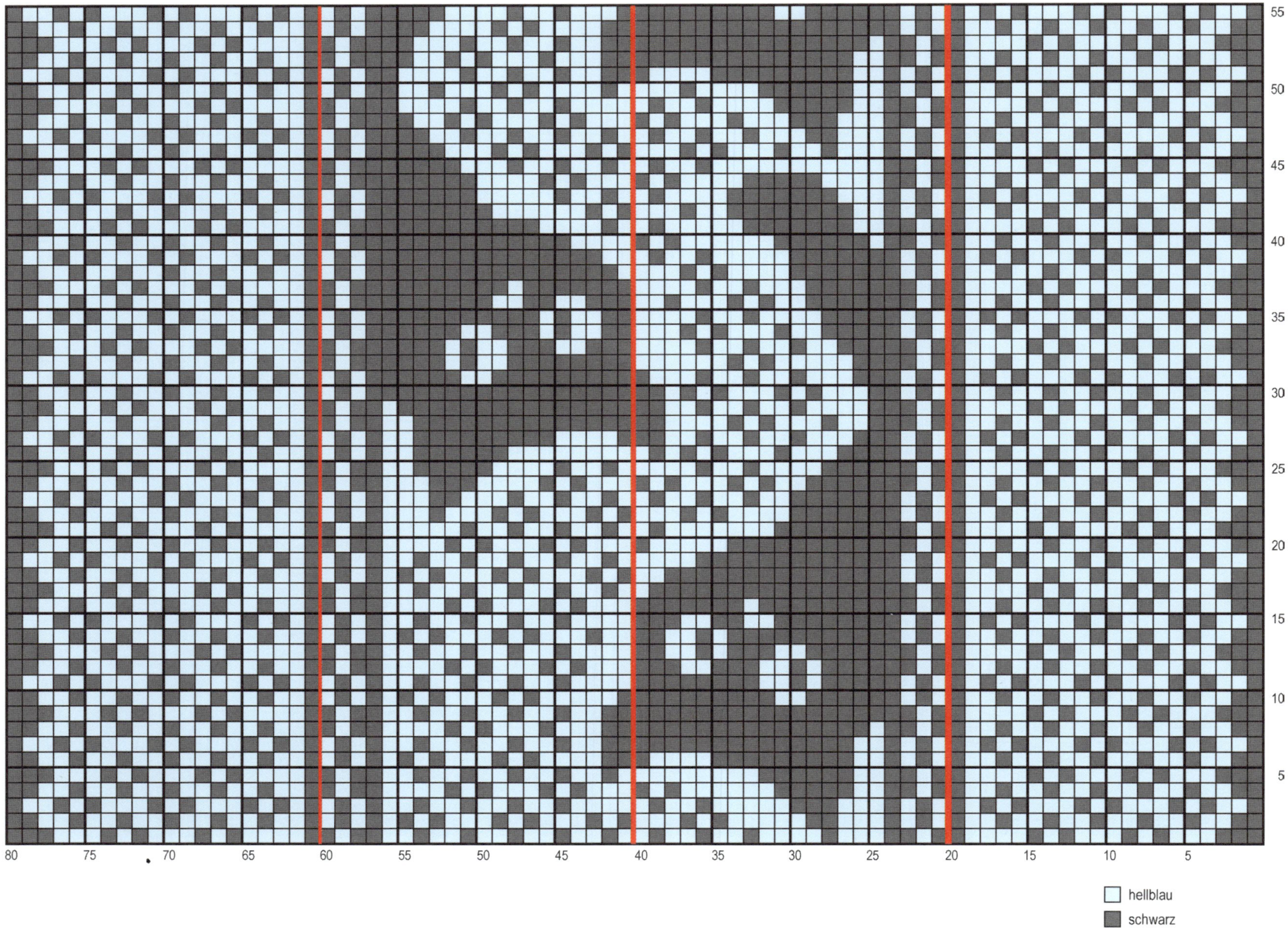

Strickschrift Zwickel links

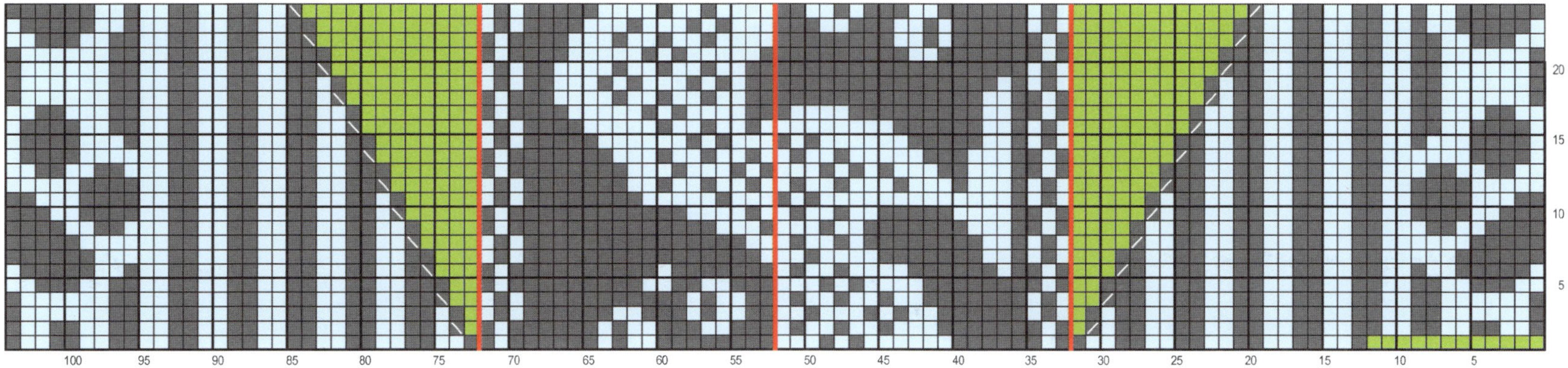

- hellblau
- schwarz
- keine Masche
- 2 Maschen rechts zusammenstricken
- 2 Maschen rechts überzogen zusammenstricken

Strickschrift Zwickel rechts

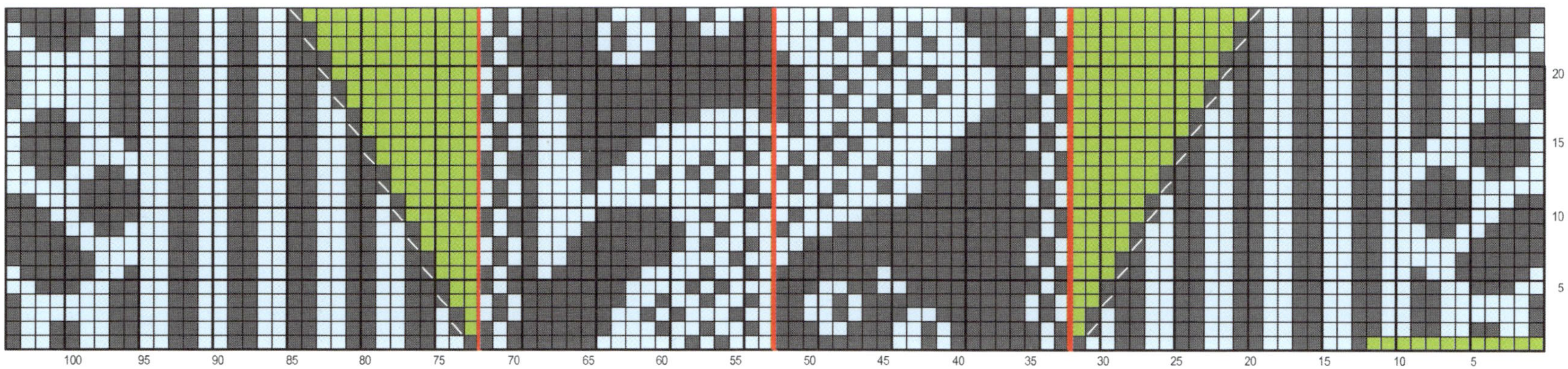

- hellblau
- schwarz
- keine Masche
- 2 Maschen rechts zusammenstricken
- 2 Maschen rechts überzogen zusammenstricken

Strickschrift Fuß links

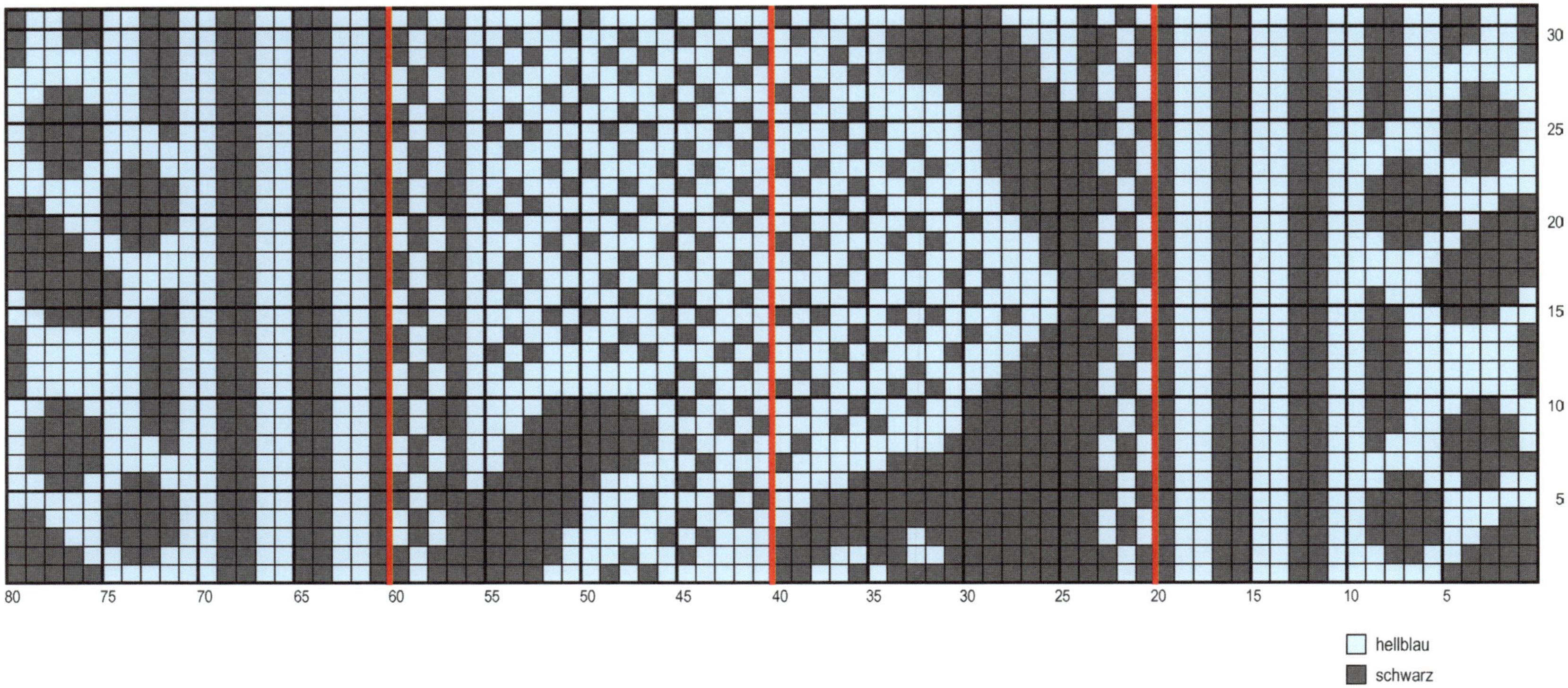

Strickschrift Fuß rechts

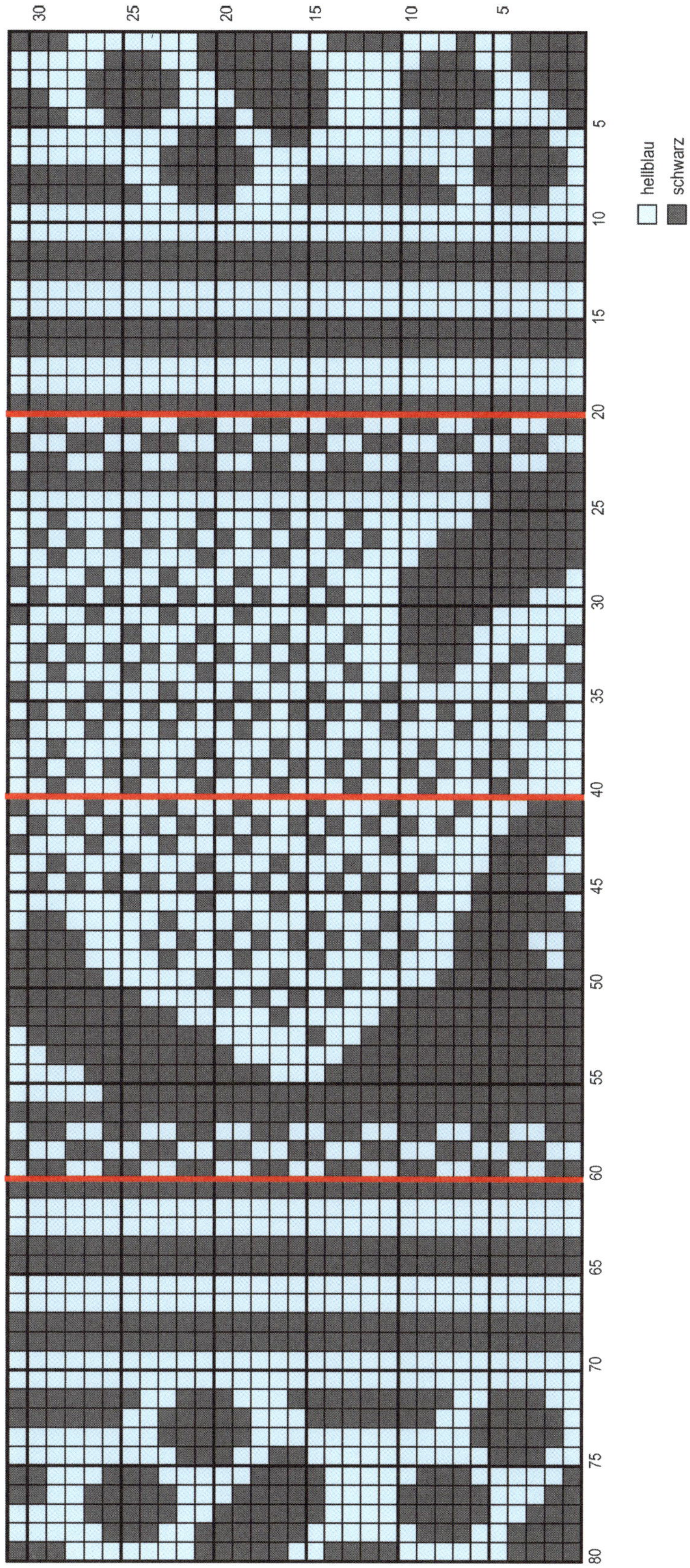

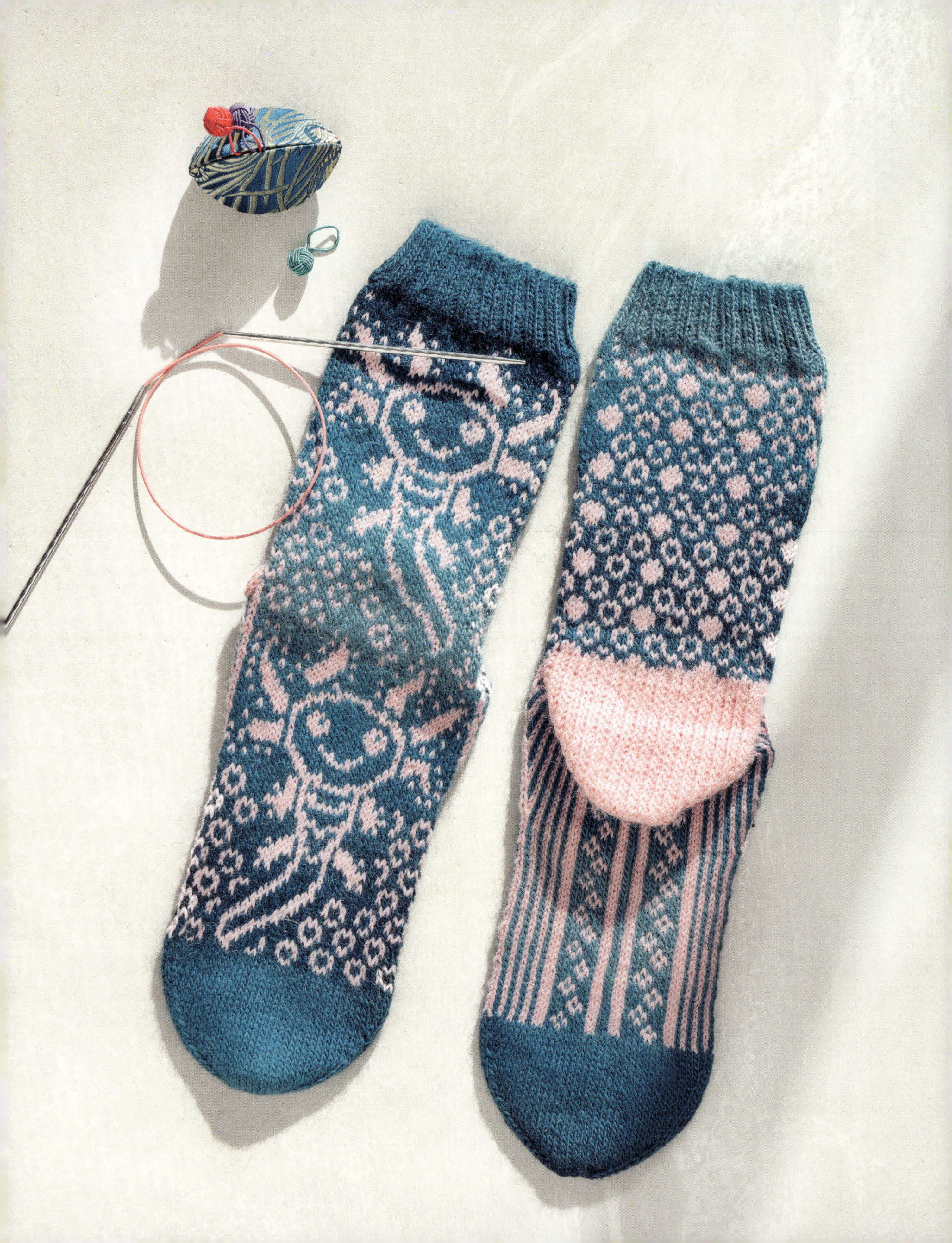

Axo-Sockl

Schwierigkeitsgrad
Fortgeschritten

Größe
39–40
(kann um eine Größe nach unten oder oben angepasst werden, siehe Seite 12)

Material
Woolly Hugs Sockenwolle 4-fädig, (LL: 210 m/50 g)
ca. 70 g Türkis Year Socks (#08)
G-B Sprint Sockenwolle, 4-fädig (LL: 210 m/50 g)
ca. 40 g Rosa (#264)

Nadelspiel Stärke 2–3 (je nachdem wie fest gestrickt wird)

Strickmuster
Bündchen (2 M rechts, 2 M links im Wechsel)
glatt rechts

Maschenprobe
Im Jacquardmuster
ca. 19 M und 18 R = 5 cm x 5 cm

BÜNDCHEN

72 M in Türkis anschlagen und gleichmäßig auf einem Nadelspiel verteilen (18 M je Nd) und zur Rd schließen. Nun 14 Rd im Bündchenmuster stricken.

SCHAFT

1 Reihe in Türkis glatt rechts stricken. Dabei gleichmäßig verteilt 8 M zunehmen (80 M). Nun die Strickschrift »Schaft« stricken. (ACHTUNG: Für den rechten bzw. linken Schaft gibt es jeweils eine eigene Strickschrift!)
Danach die Fäden abschneiden und mit der Ferse beginnen.

FERSE

Die Ferse wird über die Maschen der 1. und 4. Nadel wie folgt gestrickt:
Bringe die M von der 1. Nd auf die 4. Nd, Arbeit wenden und mit Rosa auf der linken Seite beginnen.
1. Reihe: 1 M wie zum Linksstricken abheben, über die restlichen 39 M links stricken.
2. Reihe: *1 M abheben, 1 M rechts stricken*, von * bis * wiederholen bis zum Ende der Reihe.
Diese beiden Reihen wiederholen, bis die Ferse 40 Reihen lang ist.
(Die 40. Reihe ist eine rechte Reihe.)

KÄPPCHEN UND ZWICKEL

Stricke das Käppchen und den Zwickel, wie es in der bebilderten Step-by-Step-Anleitung auf Seite 16–19 beschrieben ist.

FUß

Nach dem »Zwickel« das Strickmuster »Fuß« stricken. (ACHTUNG: Für den rechten bzw. linken Fuß gibt es jeweils eine eigene Strickschrift!)

SPITZE

Mit Türkis bei der 1. und 3. Nd bis 3 M vor dem Ende stricken. Dann 2 M rechts zusammenstricken und die letzte M rechts stricken.
Bei der 2. und 4. Nd 1 M rechts stricken und dann 2 M rechts überzogen zusammenstricken (1 M wie zum Rechtsstricken abheben, folgende M rechts stricken, abgehobene M über die gestrickte M heben), weiter rechts stricken bis zum Ende der jeweiligen Nd.

Diese Abnahmen wie folgt stricken:
1-mal in der 4. Rd.
2-mal in jeder 3. Rd.
4-mal in jeder 2. Rd.
Danach in jeder Rd die Abnahmen stricken, bis noch 3 M auf jeder Nd sind. Faden abschneiden, durch die restlichen 12 M ziehen und Fäden vernähen.

Mit einem Dampfbügeleisen auf niedriger Stufe vorsichtig bügeln. Dadurch wird das Maschenbild gleichmäßiger.

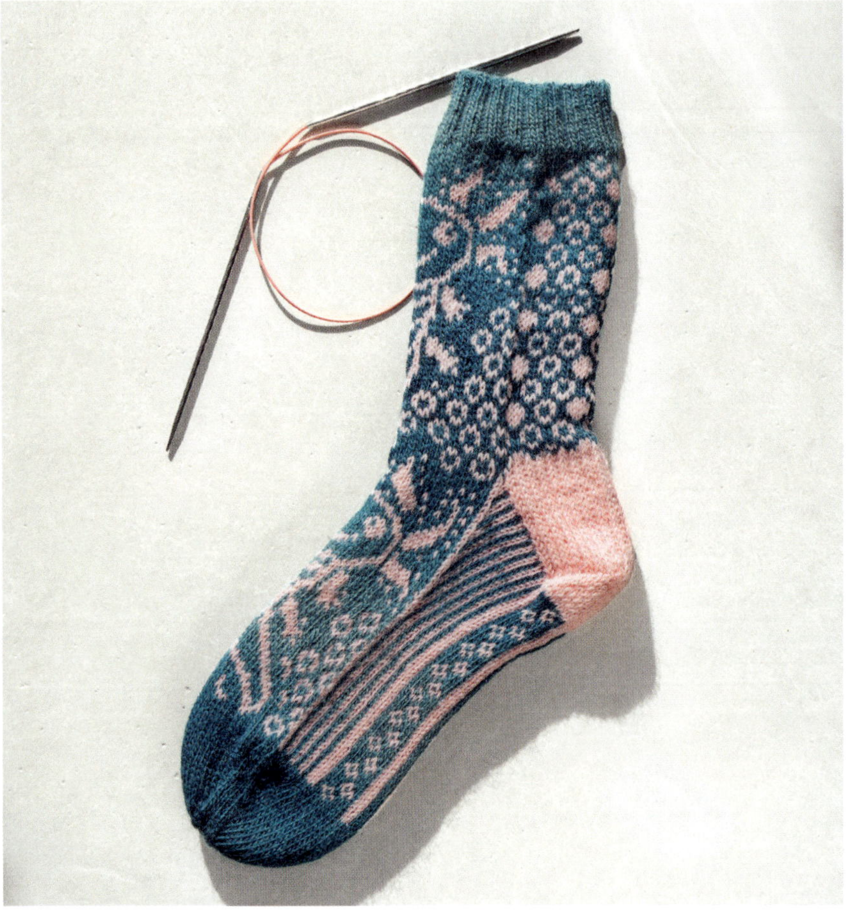

Strickschrift Schaft links

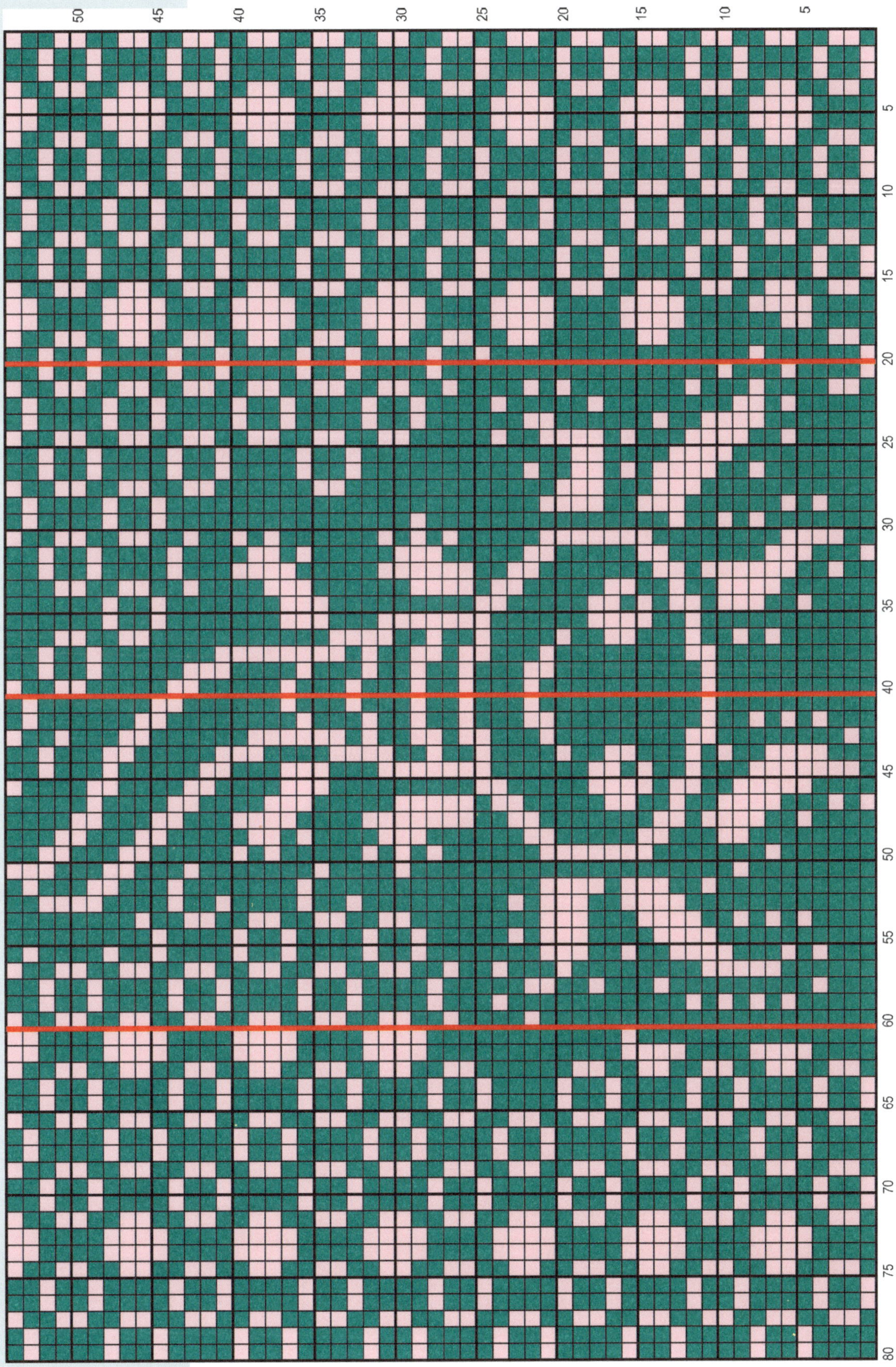

türkis
rosa

Strickschrift Schaft rechts

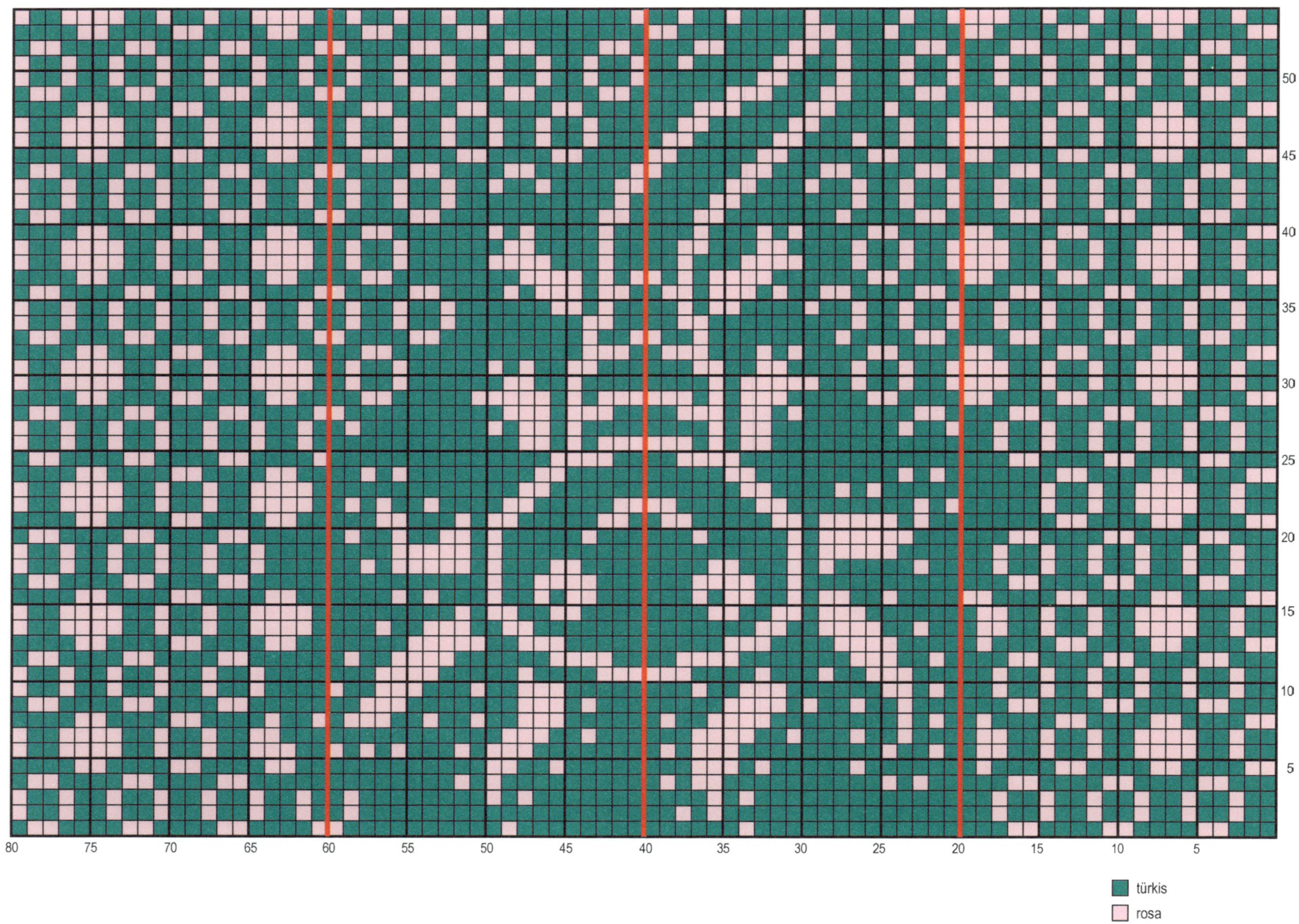

Strickschrift Zwickel links

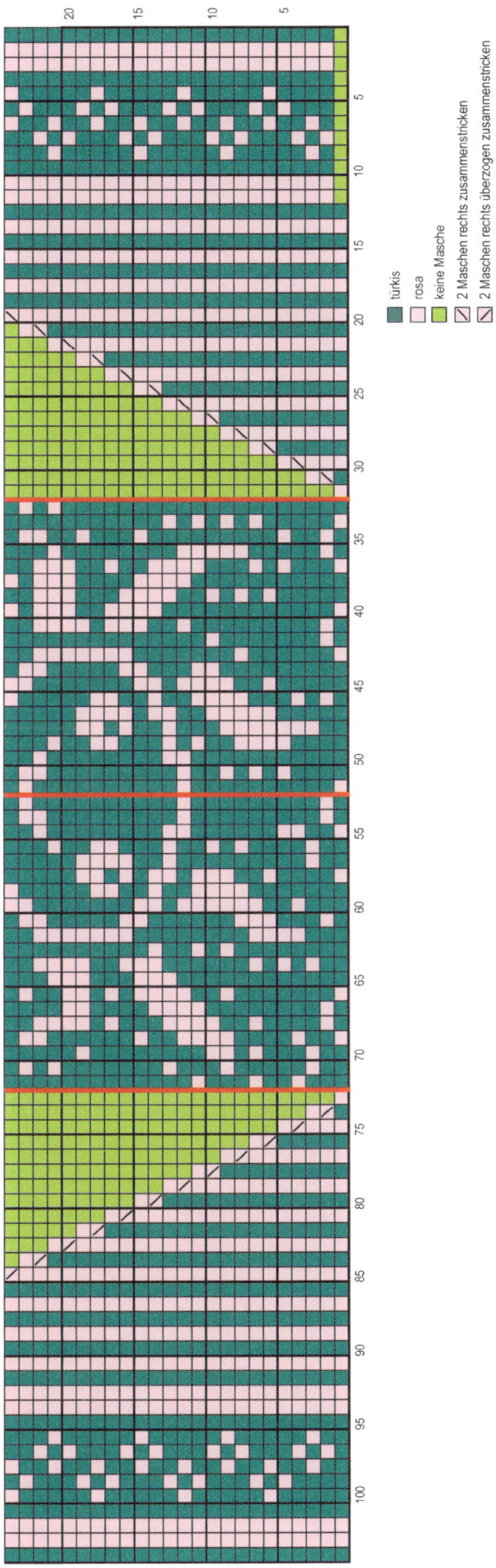

Strickschrift Zwickel rechts

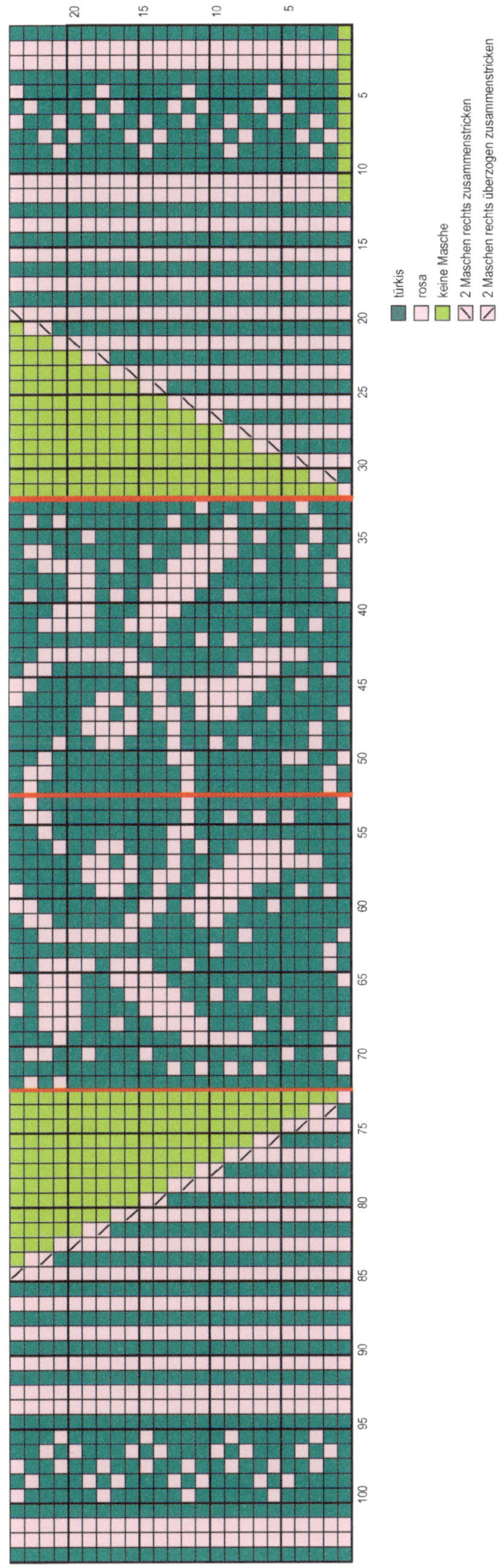

Strickschrift Fuß links

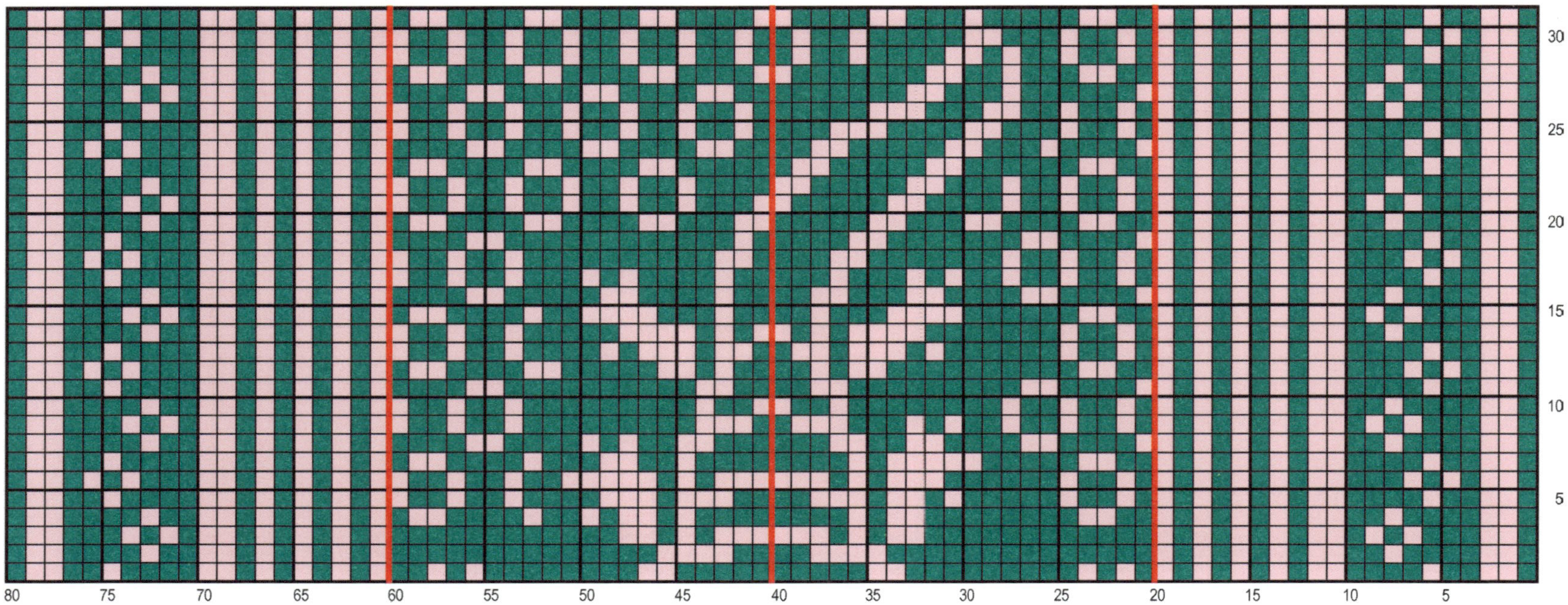

türkis

rosa

Strickschrift Fuß rechts

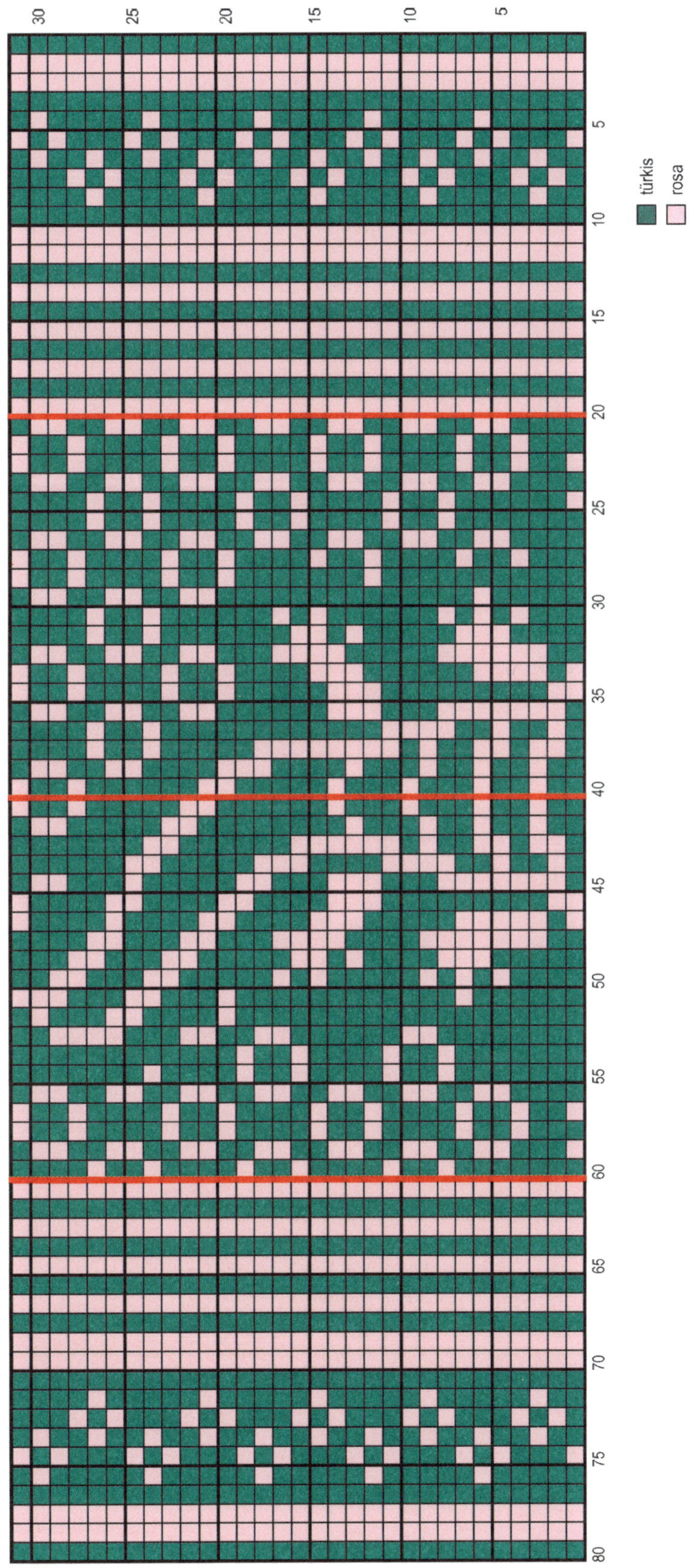

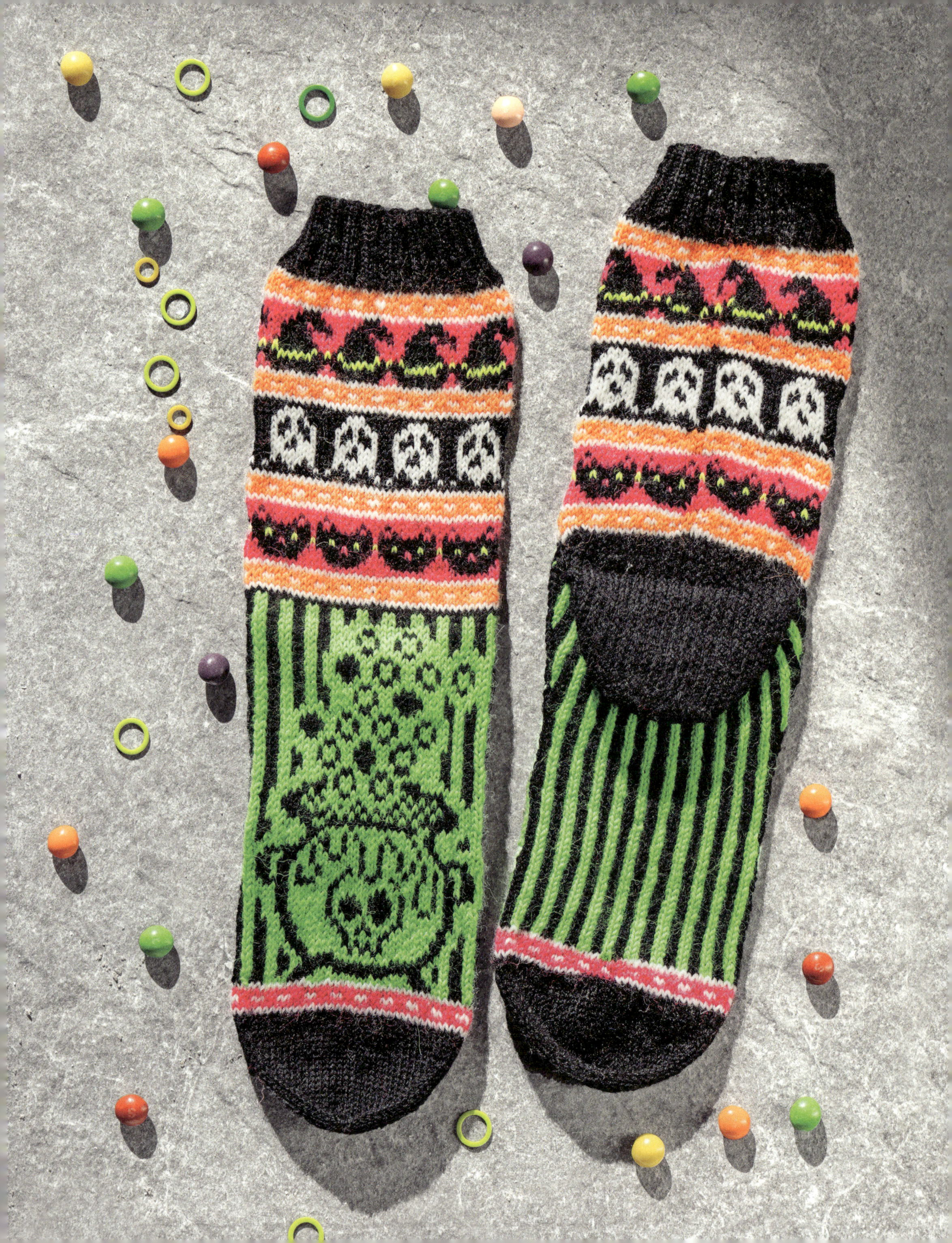

Witchy Brew Socks

Schwierigkeitsgrad
Fortgeschritten

Größen
38
39/40
(kann um eine Größe nach oben angepasst werden, siehe Seite 12)

Material
Opal, Sockenwolle 4-fädig
(LL: 210 m/50 g)
ca. 65 g Schwarz (#2619)
ca. 10 g Weiß (#2620
ca. 15 g Neon-Pink (#2010)
ca. 10 g Neon-Orange (#2013)
ca. 5 g Neon-Gelb (#2012)
ca. 25 g Neon-Grün (#2011)

Nadelspiel Stärke 2–3
(je nachdem wie fest gestrickt wird)

Strickmuster
Bündchen (2 M rechts, 2 M links im Wechsel)
glatt rechts

Maschenprobe
Im Jacquardmuster
ca. 19 M und 18 R = 5 cm x 5 cm

BÜNDCHEN

72 M in Schwarz anschlagen und gleichmäßig auf einem Nadelspiel verteilen (18 M je Nd) und zur Runde schließen. Nun 14 Rd im Bündchenmuster stricken.

SCHAFT

1 Reihe in Schwarz glatt rechts stricken. Dabei gleichmäßig verteilt 8 M zunehmen (80 M). Nun die Strickschrift »Schaft« stricken. (ACHTUNG: Für den rechten bzw. linken Schaft gibt es jeweils eine eigene Strickschrift!)
Danach die Fäden abschneiden und mit der Ferse beginnen.

FERSE

Die Ferse wird über die Maschen der 1. und 4. Nadel wie folgt gestrickt:
Bringe die M von der 1. Nd auf die 4. Nd, Arbeit wenden und mit Schwarz auf der linken Seite beginnen.
1. Reihe: 1 M wie zum Linksstricken abheben, über die restlichen 39 M links stricken.
2. Reihe: *1 M abheben, 1 M rechts stricken*, von * bis * wiederholen bis zum Ende der Reihe.
Diese beiden Reihen wiederholen, bis die Ferse 40 Reihen lang ist.
(Die 40. Reihe ist eine rechte Reihe.)

KÄPPCHEN

Stricke das Käppchen, wie es in der bebilderten Step-by-Step-Anleitung auf Seite 16–17 beschrieben ist.

ZWICKEL

Mit derselben Nd, auf der die Käppchenmaschen sind, weiter mit Schwarz 20 M entlang der linken Seite der Ferse aufstricken.

Über die 2. und 3. Nd (Oberfuß) rechts stricken.
Nun 20 Randmaschen entlang der rechten Seite der Ferse auf Nd 4 aufstricken.
Dann noch die 12 zusätzlichen M vom Käppchen (die jetzt noch auf Nd 1 sind) ebenfalls auf Nd 4 stricken. (Siehe auch Abb. 3 auf Seite 19)

Du bist nun wieder am Rundenanfang angekommen.
Nd 1 = 32 M,
Nd 2 + 3 = je 20 M
Nadel 4 = 32 Maschen

Nun das Strickmuster »Zwickel« stricken. (ACHTUNG: Für den rechten bzw. linken Zwickel gibt es jeweils eine eigene Strickschrift!)

FUß UND SPITZE

Nach dem »Zwickel« das Strickmuster »Fuß & Spitze« stricken. (ACHTUNG: Für den rechten bzw. linken Fuß gibt es jeweils eine eigene Strickschrift!)
Faden abschneiden, durch die restlichen Maschen ziehen und Fäden vernähen.

Mit einem Dampfbügeleisen auf niedriger Stufe vorsichtig bügeln. Dadurch wird das Maschenbild gleichmäßiger.

Strickschrift Schaft links

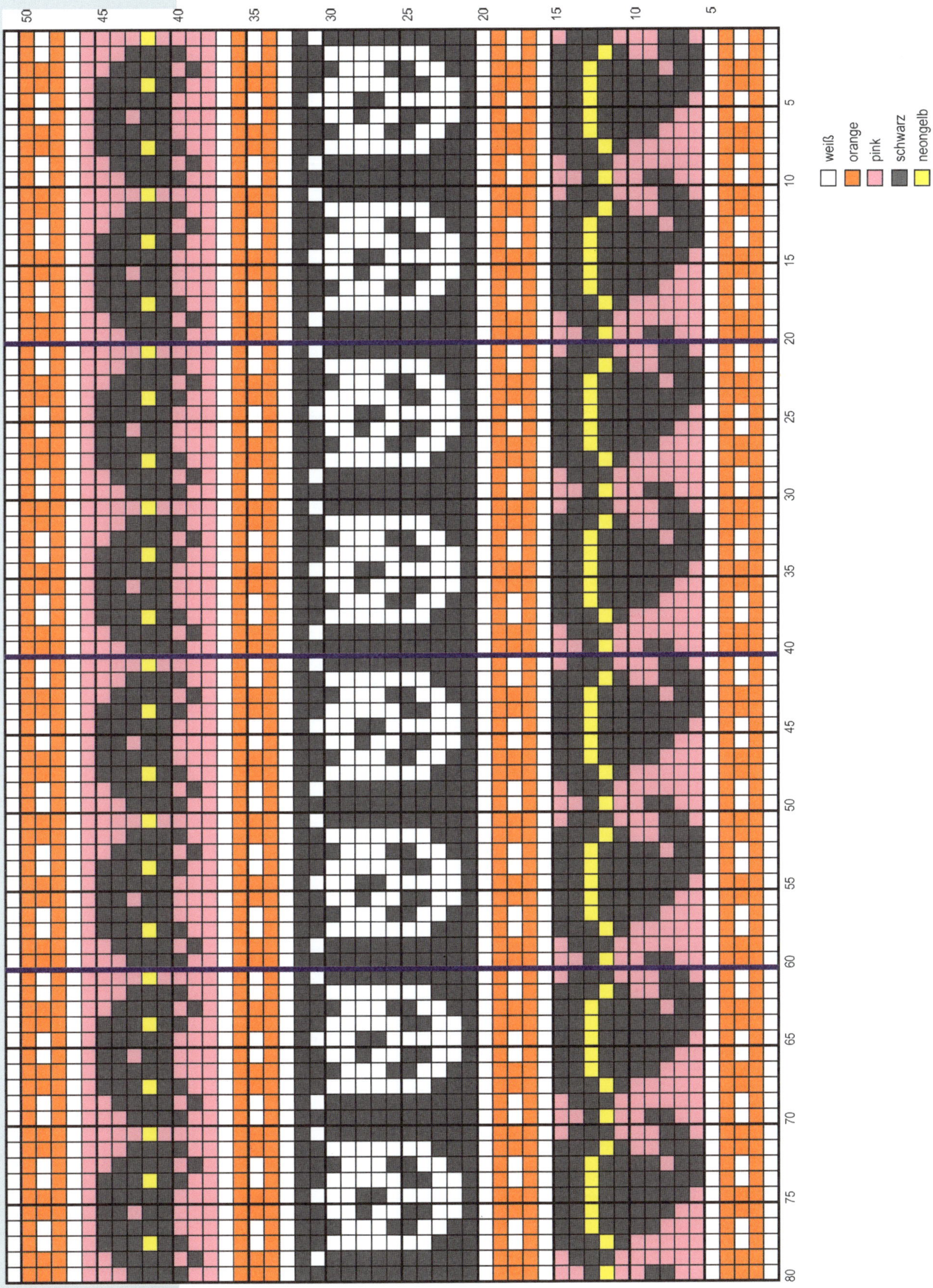

Strickschrift Schaft rechts

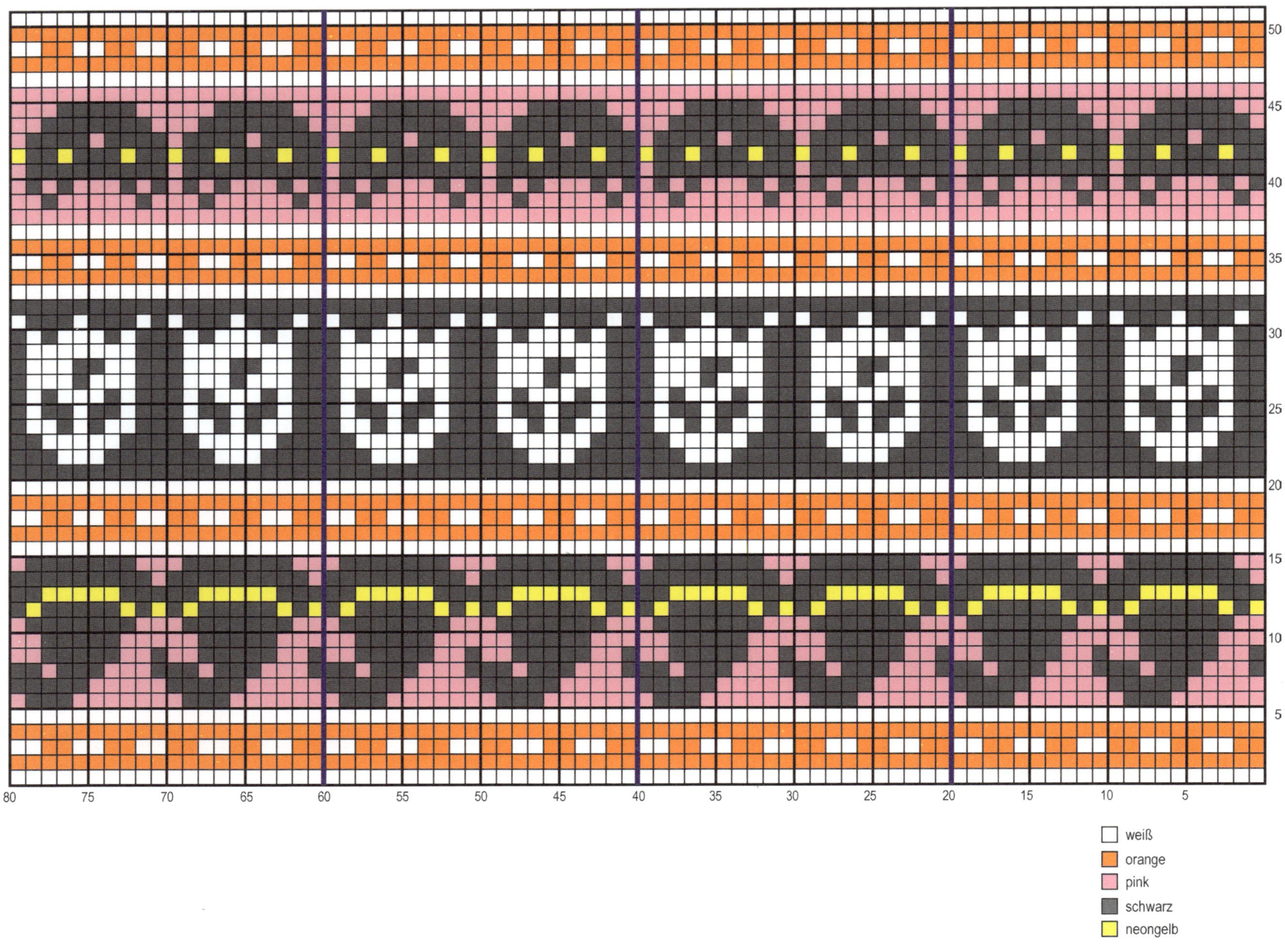

Strickschrift Zwickel links (Gr. 38)

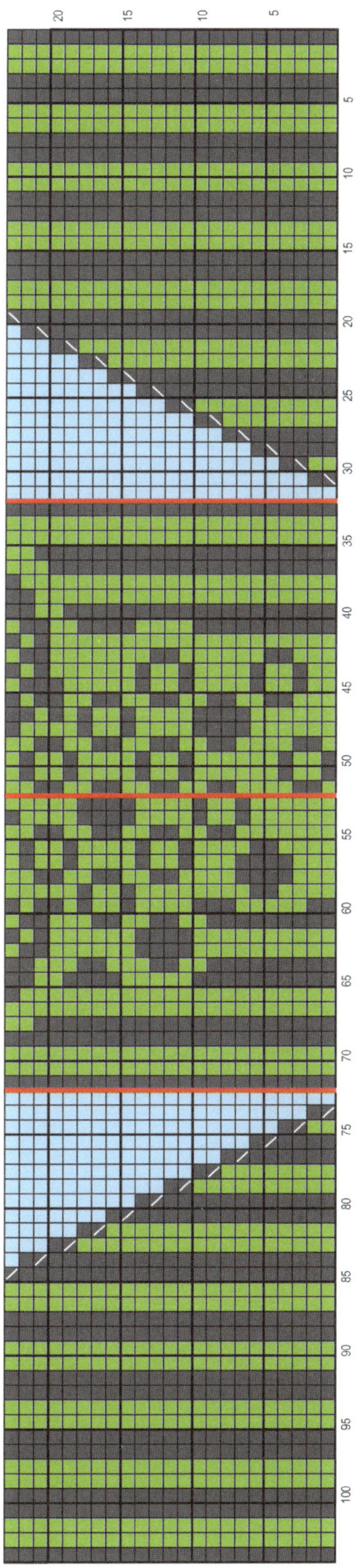

- neongrün
- schwarz
- keine Masche
- 2 Maschen rechts zusammenstricken
- 2 Maschen rechts überzogen zusammenstricken

Strickschrift Zwickel links (Gr. 39/40)

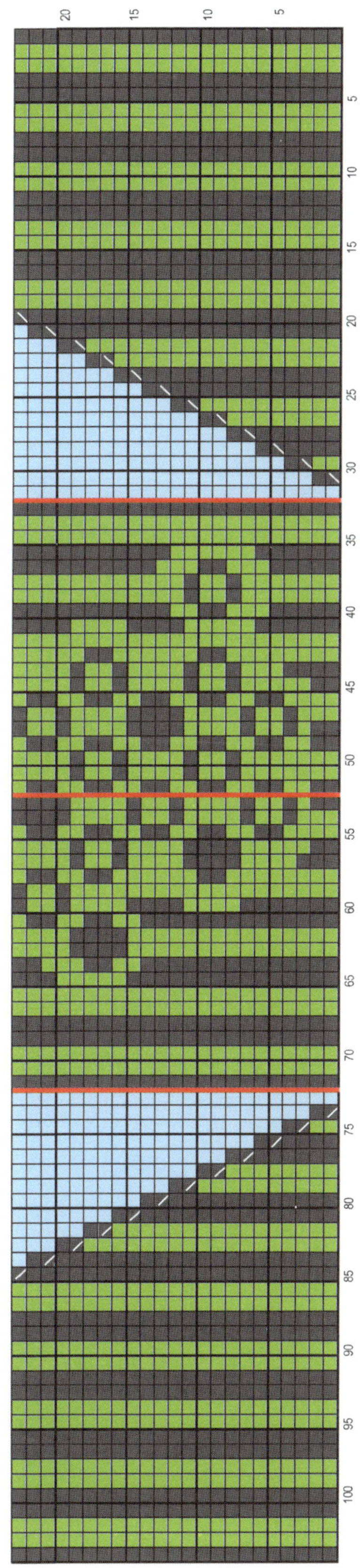

- neongrün
- schwarz
- keine Masche
- 2 Maschen rechts zusammenstricken
- 2 Maschen rechts überzogen zusammenstricken

Strickschrift Zwickel rechts (Gr. 38)

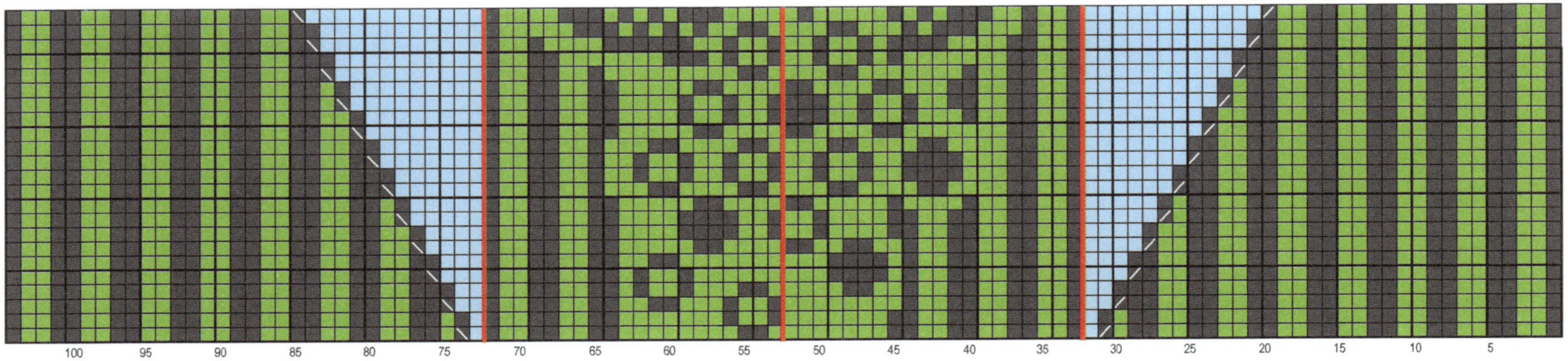

- neongrün
- schwarz
- keine Masche
- 2 Maschen rechts zusammenstricken
- 2 Maschen rechts überzogen zusammenstricken

Strickschrift Zwickel rechts (Gr. 39/40)

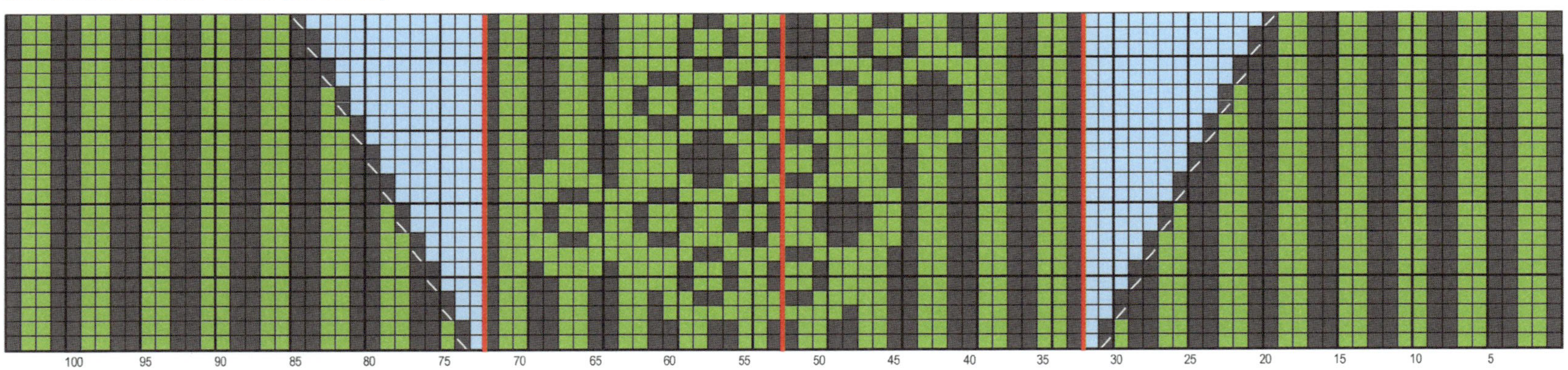

- neongrün
- schwarz
- keine Masche
- 2 Maschen rechts zusammenstricken
- 2 Maschen rechts überzogen zusammenstricken

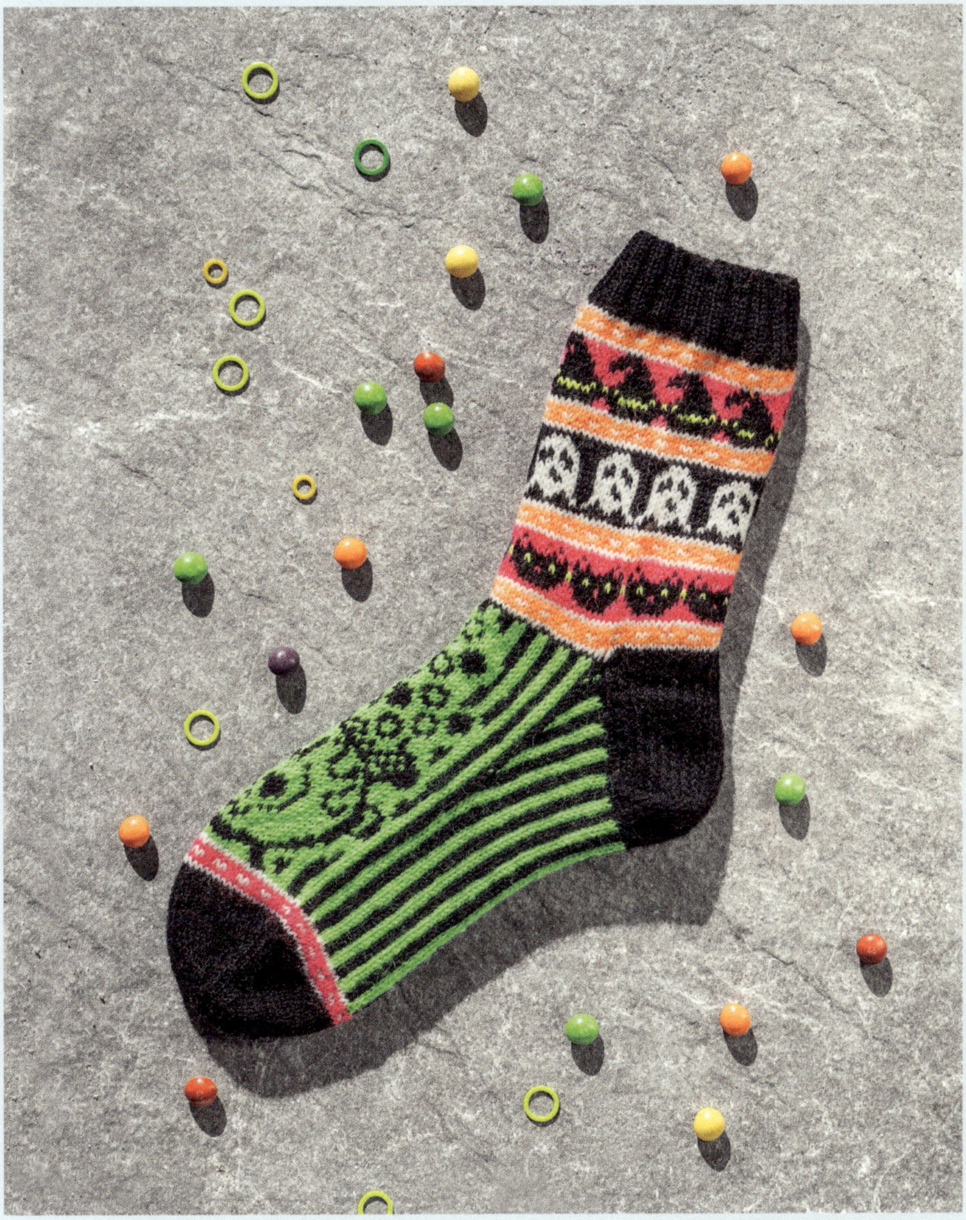

Strickschrift Fuß & Spitze links (Gr. 38)

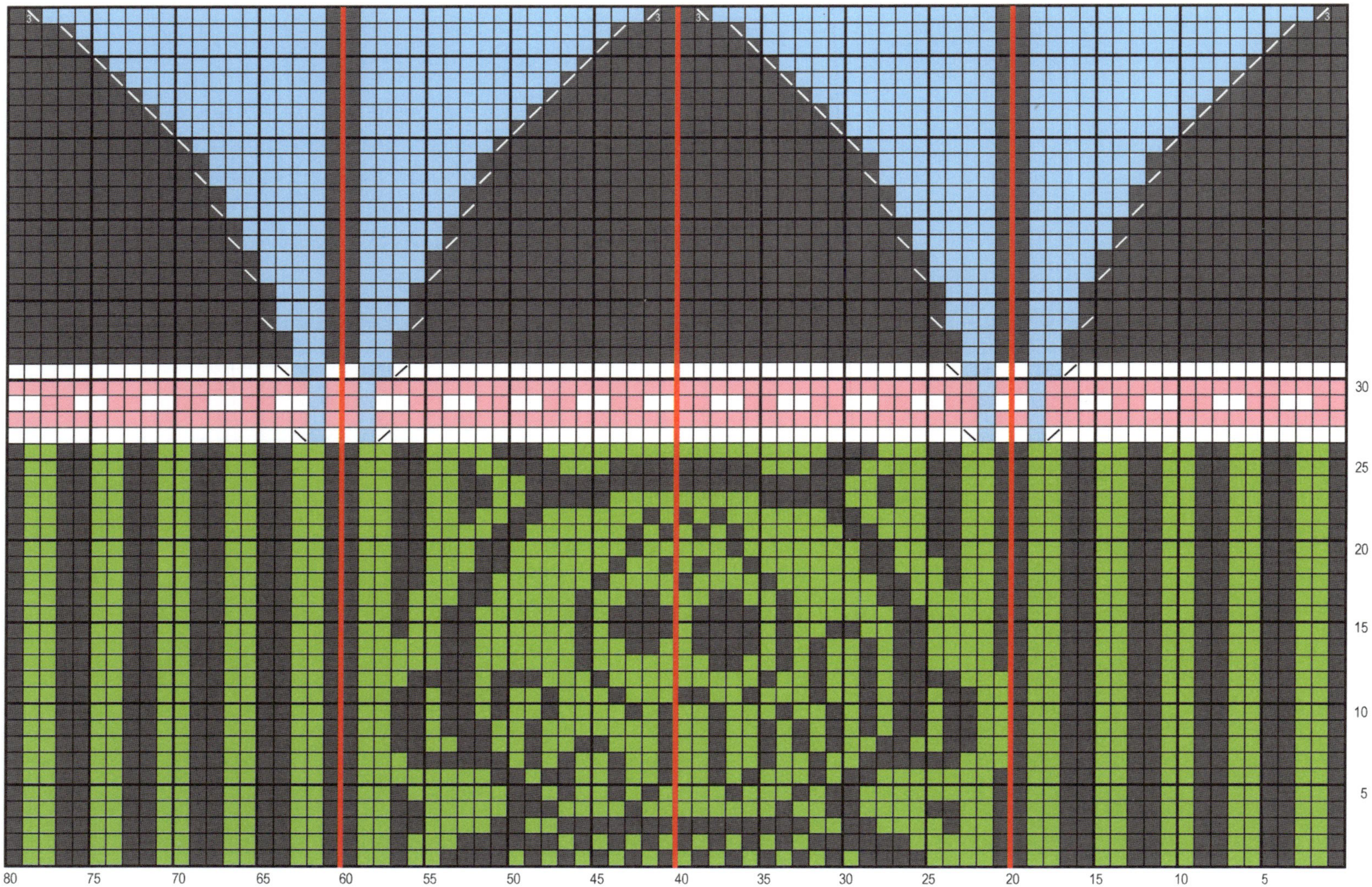

- weiß
- pink
- neongrün
- schwarz
- keine Masche

- 2 Maschen rechts zusammenstricken
- 2 Maschen rechts überzogen zusammenstricken
- 3 Maschen rechts zusammenstricken
- 3 Maschen rechts überzogen zusammenstricken

Strickschrift Fuß & Spitze links (Gr. 39/40)

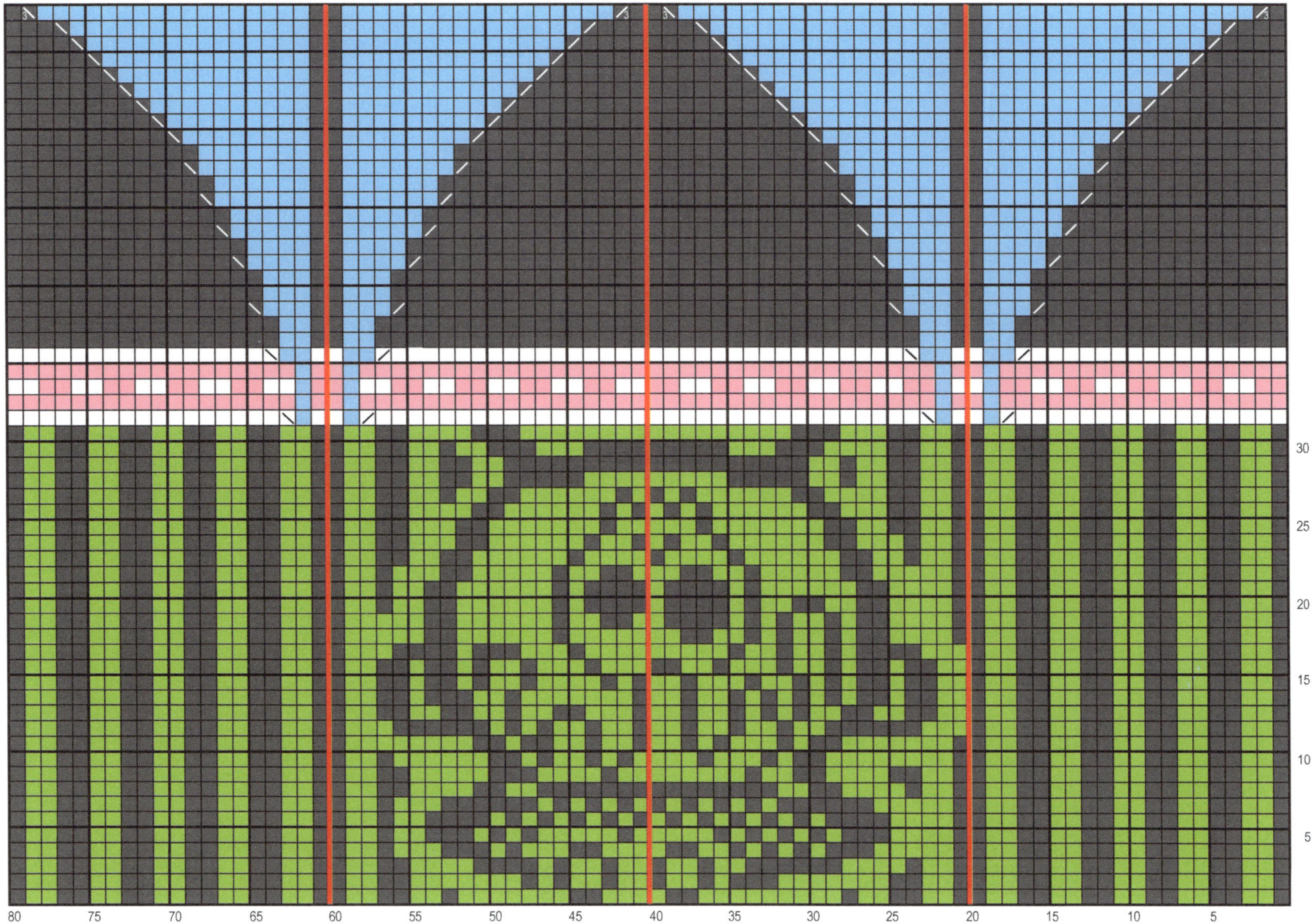

- weiß
- pink
- neongrün
- schwarz
- keine Masche

- 2 Maschen rechts zusammenstricken
- 2 Maschen rechts überzogen zusammenstricken
- 3 Maschen rechts zusammenstricken
- 3 Maschen rechts überzogen zusammenstricken

Strickschrift Fuß & Spitze rechts (Gr. 38)

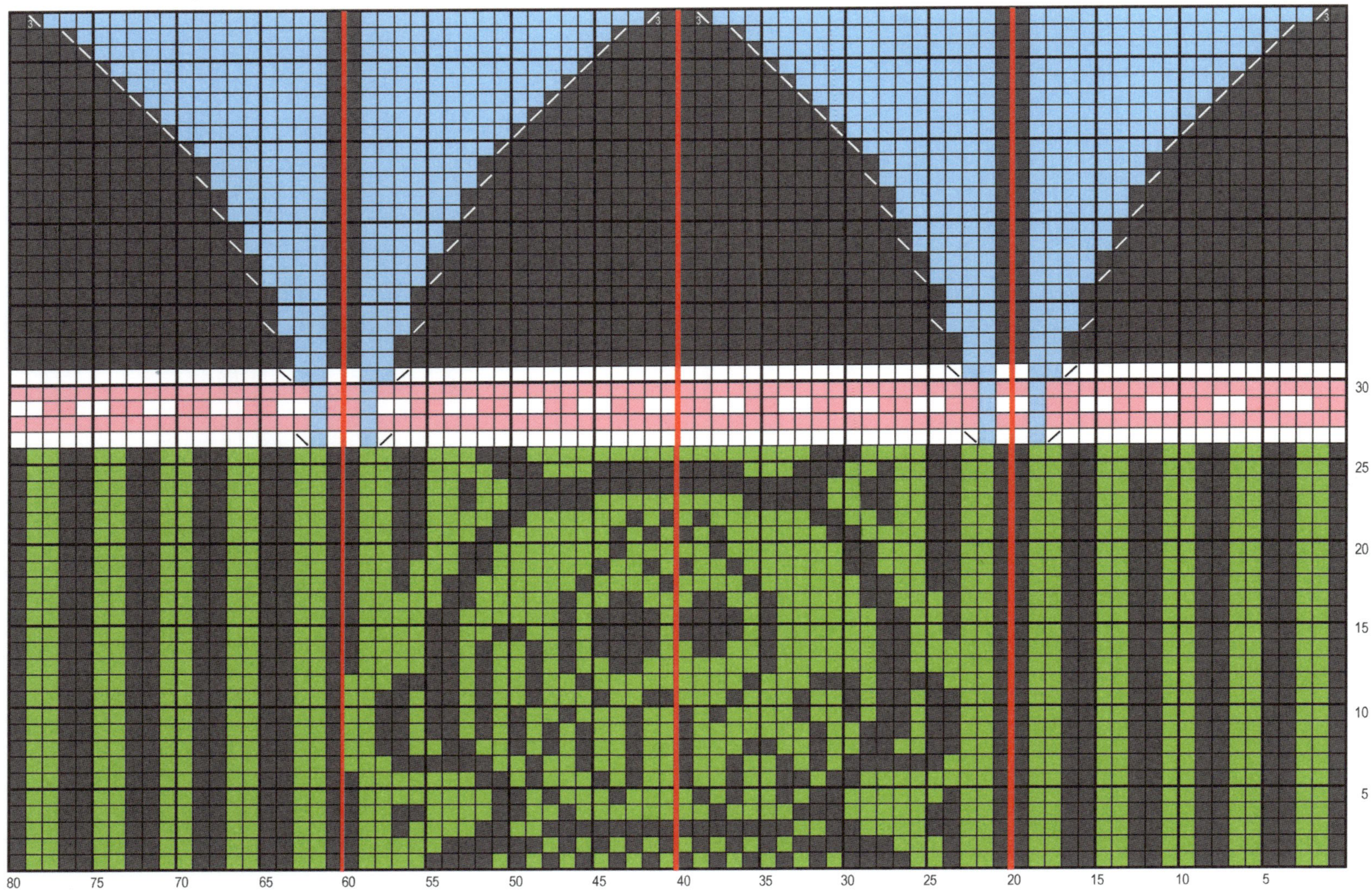

- weiß
- pink
- neongrün
- schwarz
- keine Masche
- 2 Maschen rechts zusammenstricken
- 2 Maschen rechts überzogen zusammenstricken
- 3 Maschen rechts zusammenstricken
- 3 Maschen rechts überzogen zusammenstricken

Strickschrift Fuß & Spitze rechts (Gr. 39/40)

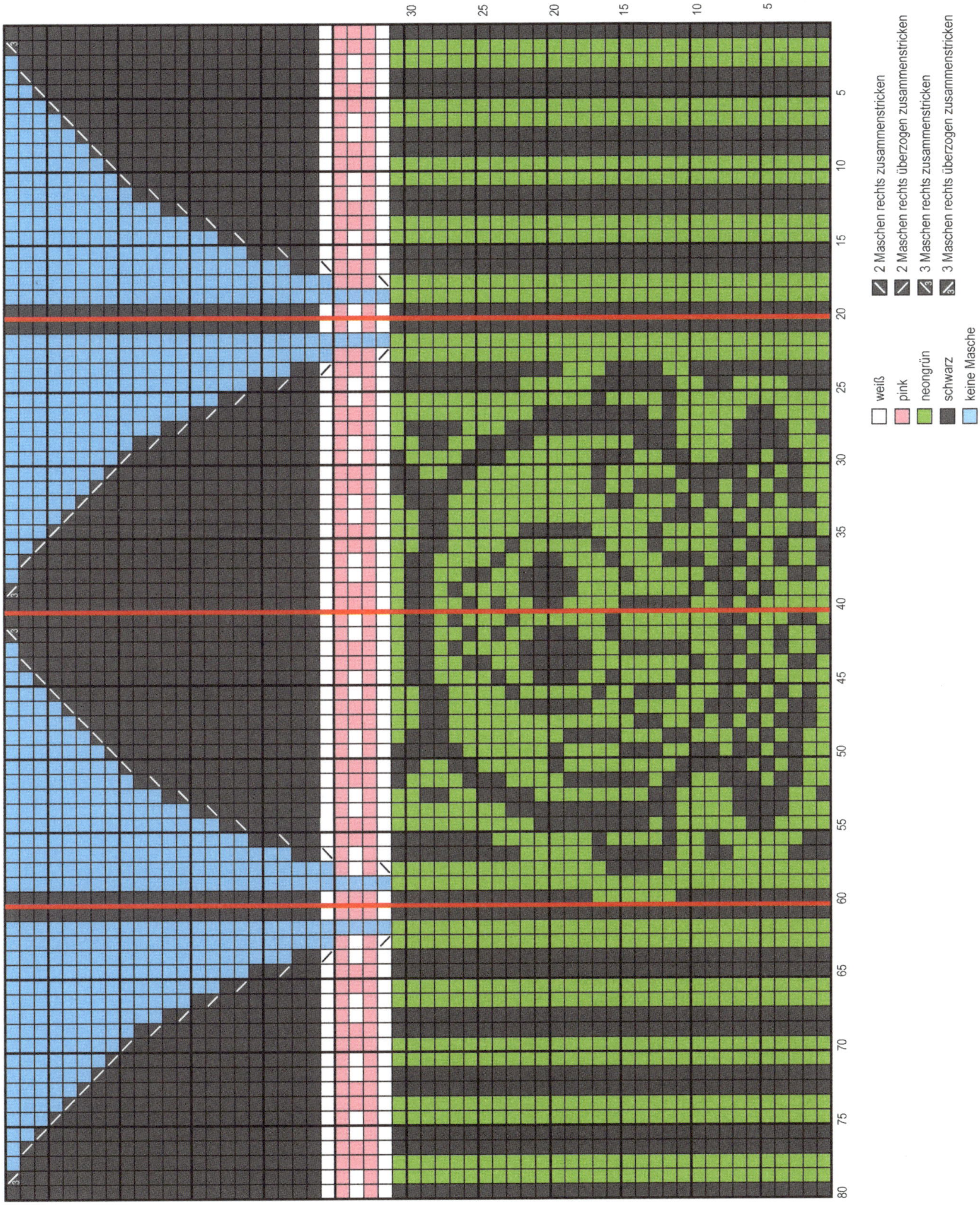

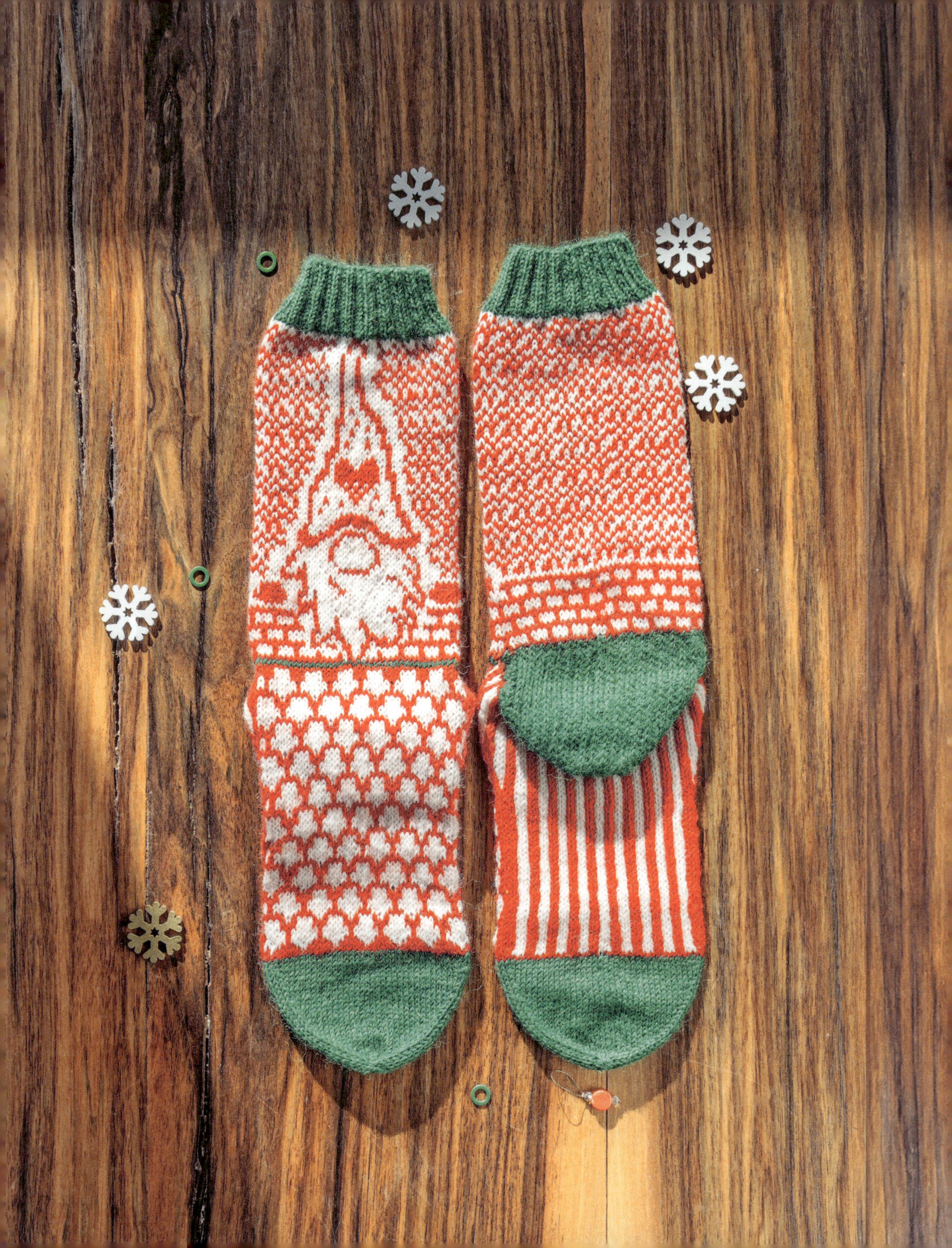

Wichtelwärmer

Schwierigkeitsgrad
Fortgeschritten

Größe
39–40
(kann um eine Größe nach unten oder oben angepasst werden, siehe Seite 12)

Material
Sockenwolle 4-fädig
(LL: 210 m/50 g) Opal
ca. 40 g Grasgrün (#1990)
ca. 50 g Weiß (#2620)
ca. 50 g Rot (#5180)

Nadelspiel Stärke 2–3
(je nachdem wie fest gestrickt wird)

Strickmuster
Bündchen (2 M rechts, 2 M links im Wechsel)
glatt rechts

Maschenprobe
Im Jacquardmuster
ca. 19 M und 18 R = 5 cm x 5 cm

BÜNDCHEN

72 M in Grasgrün anschlagen und gleichmäßig auf einem Nadelspiel verteilen (18 M je Nd) und zur Runde schließen.
Nun 14 Rd im Bündchenmuster stricken.

SCHAFT

1 Reihe in Weiß glatt rechts stricken. Dabei gleichmäßig verteilt 8 M zunehmen (80 M). Nun die Strickschrift »Schaft« stricken. (ACHTUNG: Für den rechten bzw. linken Schaft gibt es jeweils eine eigene Strickschrift!)
Danach die Fäden abschneiden und mit der Ferse beginnen.

FERSE

Die Ferse wird über die Maschen der 1. und 4. Nadel wie folgt gestrickt:
Bringe die M von der 1. Nd auf die 4. Nd, Arbeit wenden und mit Grasgrün auf der linken Seite beginnen.
1. Reihe: 1 M wie zum Linksstricken abheben, über die restlichen 39 M links stricken.
2. Reihe: *1 M abheben, 1 M rechts stricken*, von * bis * wiederholen bis zum Ende der Reihe.
Diese beiden Reihen wiederholen, bis die Ferse 40 Reihen lang ist.
(Die 40. Reihe ist eine rechte Reihe.)

KÄPPCHEN

Stricke das Käppchen, wie es in der bebilderten Step-by-Step-Anleitung auf Seite 16–17 beschrieben ist.

ZWICKEL

Mit derselben Nd, auf der die Käppchenmaschen sind, weiter mit Grasgrün 20 M entlang der linken Seite der Ferse aufstricken.

Über die 2. und 3. Nd (Oberfuß) rechts stricken.

Nun 20 Randmaschen entlang der rechten Seite der Ferse auf Nd 4 aufstricken. Dann noch die 12 zusätzlichen M vom Käppchen (die jetzt noch auf Nd 1 sind) ebenfalls auf Nd 4 stricken. (Siehe auch Abb. 3 auf Seite 19)

Du bist nun wieder am Rundenanfang angekommen.
Nd 1 = 32 M
Nd 2 + 3 = je 20 M
Nd 4 = 32 M

Nun das Strickmuster »Zwickel« stricken.

FUß

Nach dem »Zwickel« das Strickmuster »Fuß« stricken.

SPITZE

Mit Grasgrün bei der 1. und 3. Nd bis 3 M vor dem Ende stricken. Dann 2 M rechts zusammenstricken und die letzte M rechts stricken.
Bei der 2. und 4. Nd 1 M rechts stricken und dann 2 M rechts überzogen zusammenstricken (1 M wie zum Rechtsstricken abheben, folgende M rechts stricken, abgehobene M über die gestrickte M heben), weiter rechts stricken bis zum Ende der jeweiligen Nd.

Diese Abnahmen wie folgt stricken:
1-mal in der 4. Rd.
2-mal in jeder 3. Rd.
4-mal in jeder 2. Rd.
Danach in jeder Rd die Abnahmen stricken, bis noch 3 M auf jeder Nd sind.
Faden abschneiden, durch die restlichen 12 M ziehen und Fäden vernähen.

Mit einem Dampfbügeleisen auf niedriger Stufe vorsichtig bügeln. Dadurch wird das Maschenbild gleichmäßiger.

Strickschrift Schaft links

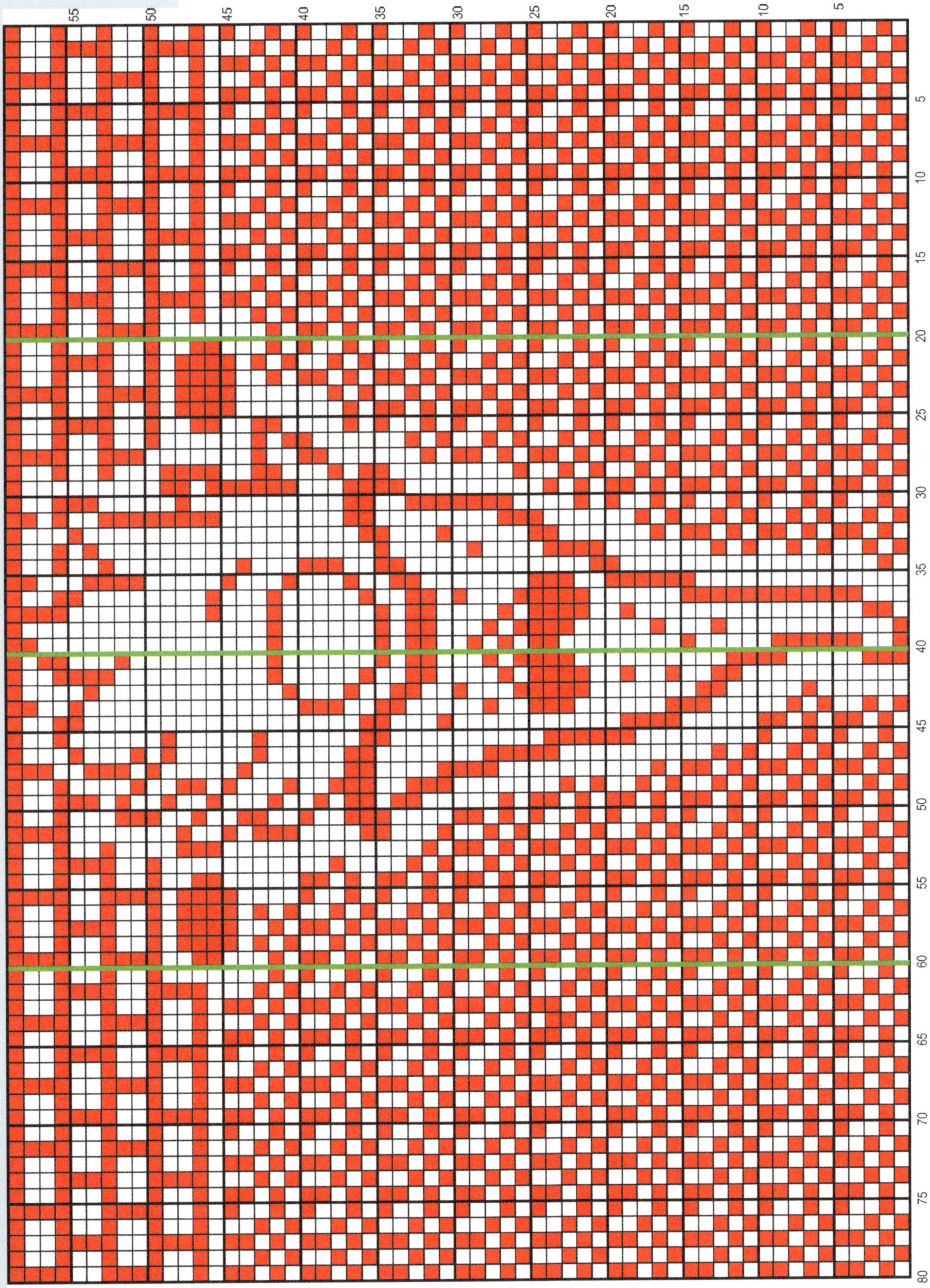

rot
weiß

Strickschrift Schaft rechts

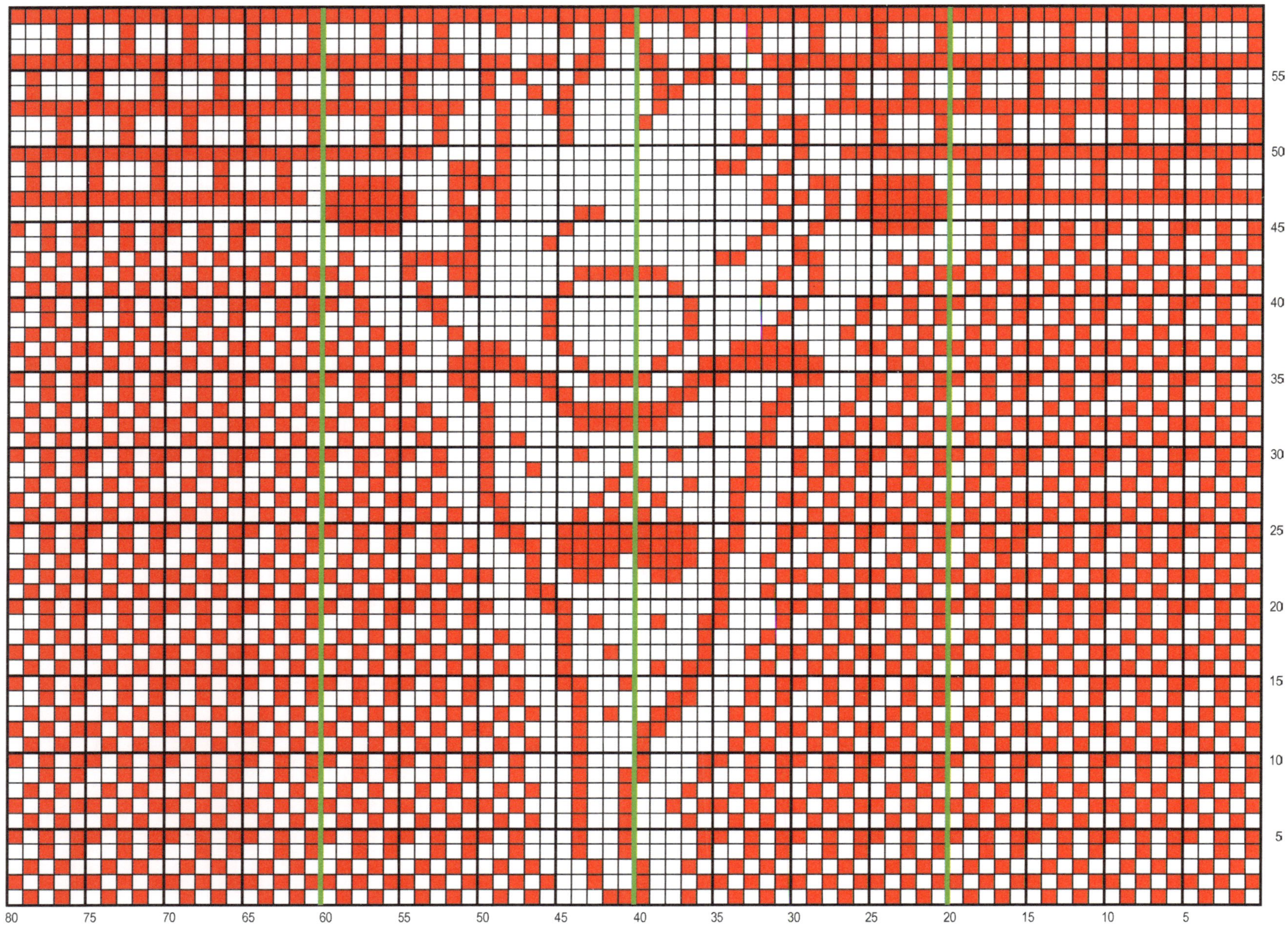

rot

weiß

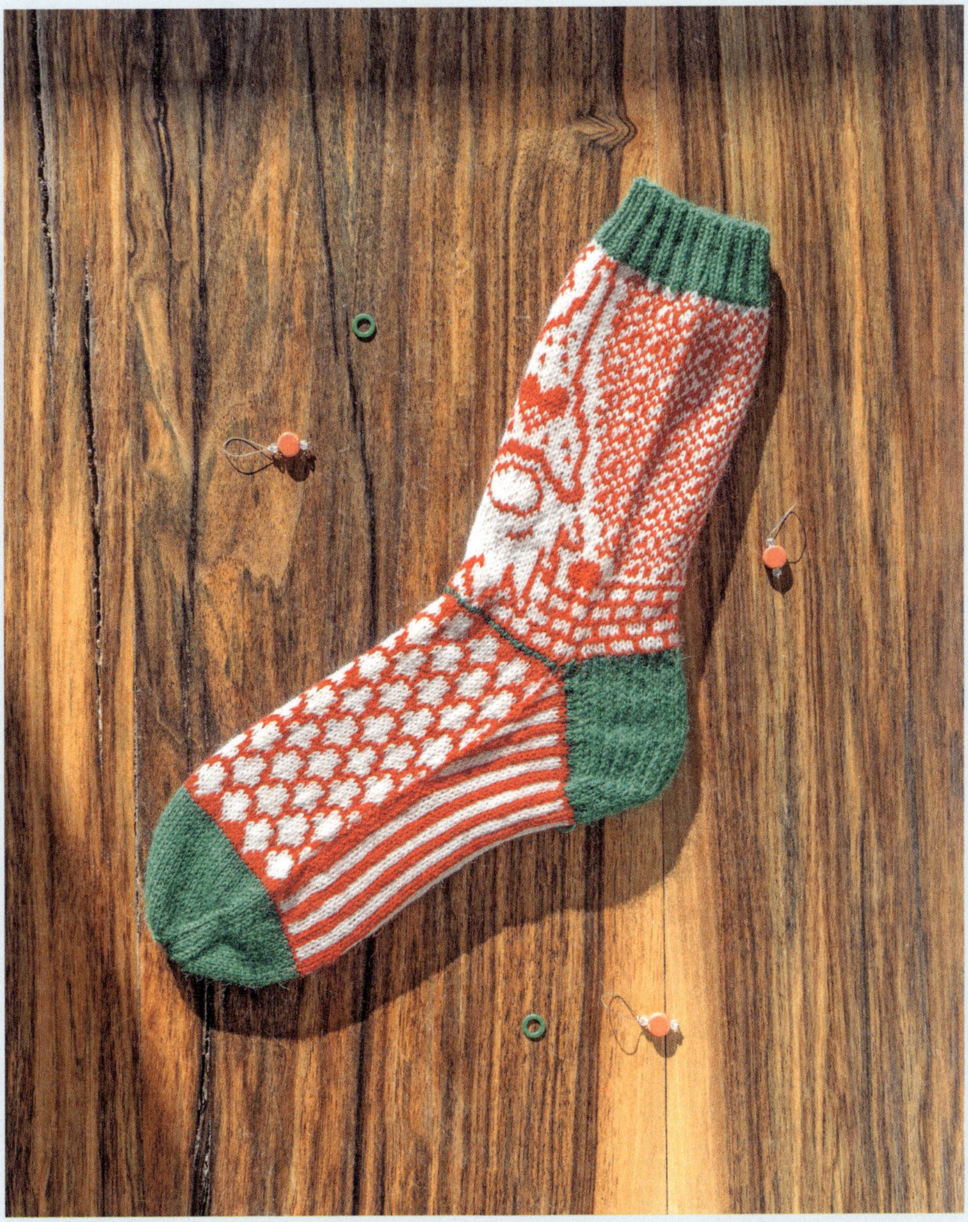

Strickschrift Zwickel

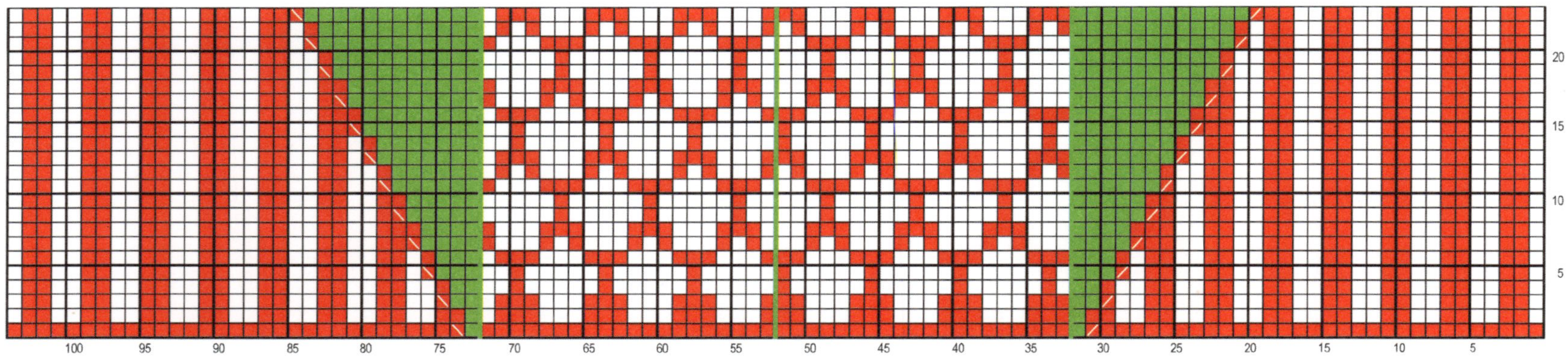

- rot
- weiß
- keine Masche
- 2 Maschen rechts zusammenstricken
- 2 Maschen rechts überzogen zusammenstricken

Strickschrift Fuß

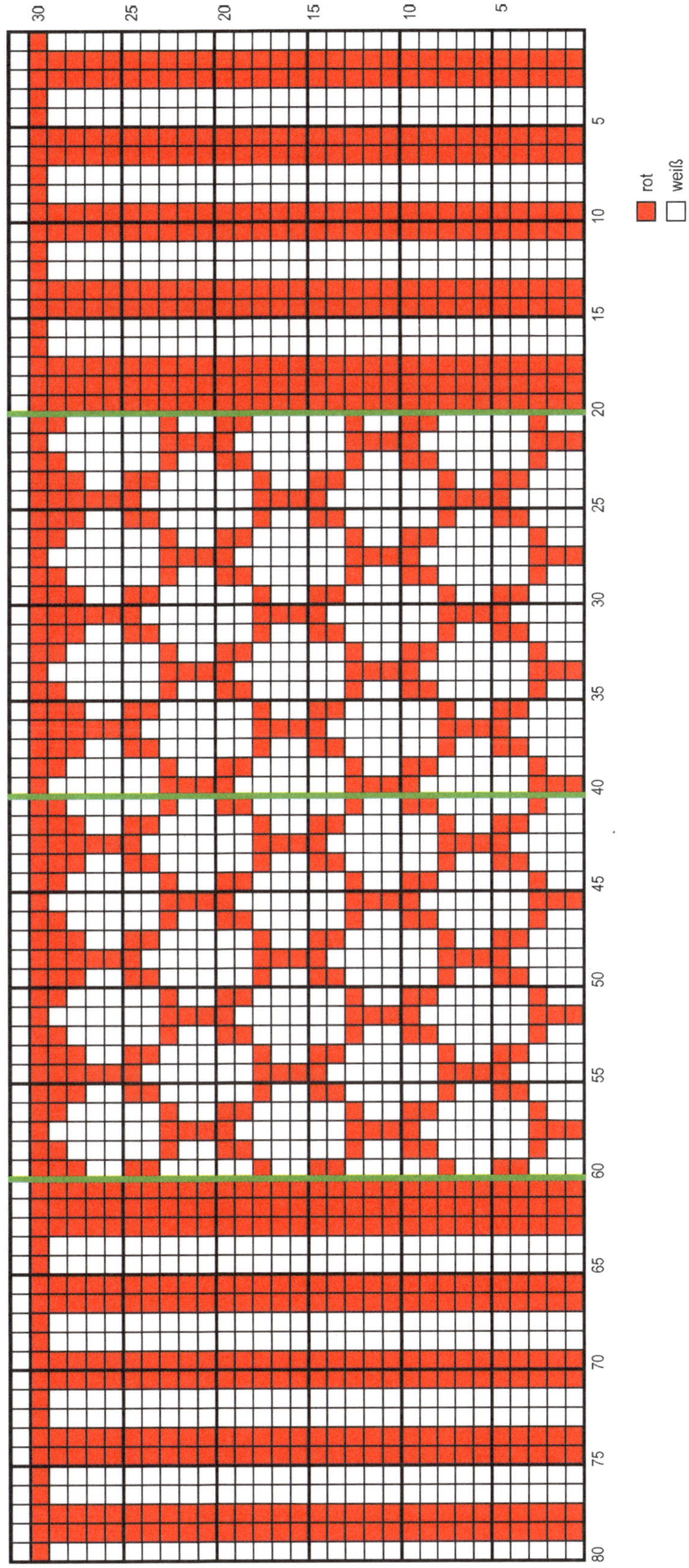

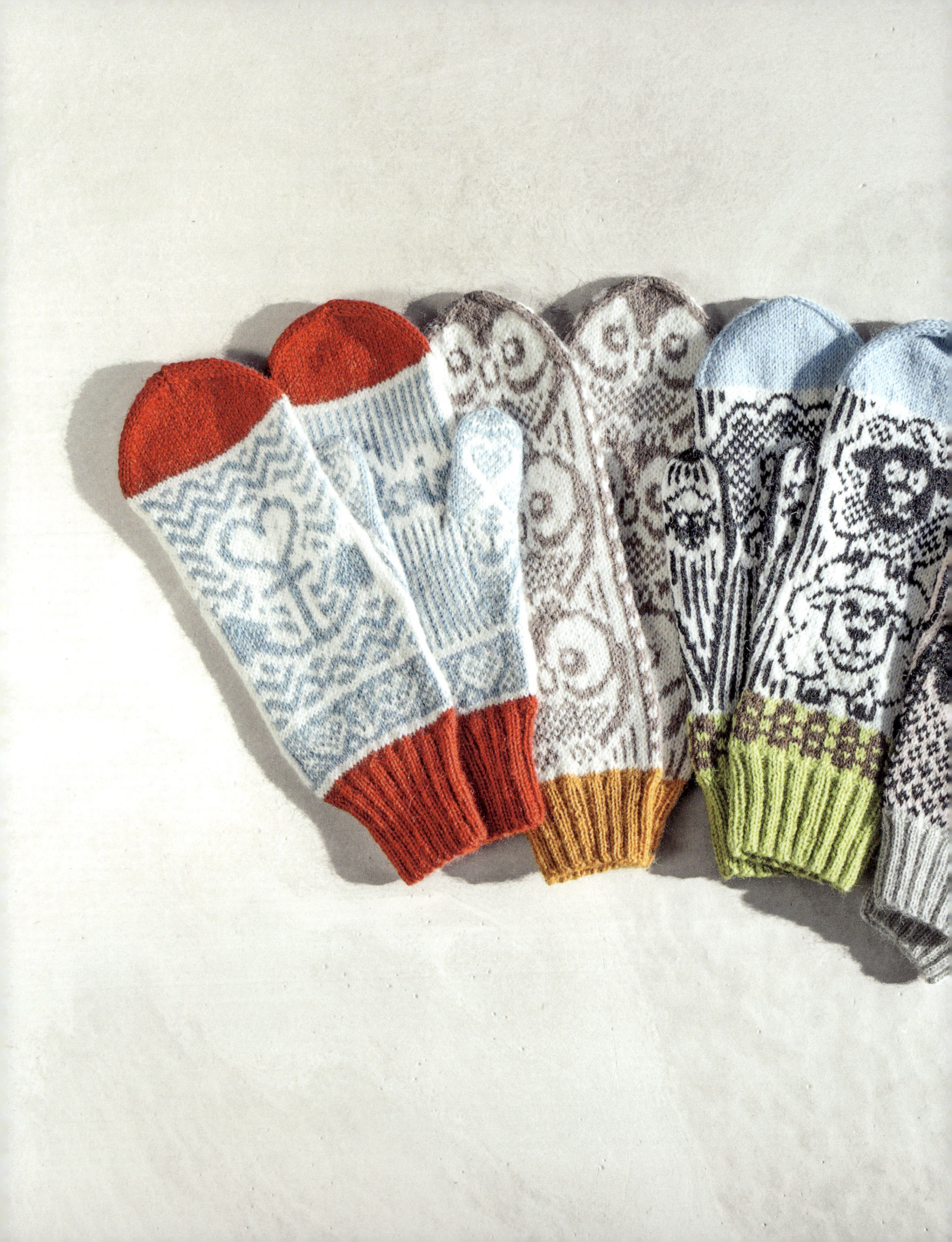

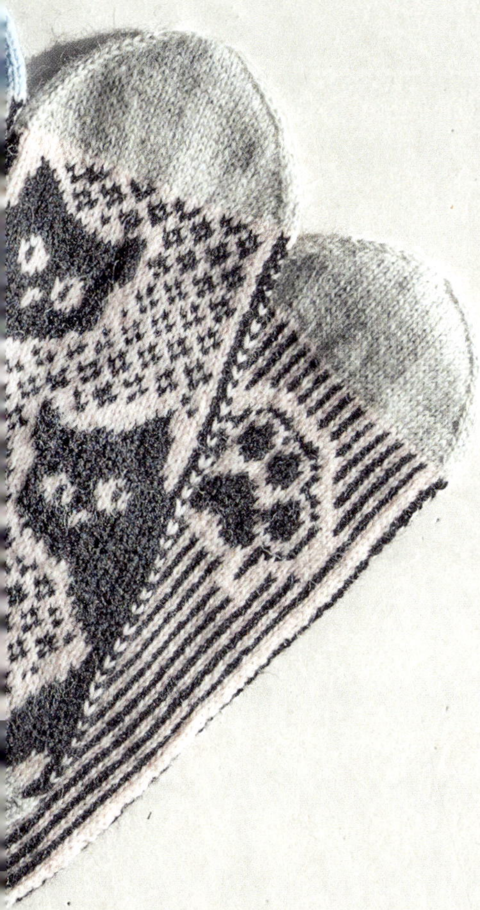

Witzige Handschuhe

Step by Step - So werden die Handschuhe gestrickt

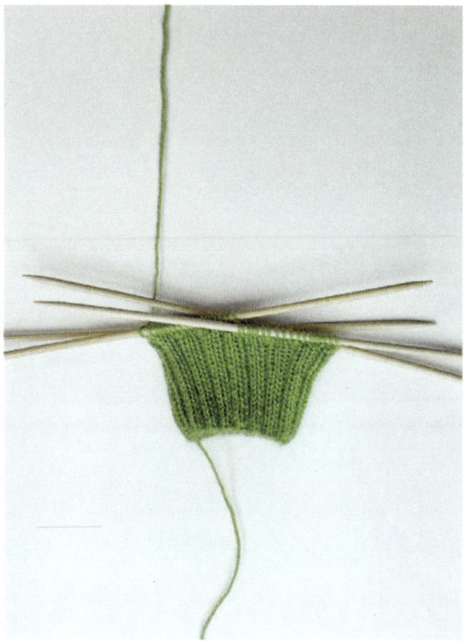

64 M anschlagen, auf einem Nadelspiel verteilen (16 M je Nadel) und 20 Runden im Bündchenmuster (2 M rechts, 2 M links im Wechsel) stricken. Danach 1 Rd glatt rechts stricken und gleichmäßig verteilt 8 M zunehmen (72 M).

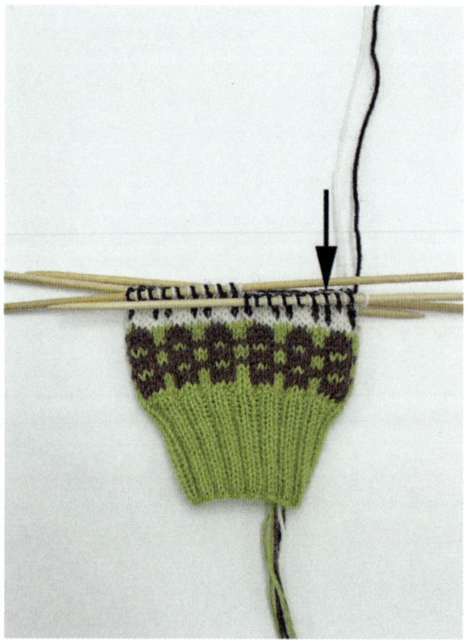

Nun dem Strickmuster folgen. Ab Rd 16 wird zusätzlich das Strickmuster »Daumenzwickel« (in die grünen bzw. roten Kästchen in der Strickschrift) eingestrickt.

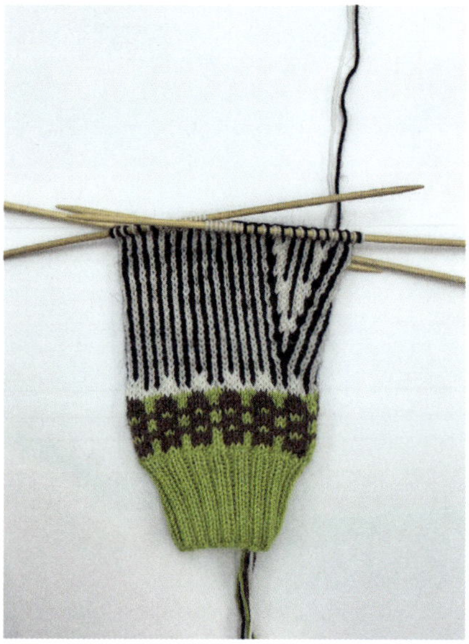

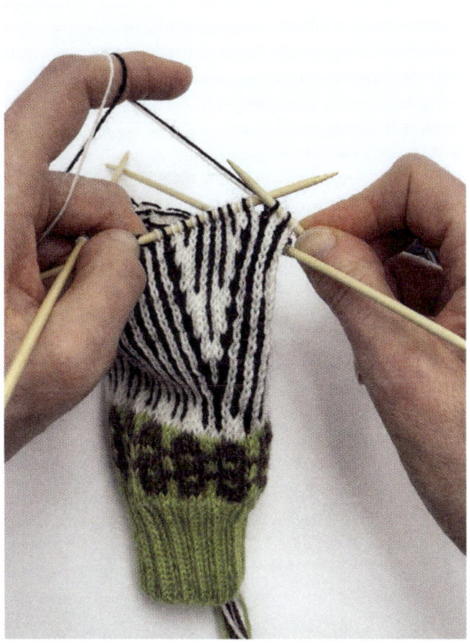

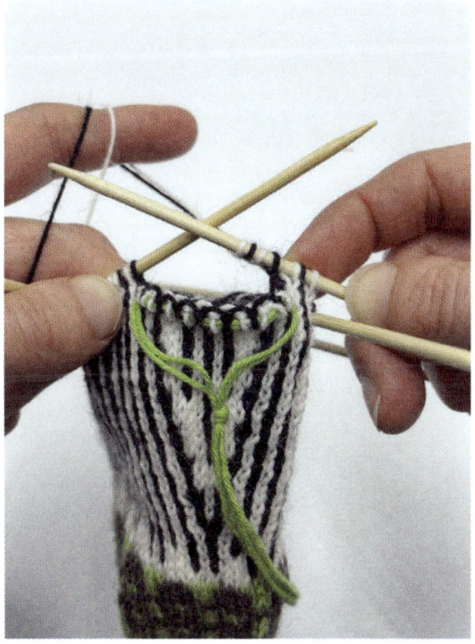

In Rd 38 bis 1 M vor dem Daumenzwickel nach der Strickschrift stricken. Lege nun die 1 M vor dem Zwickel, die 15 Zwickelmaschen und 1 M nach dem Zwickel auf einem Faden still (17 stillgelegte M). Damit die M später leichter wieder aufgenommen werden können, benutze ich immer einen etwas dickeren oder doppelt gelegten Baumwollfaden.

Schlage über der Lücke 3 neue M im klassischen Kreuzanschlag an und stricke weiter nach der Strickschrift.

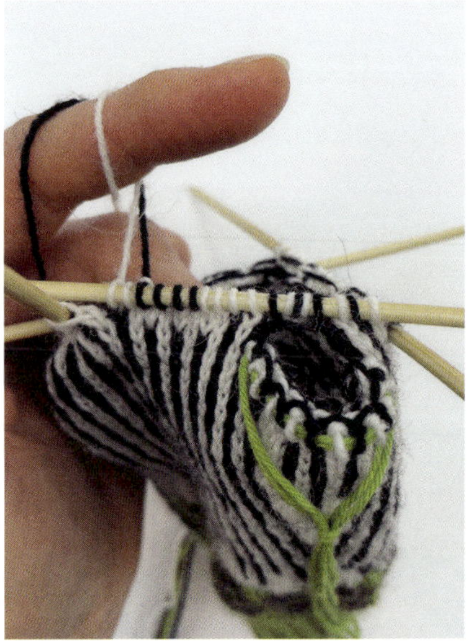

Du hast nun wieder 18 M auf jeder Nd. Nach Beenden der Strickschrift den Faden abschneiden, durch die restlichen M ziehen und vernähen.

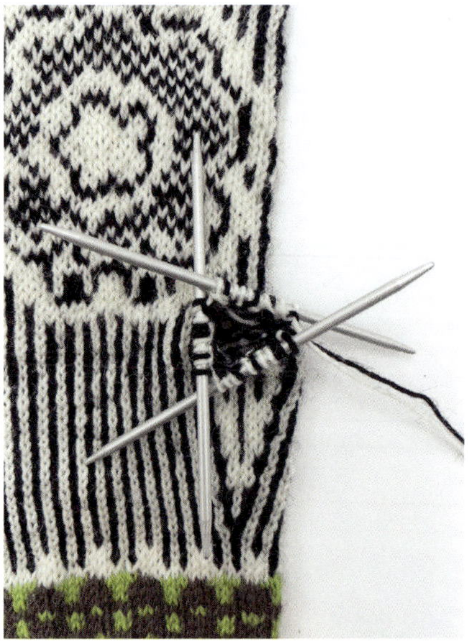

Nehme die 17 stillgelegten M wieder auf. Stricke 13 weitere M aus dem oberen Rand heraus. Verteile die 30 M auf 3 Nd und stricke in Runden nach der Strickschrift »Daumen«. Danach Fäden abschneiden, durch die übrigen M ziehen und vernähen.

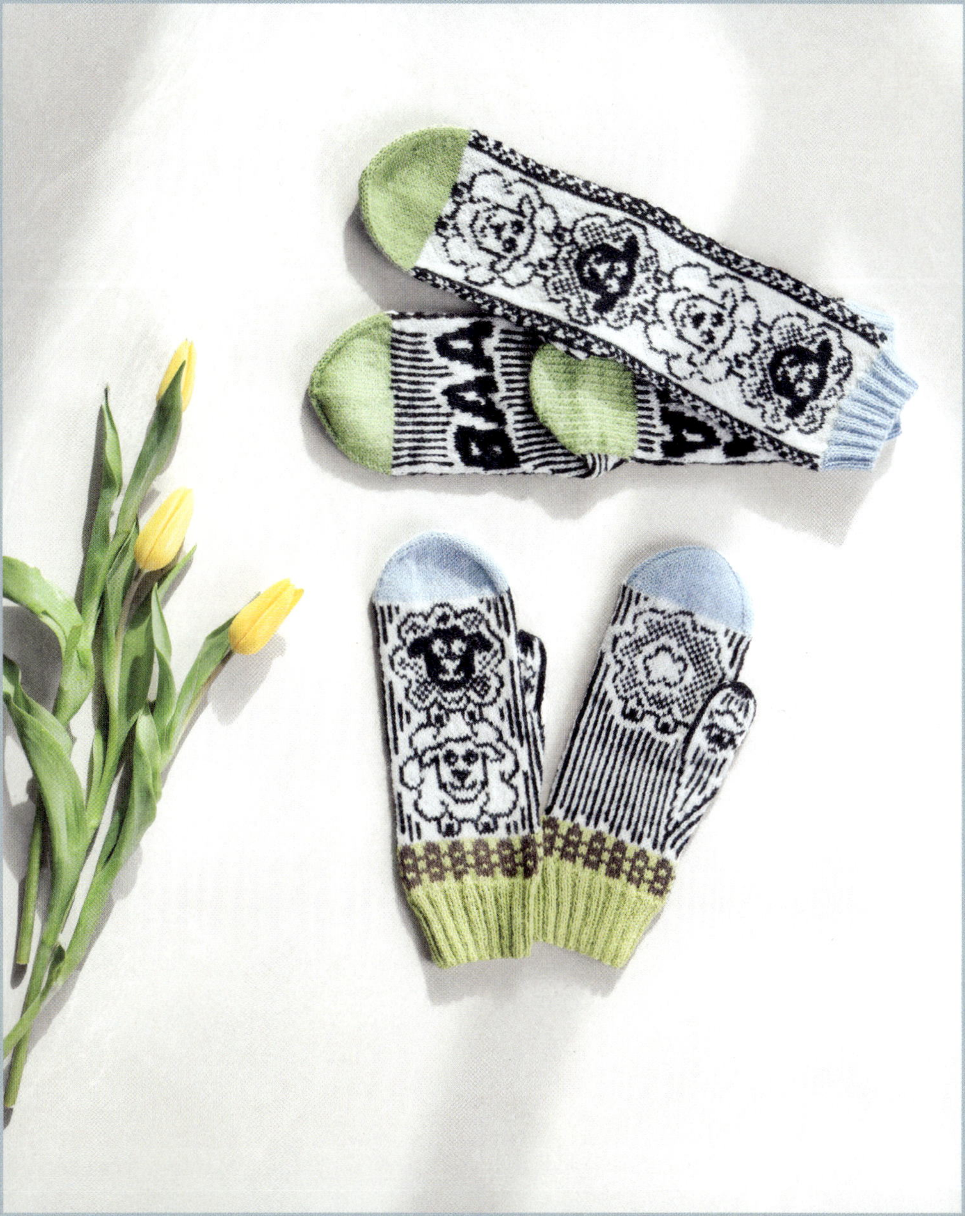

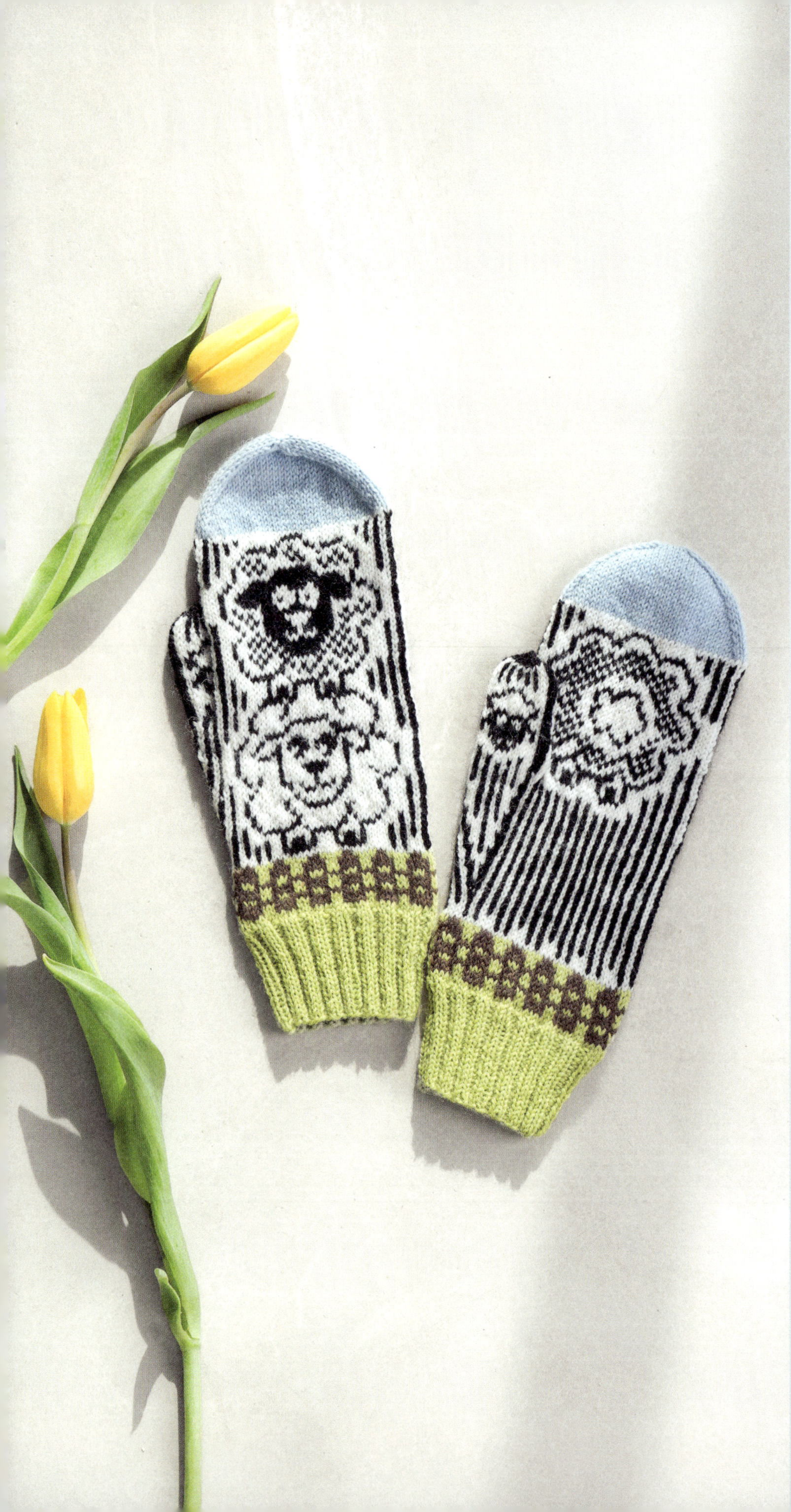

Schwierigkeitsgrad
Fortgeschritten

Größe
Einheitsgröße Damen
Länge: ca. 27 cm einschl. Bündchen
Breite: ca. 9,5 cm
ggf. Nadeln und Garn entsprechend der Maschenprobe anpassen

Material
Lana Grossa – Meilenweit Sockenwolle 4-fädig (LL: 210 m/50 g)
ca. 15 g Gelbgrün (#1362)
ca. 20 g Weiß (#1101)
ca. 5 g Braun (#1369)
ca. 20 g Schwarz (#1106)
ca. 10 g Hellblau (#1375)

Nadelspiel Stärke 2–3 (je nachdem wie fest gestrickt wird)

Strickmuster
Bündchen (2 M rechts, 2 M links im Wechsel)
glatt rechts

Maschenprobe
Im Jacquardmuster
ca. 19 M und 18 R = 5 cm x 5 cm

Eine kleine Fotoanleitung für das Stricken der Fäustlinge findest du auch auf Seite 98–100.

Baa Baa - Schäfchen

Schlage 64 M in Gelbgrün an, verteile diese gleichmäßig auf einem Nadelspiel (16 M je Nd) und schließe zur Runde.
Stricke 20 Rd im Bündchenmuster.
Stricke nun 1 Rd glatt rechts und nehme dabei gleichmäßig verteilt 8 M zu (72 M).
Folge nun der Strickschrift. (ACHTUNG: Für die rechte bzw. linke Hand gibt es jeweils eine eigene Strickschrift!)

Ab Rd 16 wird zusätzlich das Strickmuster »Daumenzwickel« in die grünen Kästchen eingestrickt.

In Rd 38 bis 1 M vor dem Daumenzwickel nach der Strickschrift stricken.
Lege nun die 1 M vor dem Zwickel, die 15 Zwickelmaschen und 1 M nach dem Zwickel auf einem Faden still (17 stillgelegte M).

Tipp: Damit man die Maschen später wieder besser aufnehmen kann, lege ich die Maschen immer auf einem doppelt gelegten Faden still.

Schlage über der Lücke 3 neue M an und stricke weiter nach der Strickschrift.
Nach Beenden der Strickschrift den Faden abschneiden, durch die restlichen M ziehen und vernähen.

DAUMEN

Nehme die 17 stillgelegten M wieder auf. Stricke 13 weitere M aus dem oberen Rand heraus. Verteile die 30 M auf 3 Nd und stricke in Rd nach der Strickschrift »Daumen«. Danach Fäden abschneiden, durch die restlichen M ziehen und vernähen.

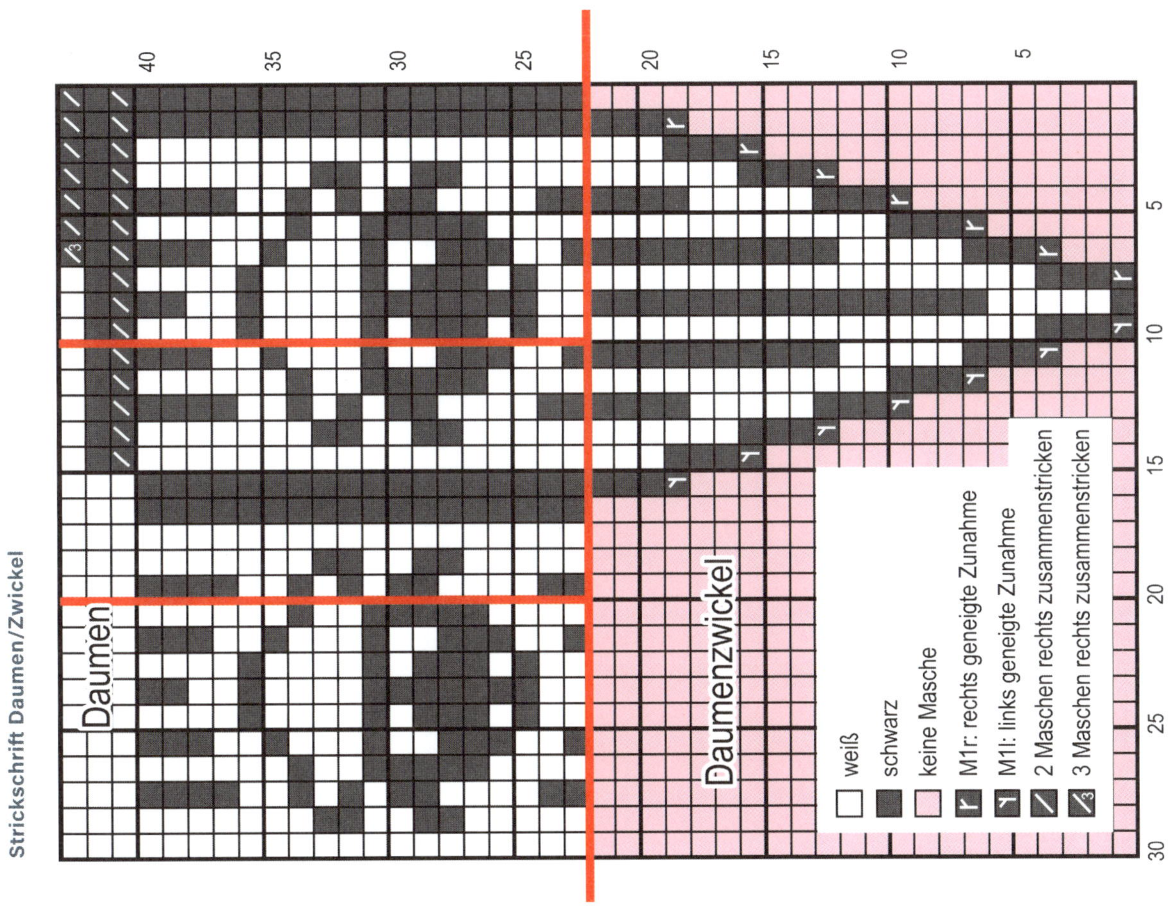

Strickschrift linke Hand

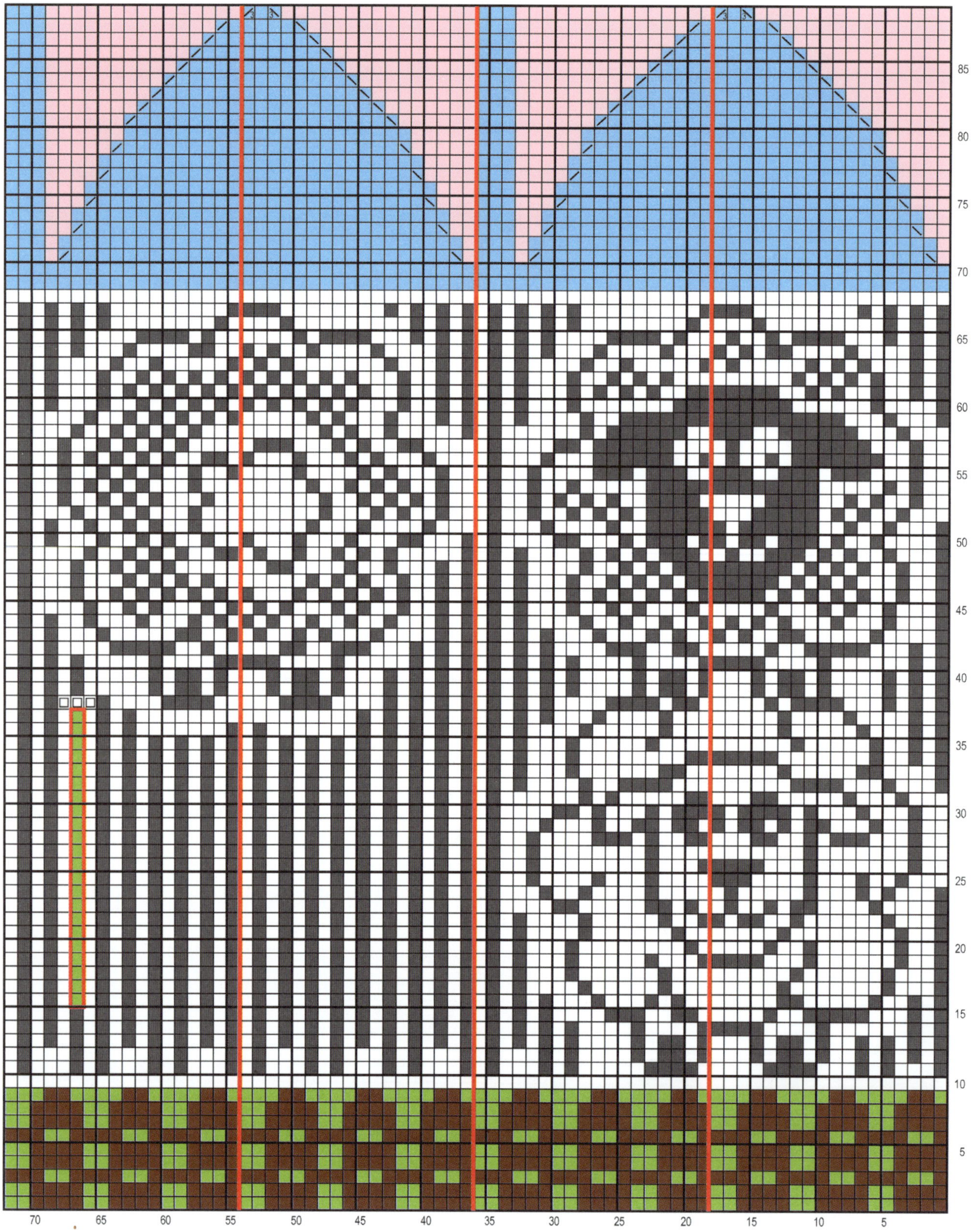

- grün
- braun
- weiß
- schwarz
- hellblau
- keine Masche

- 2 Maschen rechts zusammenstricken
- 2 Maschen rechts überzogen zusammenstricken
- 3 Maschen rechts zusammenstricken
- 3 Maschen rechts überzogen zusammenstricken
- neu angeschlagene Maschen (über d. Daumenzwickel)

Strickschrift rechte Hand

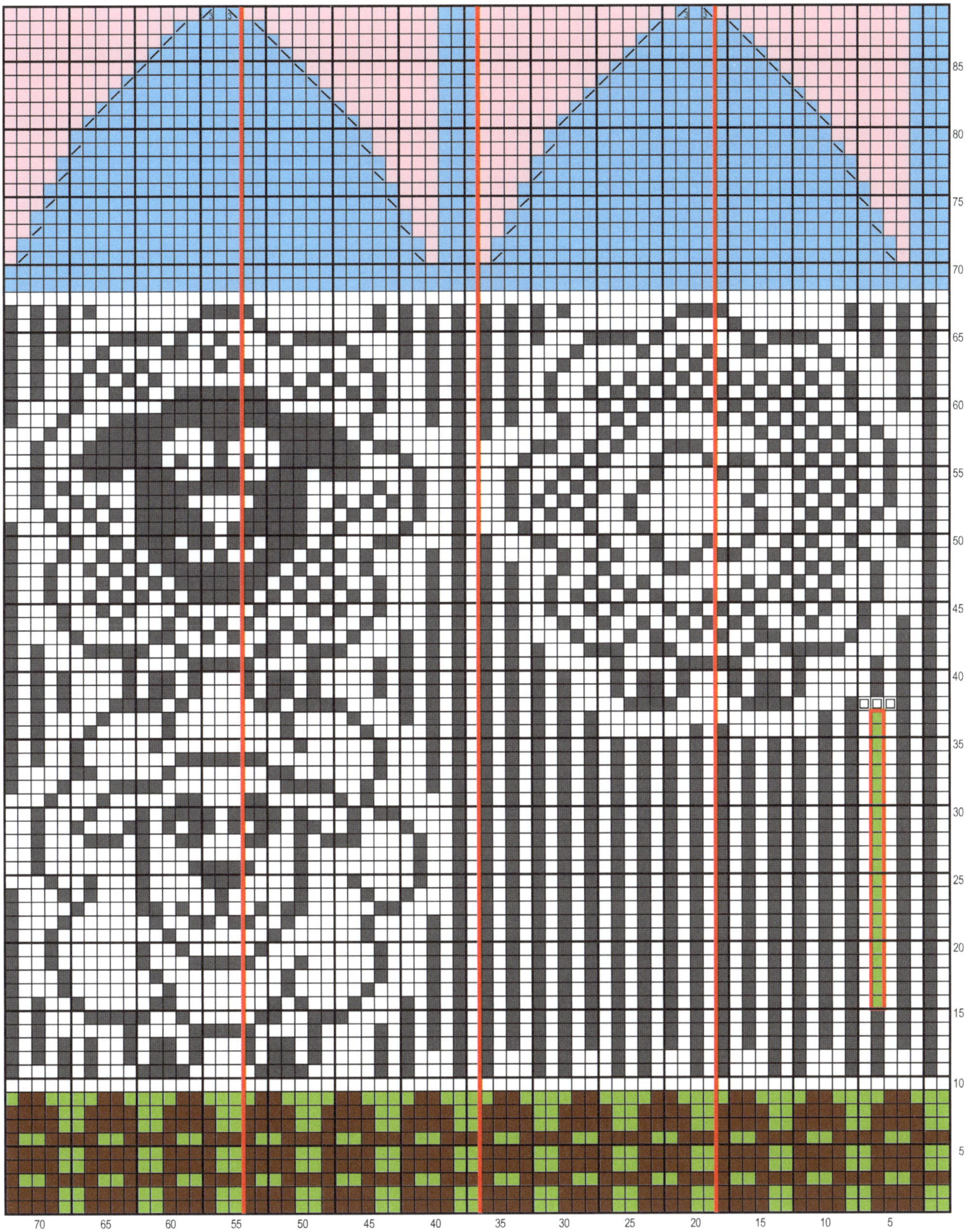

- grün
- braun
- weiß
- schwarz
- hellblau
- keine Masche

- 2 Maschen rechts zusammenstricken
- 2 Maschen rechts überzogen zusammenstricken
- 3 Maschen rechts zusammenstricken
- 3 Maschen rechts überzogen zusammenstricken
- neu angeschlagene Maschen (über d. Daumenzwickel)

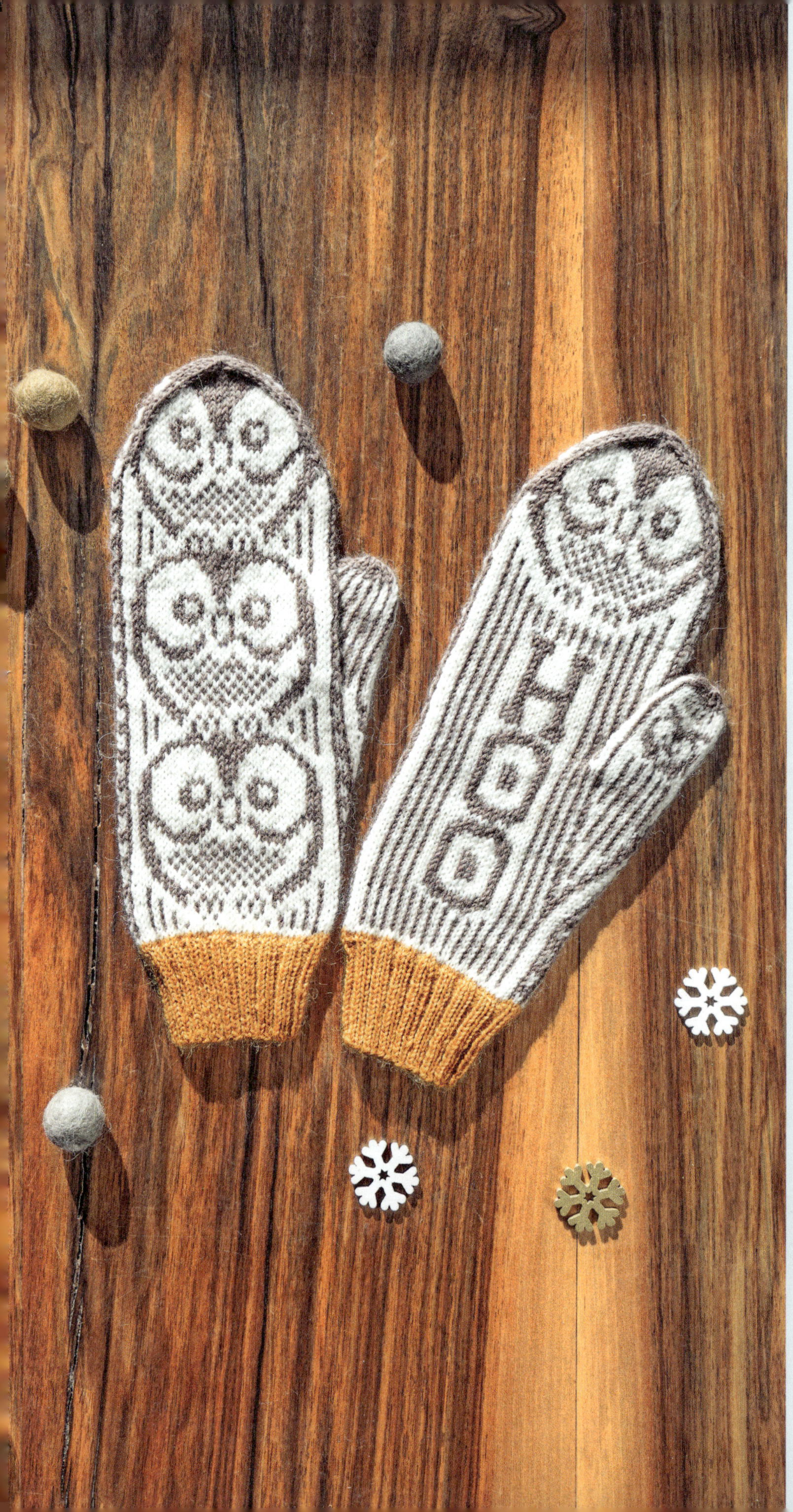

Schwierigkeitsgrad
Fortgeschritten

Größe
Einheitsgröße Damen
Länge: ca. 27 cm einschl. Bündchen
Breite: ca. 9,5 cm
ggf. Nadeln und Garn entsprechend der Maschenprobe anpassen

Material
Drops Fabel Sockenwolle 4-fädig (LL: 205 m/50 g)
ca. 10 g Senf (#111)
G-B Sprint Sockenwolle 4-fädig (LL: 210 m/50 g)
ca. 25 g Weiß (#268)
ca. 20 g Taupé (#309)

Nadelspiel Stärke 2–3 (je nachdem wie fest gestrickt wird)

Strickmuster
Bündchen (2 M rechts, 2 M links im Wechsel)
glatt rechts

Maschenprobe
Im Jacquardmuster
ca. 19 M und 18 R = 5 cm x 5 cm

Eine kleine Fotoanleitung für das Stricken der Fäustlinge findest du auch auf Seite 98–100.

Hoo Hoo

Schlage 64 M in Senf an, verteile diese gleichmäßig auf einem Nadelspiel (16 M je Nd) und schließe zur Runde. Stricke 20 Rd im Bündchenmuster. Stricke nun 1 Rd glatt rechts und nehme dabei gleichmäßig verteilt 8 M zu (72 M). Folge nun der Strickschrift. (ACHTUNG: Für die rechte bzw. linke Hand gibt es jeweils eine eigene Strickschrift!)

Ab Rd 17 wird zusätzlich das Strickmuster »Daumenzwickel« in die grünen Kästchen eingestrickt.

In Rd 38 bis 1 M vor dem Daumenzwickel nach der Strickschrift stricken.
Lege nun die 1 M vor dem Zwickel, die 15 Zwickelmaschen und 1 M nach dem Zwickel auf einem Faden still (17 stillgelegte Maschen).

Tipp: Damit man die M später wieder besser aufnehmen kann, lege ich die M immer auf einem doppelt gelegten Faden still.
Schlage über der Lücke 3 neue M an und stricke weiter nach der Strickschrift.
Nach Beenden der Strickschrift den Faden abschneiden, durch die restlichen M ziehen und vernähen.

DAUMEN

Nehme die 17 stillgelegten M wieder auf. Stricke 13 weitere M aus dem oberen Rand heraus. Verteile die 30 M auf 3 Nd und stricke in Rd nach der Strickschrift »Daumen«. Danach Fäden abschneiden, durch die restlichen M ziehen und vernähen.

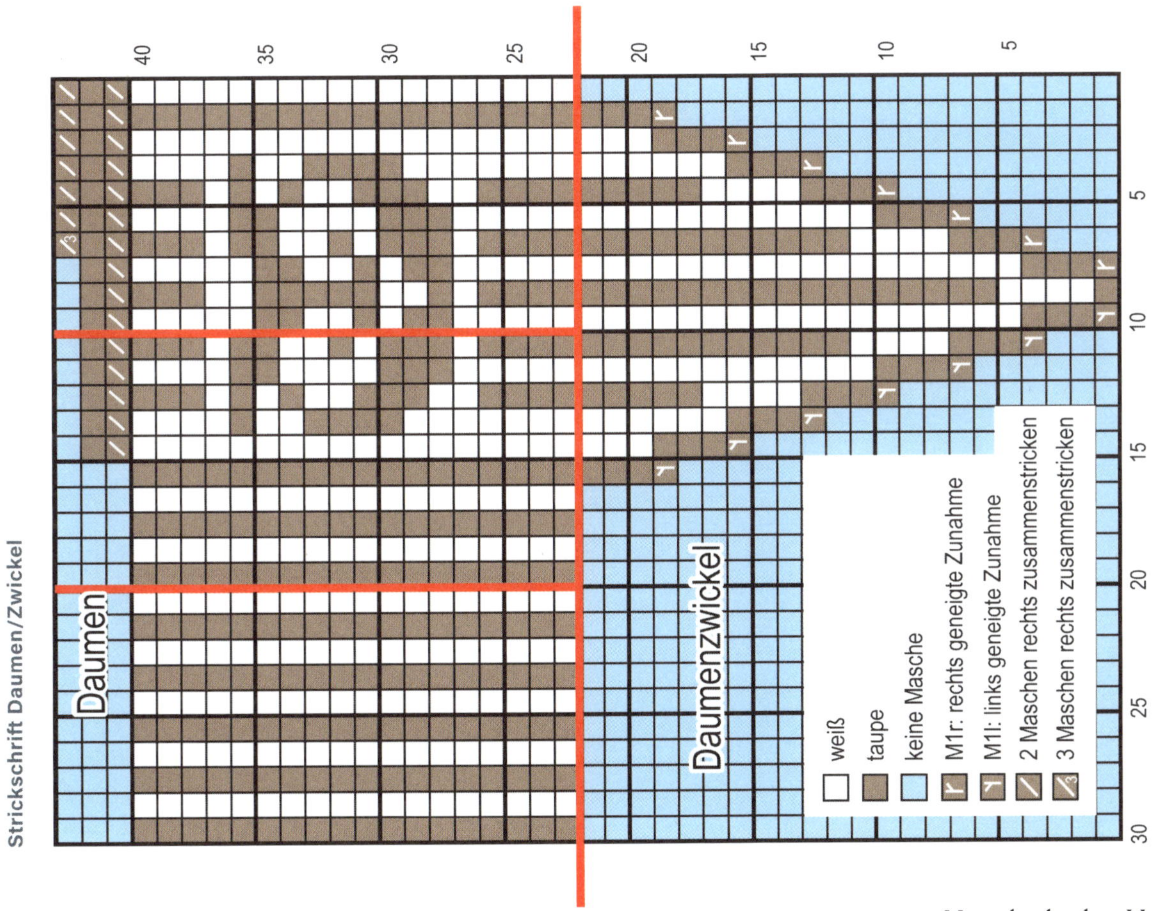

Strickschrift linke Hand

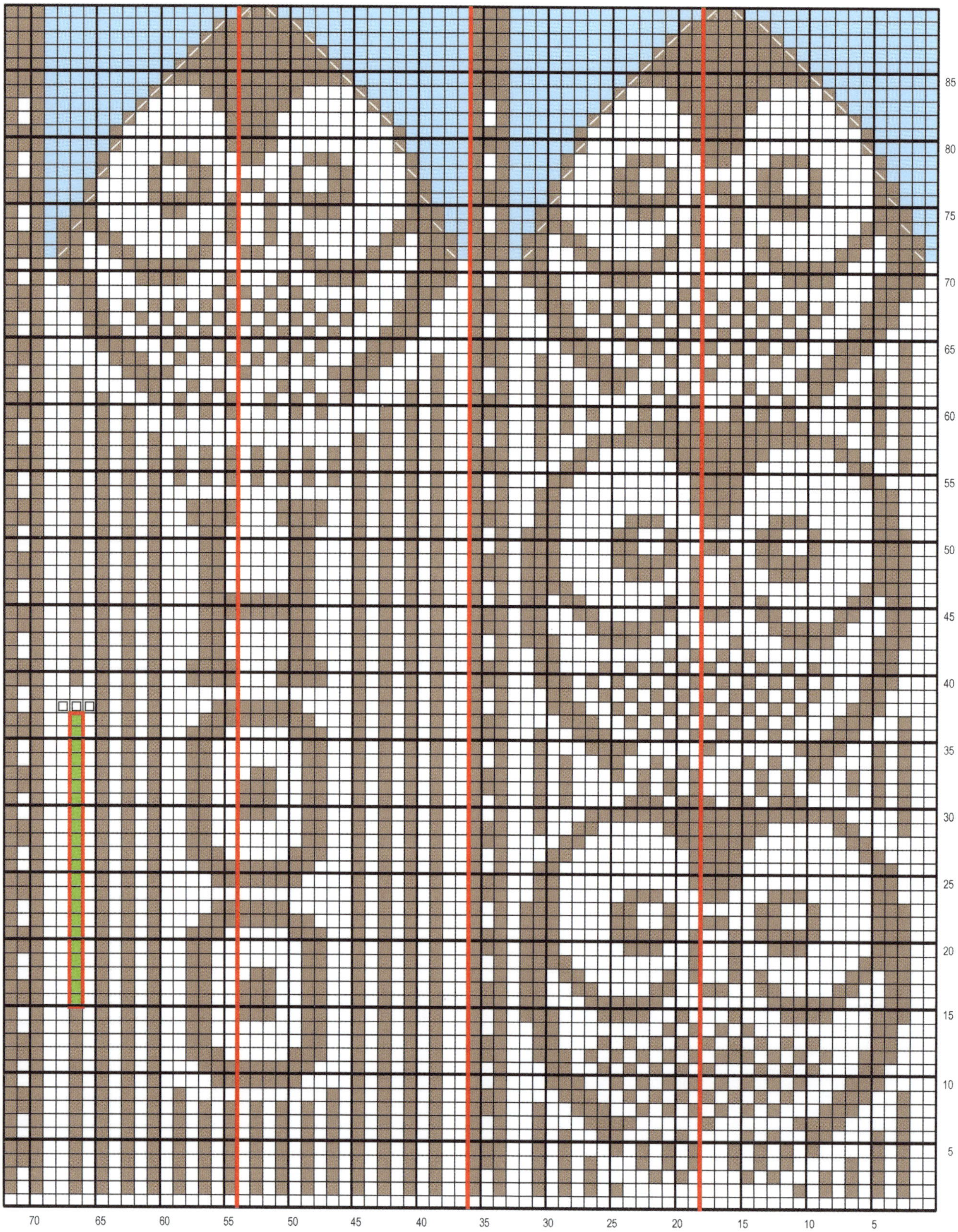

- weiß
- taupe
- keine Masche
- 2 Maschen rechts zusammenstricken
- 2 Maschen rechts überzogen zusammenstricken
- 3 Maschen rechts zusammenstricken
- 3 Maschen rechts überzogen zusammenstricken
- neu angeschlagene Maschen (über d. Daumenzwickel)

Strickschrift rechte Hand

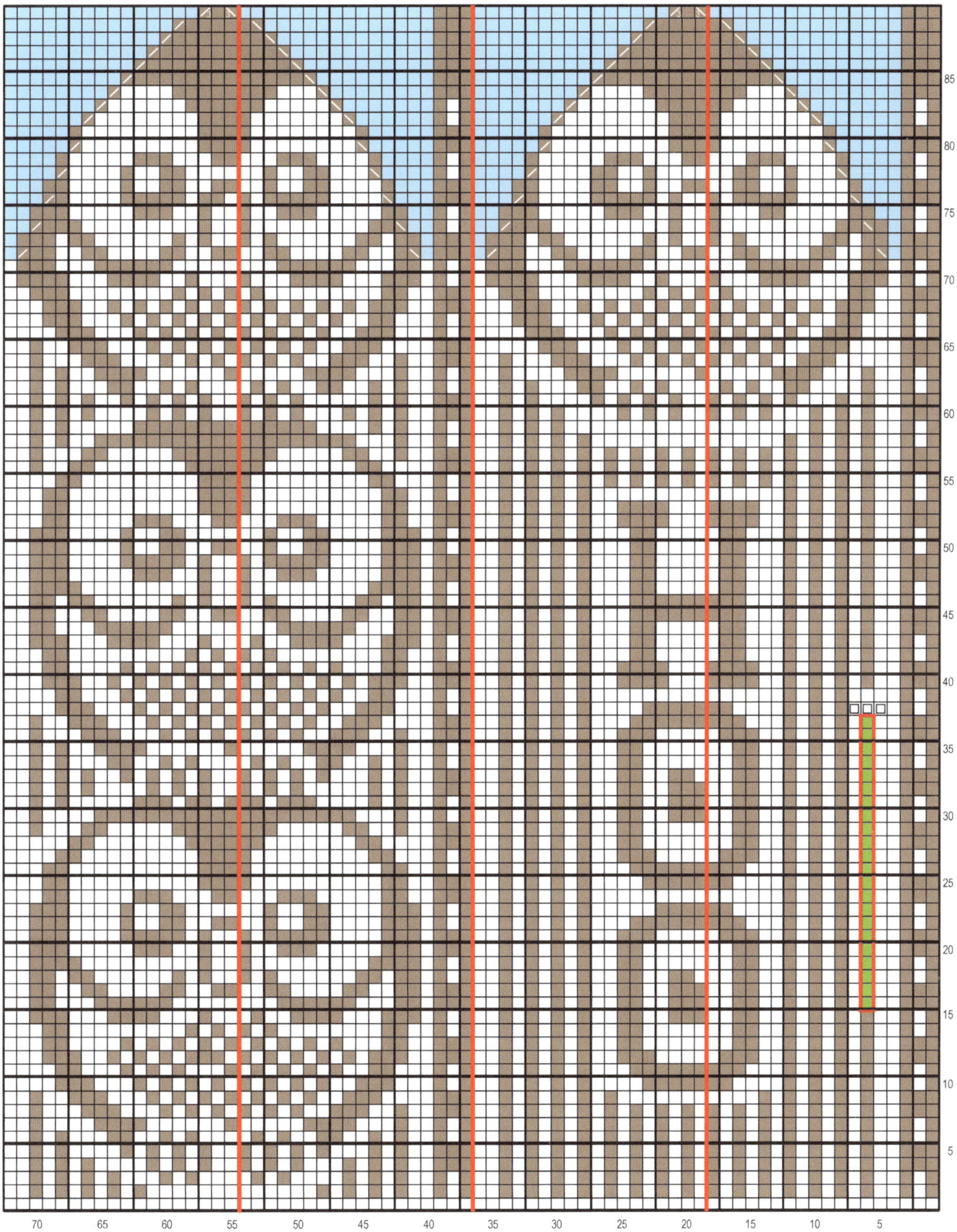

- weiß
- taupe
- keine Masche

- 2 Maschen rechts zusammenstricken
- 2 Maschen rechts überzogen zusammenstricken
- 3 Maschen rechts zusammenstricken
- 3 Maschen rechts überzogen zusammenstricken
- neu angeschlagene Maschen (über d. Daumenzwickel)

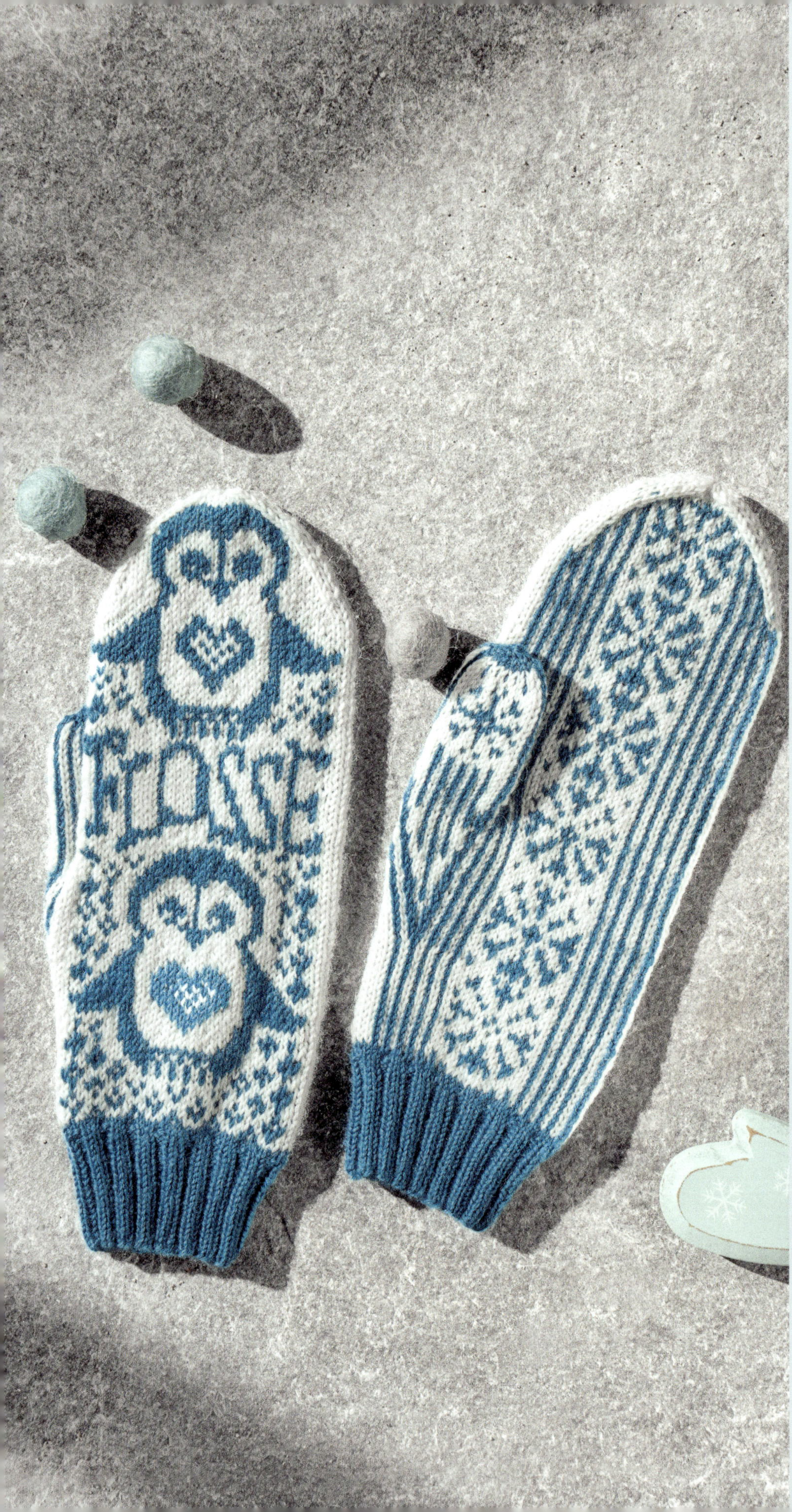

Schwierigkeitsgrad
Fortgeschritten

Größe
Einheitsgröße Damen
Länge: ca. 27 cm einschl. Bündchen
Breite: ca. 10 cm
ggf. Nadeln und Garn entsprechend der Maschenprobe anpassen

Material
Opal Sockenwolle 4-fädig (LL: 210 m/50 g)
ca. 35 g Petrol (#5187)
ca. 35 g Weiß (#2620)

Nadelspiel Stärke 2–3 (je nachdem wie fest gestrickt wird)

Strickmuster
Bündchen (2 M rechts, 2 M links im Wechsel)
glatt rechts

Maschenprobe
Im Jacquardmuster
ca. 19 M und 18 R = 5 cm x 5 cm

Eine kleine Fotoanleitung für das Stricken der Fäustlinge findest du auch auf Seite 98–100.

Frost-Flosse

Schlage 64 M in Blau/Petrol an, verteile diese gleichmäßig auf einem Nadelspiel (16 M je Nd) und schließe zur Rd. Stricke 20 Rd im Bündchenmuster. Stricke nun 1 Rd glatt rechts und nehme dabei gleichmäßig verteilt 8 M zu (72 M). Folge nun der Strickschrift. (ACHTUNG: Für die rechte bzw. linke Hand gibt es jeweils eine eigene Strickschrift!)

Ab Rd 16 wird zusätzlich das Strickmuster »Daumenzwickel« in die roten Kästchen eingestrickt.

In Rd 38 bis 1 M vor dem Daumenzwickel nach der Strickschrift stricken.
Lege nun die 1 M vor dem Zwickel, die 15 Zwickelmaschen und 1 M nach dem Zwickel auf einem Faden still (17 stillgelegte M).

Tipp: Damit man die Maschen später wieder besser aufnehmen kann, lege ich die Maschen immer auf einem doppelt gelegten Faden still.

Schlage über der Lücke 3 neue M an und stricke weiter nach der Strickschrift.
Nach Beenden der Strickschrift den Faden abschneiden, durch die restlichen M ziehen und vernähen.

DAUMEN

Nehme die 17 stillgelegten M wieder auf. Stricke 13 weitere M aus dem oberen Rand heraus. Verteile die 30 M auf 3 Nd und stricke in Rd nach der Strickschrift »Daumen«. Danach Fäden abschneiden, durch die restlichen M ziehen und vernähen.

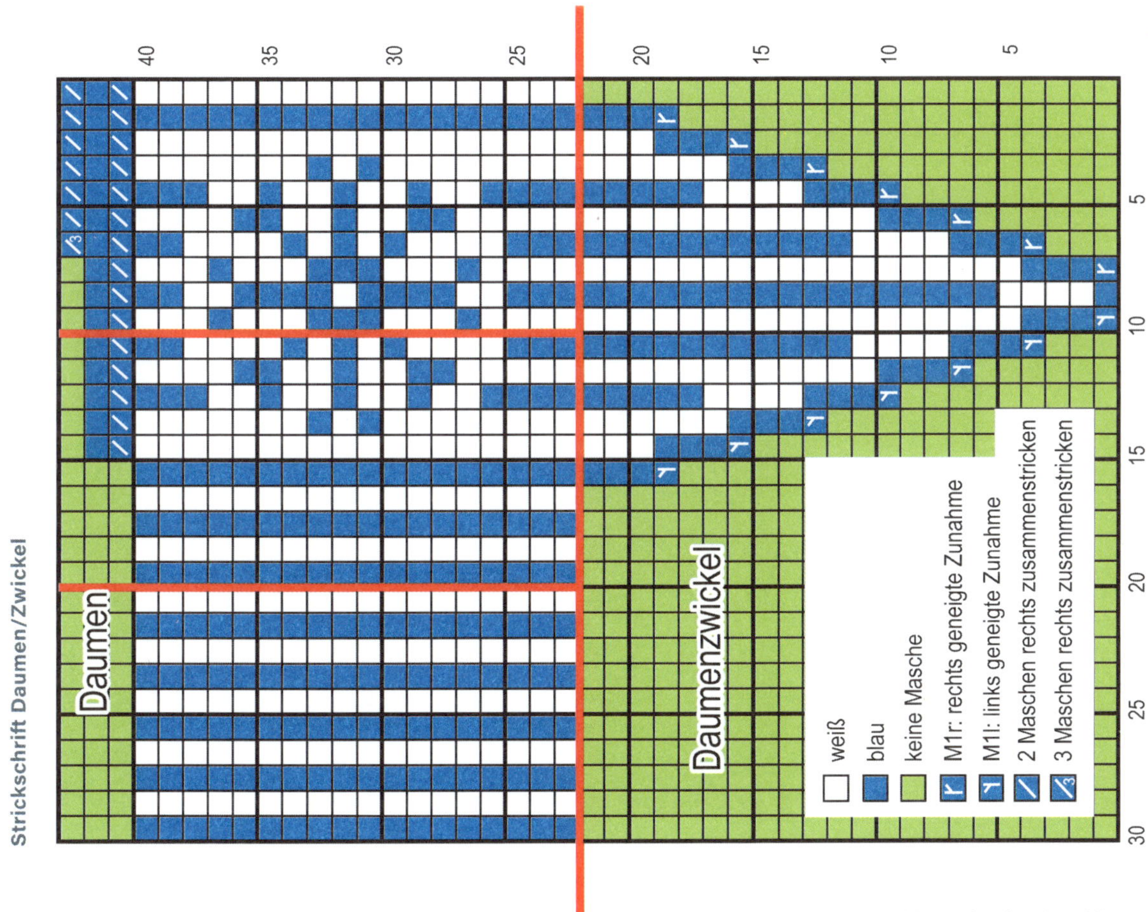

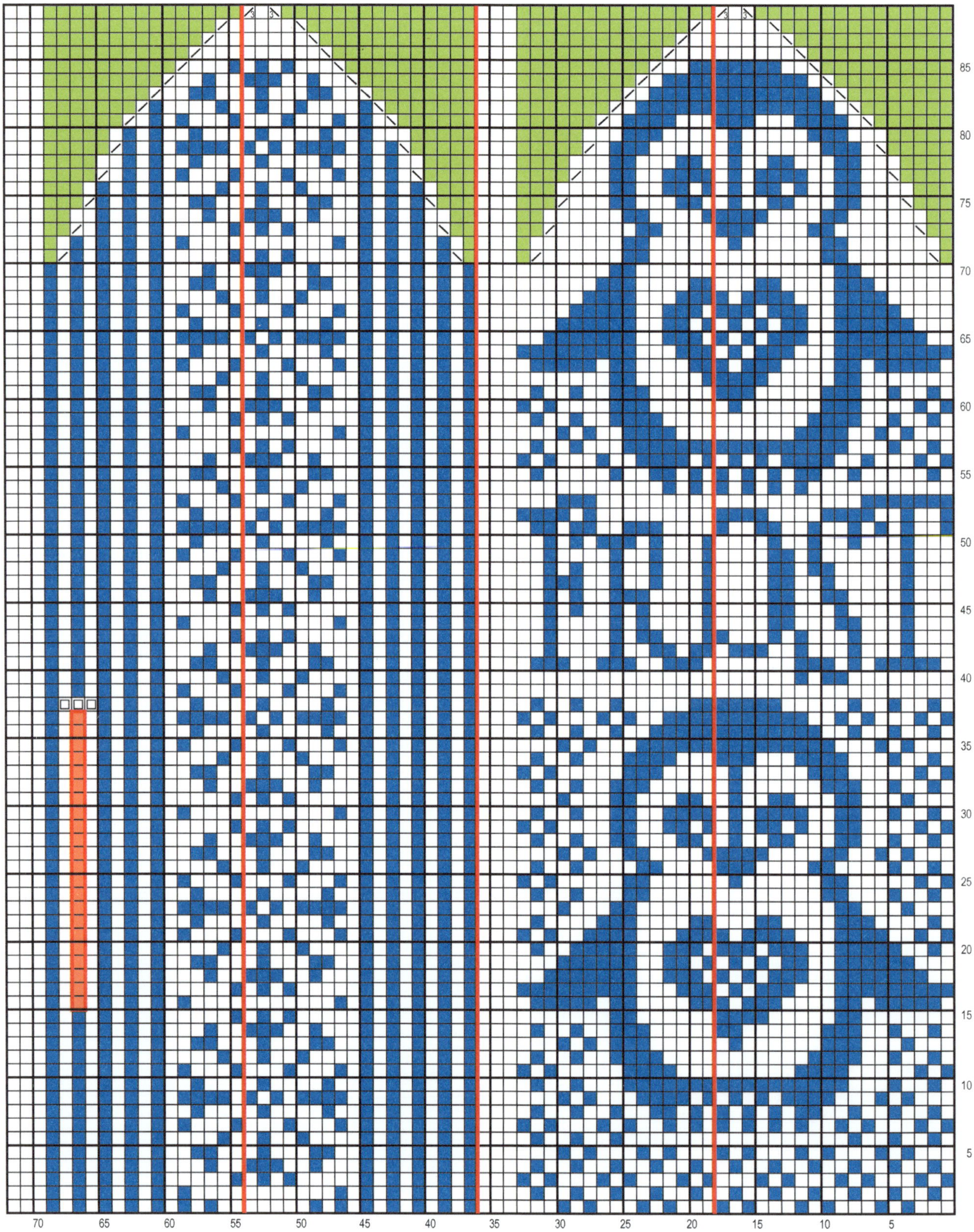

Strickschrift linke Hand

- weiß
- blau
- keine Masche
- 2 Maschen rechts zusammenstricken
- 2 Maschen rechts überzogen zusammenstricken
- 3 Maschen rechts zusammenstricken
- 3 Maschen rechts überzogen zusammenstricken
- neu angeschlagene Maschen (über d. Daumenzwickel)

Strickschrift rechte Hand

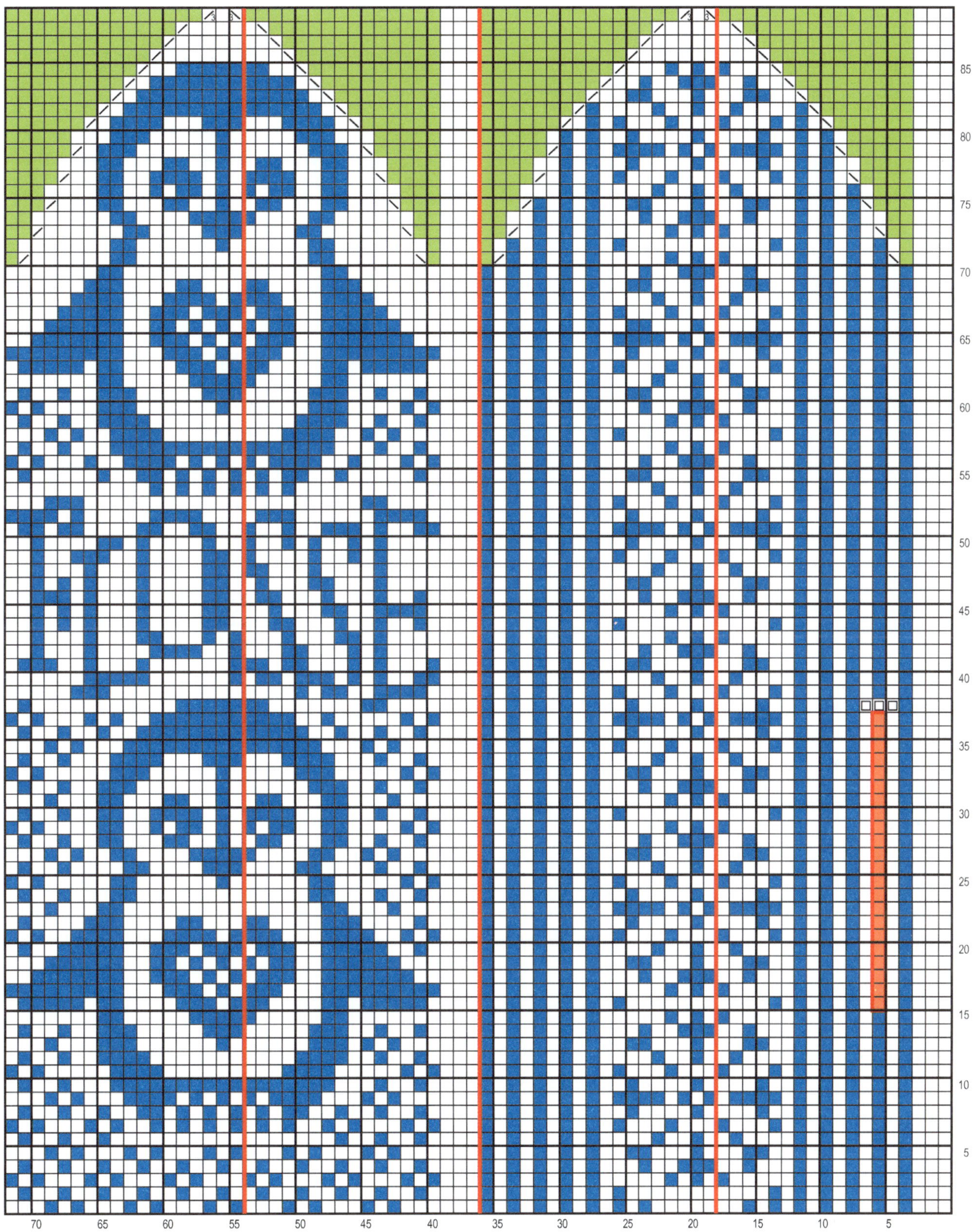

- ☐ weiß
- ■ blau
- ■ keine Masche

- ⧄ 2 Maschen rechts zusammenstricken
- ⧅ 2 Maschen rechts überzogen zusammenstricken
- ⧄ 3 Maschen rechts zusammenstricken
- ⧅ 3 Maschen rechts überzogen zusammenstricken
- ☐ neu angeschlagene Maschen (über d. Daumenzwickel)

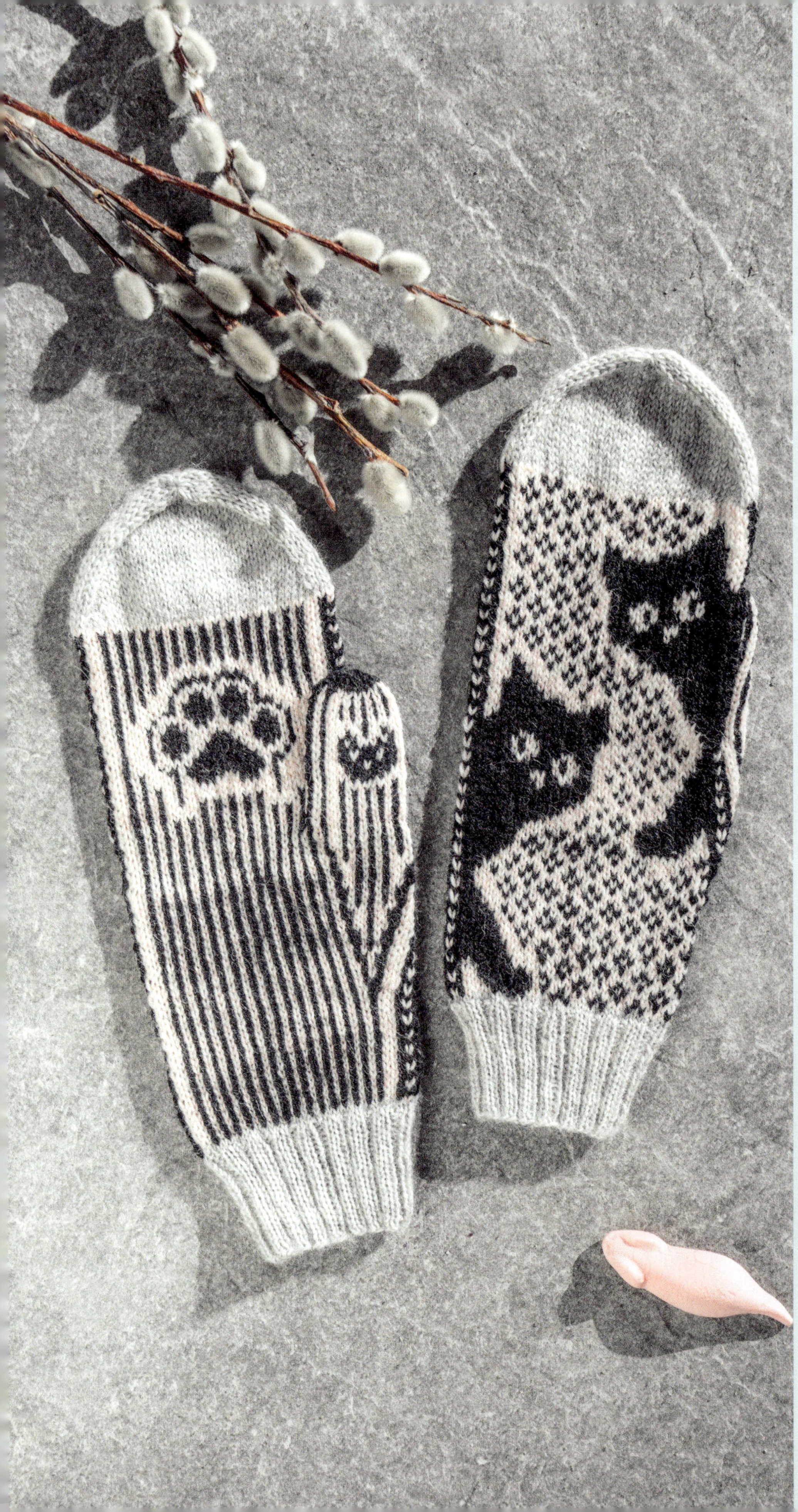

Schwierigkeitsgrad
Fortgeschritten

Größe
Einheitsgröße Damen
Länge: ca. 27 cm einschl. Bündchen
Breite: ca. 9,5 cm
ggf. Nadeln und Garn entsprechend der Maschenprobe anpassen

Material
Lana Grossa - Meilenweit Sockenwolle 4-fädig
(LL: 210 m/50 g)
ca. 20 g Grau (#1346)
ca. 25 g Rosa (#1381)
ca. 25 g Schwarz (#1106)

Nadelspiel Stärke 2–3 (je nachdem wie fest gestrickt wird)

Strickmuster
Bündchen (2 M rechts, 2 M links im Wechsel)
glatt rechts

Maschenprobe
Im Jacquardmuster
ca. 19 M und 18 R = 5 cm x 5 cm

Eine kleine Fotoanleitung für das Stricken der Fäustlinge findest du auch auf Seite 98–100.

Tatzenwärmer

Schlage 64 M in Grau an, verteile diese gleichmäßig auf einem Nadelspiel (16 M je Nd) und schließe zur Rd. Stricke 20 Rd im Bündchenmuster. Stricke nun 1 Rd glatt rechts und nehme dabei gleichmäßig verteilt 8 M zu (72 M). Folge nun der Strickschrift. (ACHTUNG: Für die rechte bzw. linke Hand gibt es jeweils eine eigene Strickschrift!)

Ab Rd 16 wird zusätzlich das Strickmuster »Daumenzwickel« in die grünen Kästchen eingestrickt.

In Rd 38 bis 1 M vor dem Daumenzwickel nach der Strickschrift stricken.
Lege nun die 1 M vor dem Zwickel, die 15 Zwickelmaschen und 1 M nach dem Zwickel auf einem Faden still (17 stillgelegte M).

Tipp: Damit man die Maschen später wieder besser aufnehmen kann, lege ich die Maschen immer auf einem doppelt gelegten Faden still.

Schlage über der Lücke 3 neue M an und stricke weiter nach der Strickschrift.
Nach Beenden der Strickschrift den Faden abschneiden, durch die restlichen M ziehen und vernähen.

DAUMEN

Nehme die 17 stillgelegten M wieder auf. Stricke 13 weitere M aus dem oberen Rand heraus. Verteile die 30 M auf 3 Nd und stricke in Rd nach der Strickschrift »Daumen«. Danach Fäden abschneiden, durch die restlichen M ziehen und vernähen.

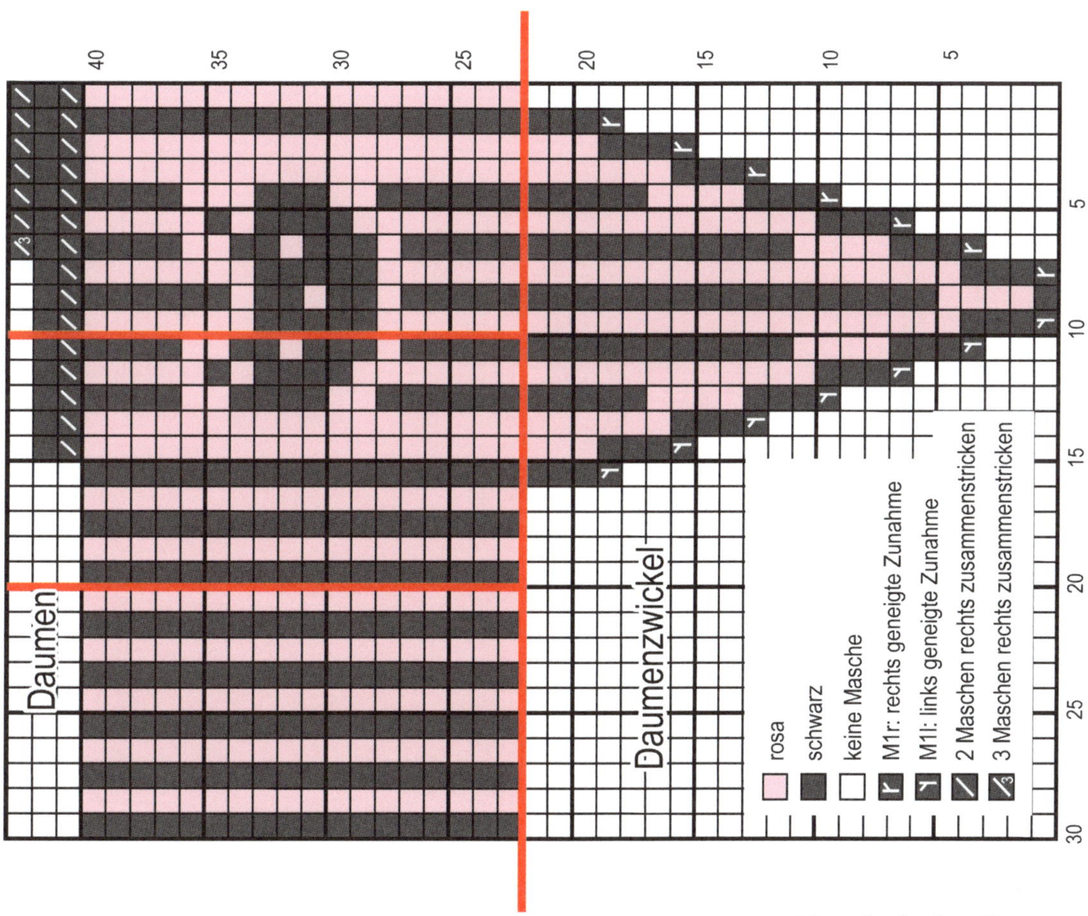

Strickschrift Daumen/Zwickel

Strickschrift linke Hand

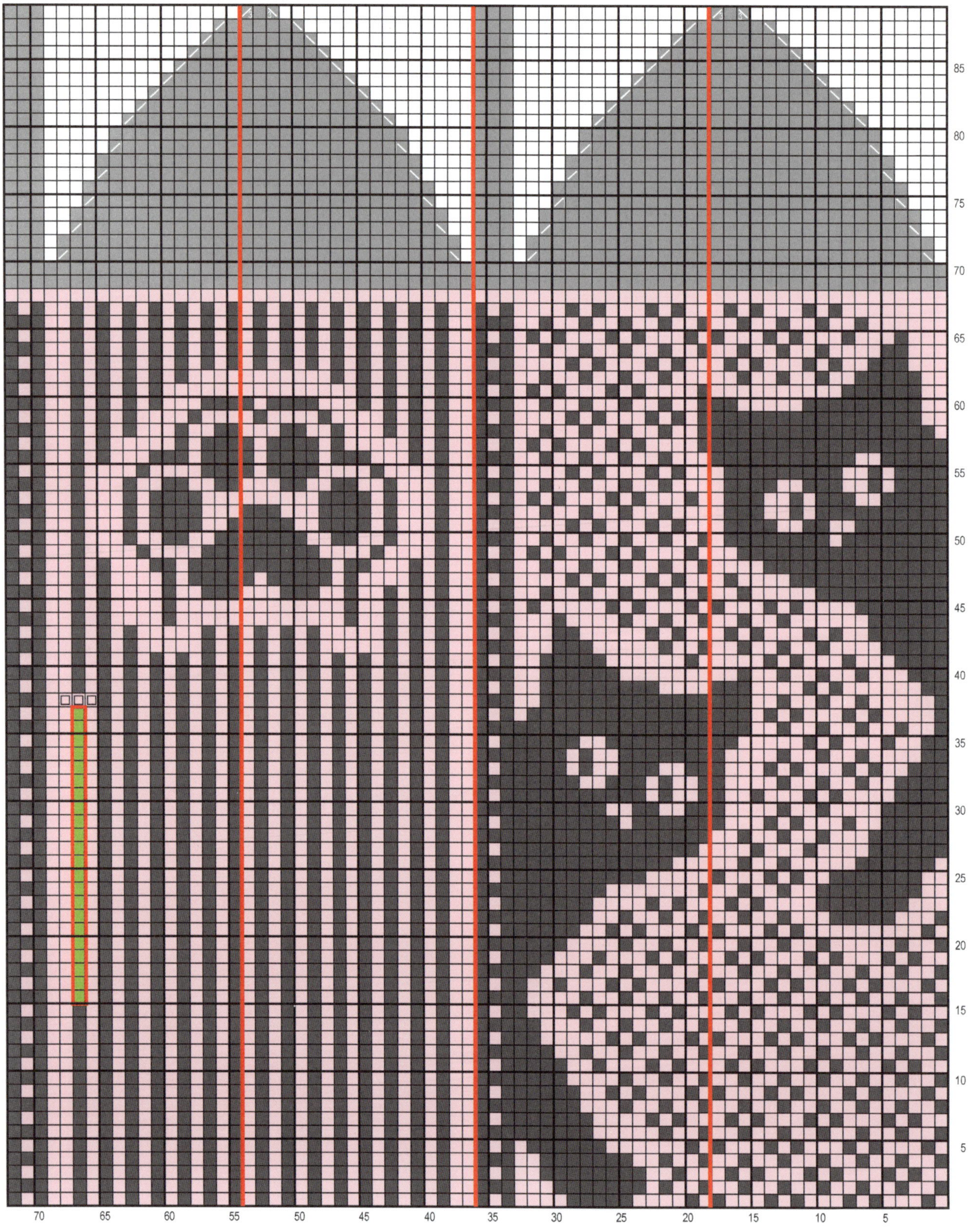

- rosa
- schwarz
- grau
- keine Masche
- 2 Maschen rechts zusammenstricken
- 2 Maschen rechts überzogen zusammenstricken
- 3 Maschen rechts zusammenstricken
- 3 Maschen rechts überzogen zusammenstricken
- neu angeschlagene Maschen (über d. Daumenzwickel)

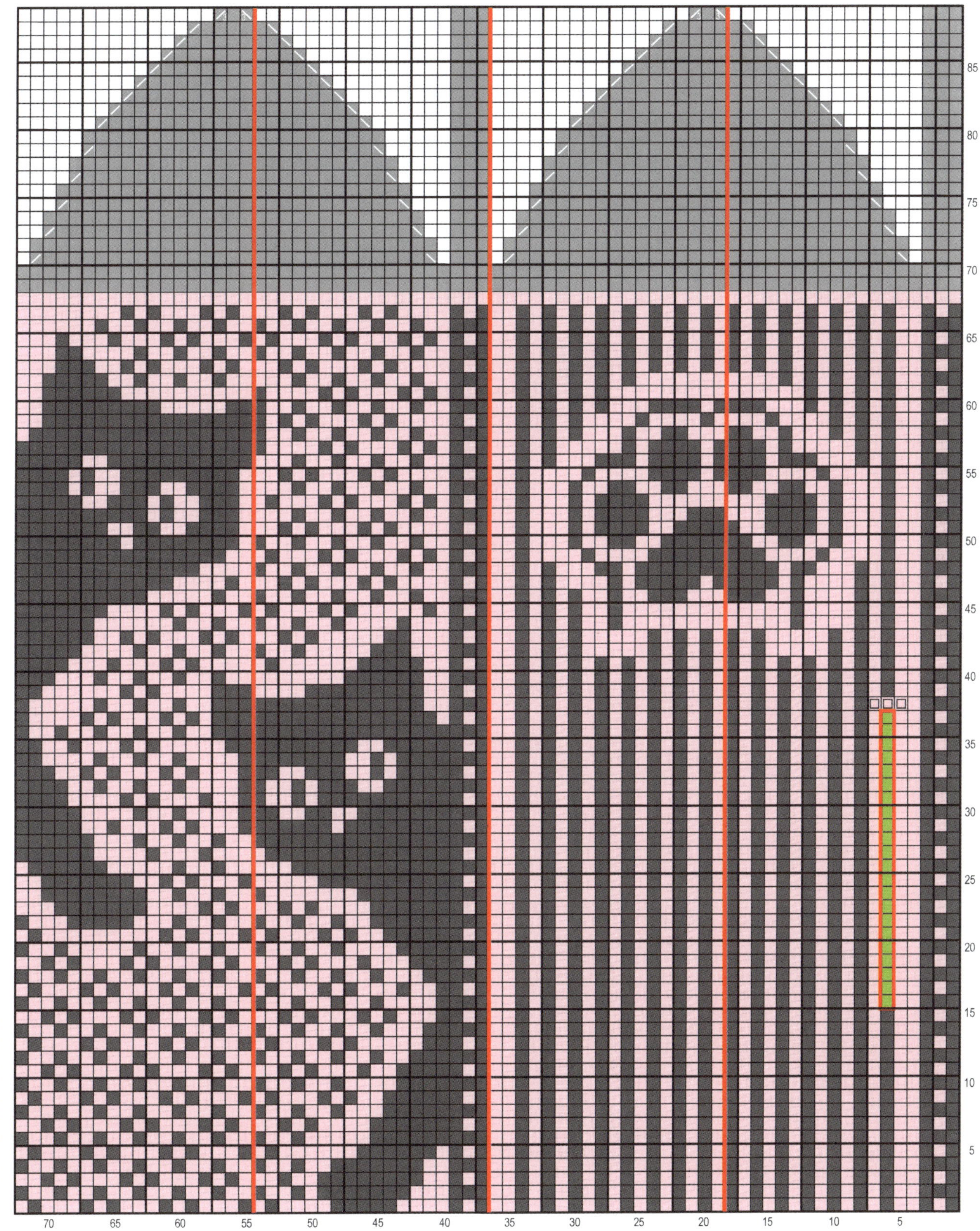

- rosa
- schwarz
- grau
- keine Masche

- 2 Maschen rechts zusammenstricken
- 2 Maschen rechts überzogen zusammenstricken
- 3 Maschen rechts zusammenstricken
- 3 Maschen rechts überzogen zusammenstricken
- neu angeschlagene Maschen (über d. Daumenzwickel)

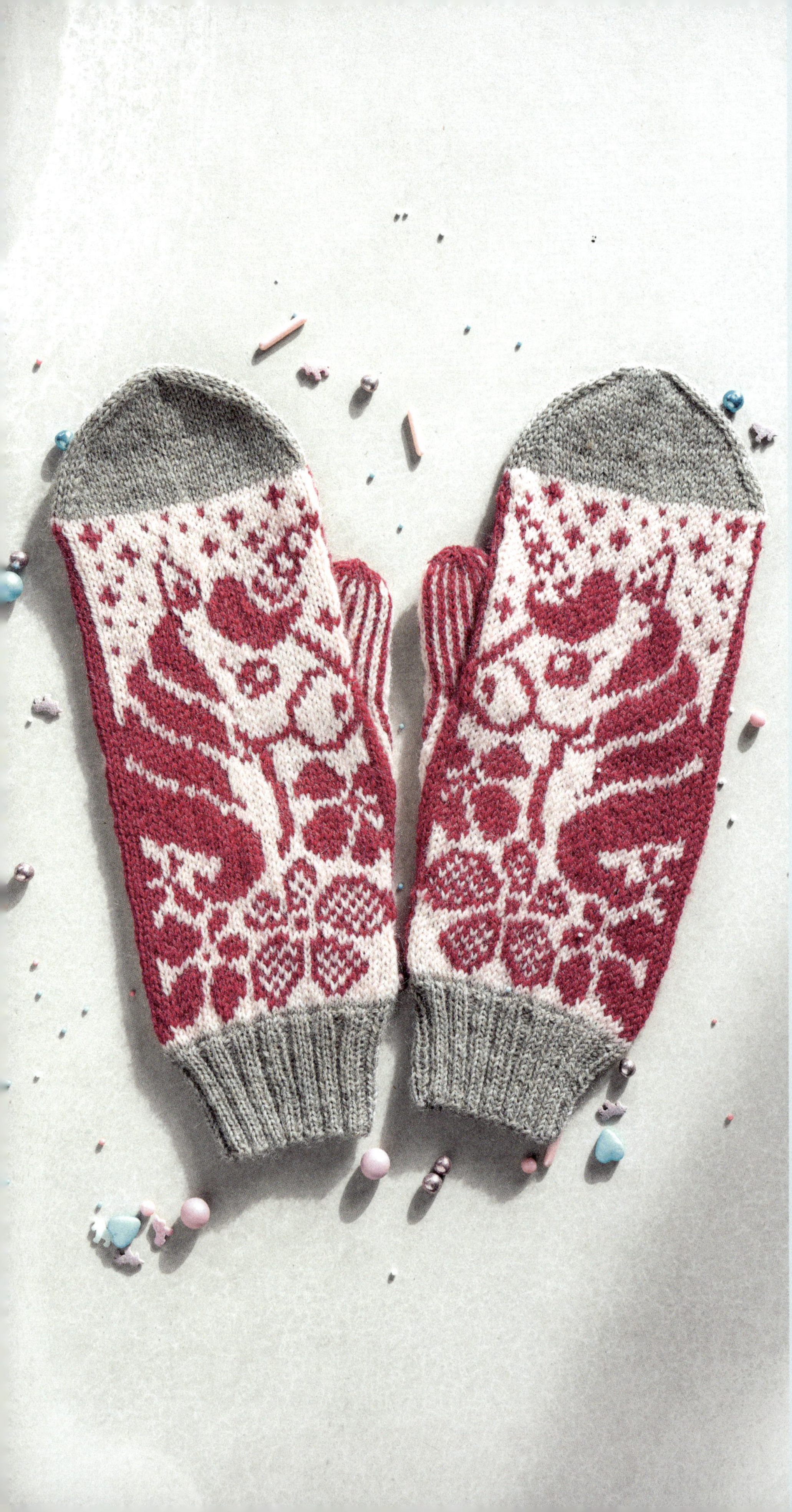

Schwierigkeitsgrad
Fortgeschritten

Größe
Einheitsgröße Damen
Länge: ca. 27 cm einschl. Bündchen
Breite: ca. 9,5 cm
ggf. Nadeln und Garn entsprechend der Maschenprobe anpassen

Material
Lana Grossa – Meilenweit, Sockenwolle 4-fädig
(LL: 210 m/50 g)
ca. 20 g Rosa (#1381)
Regia Sockenwolle 4-fädig
(LL: 210 m/50 g)
ca. 20 g Fuchsia (#01051)
ca. 20 g Grau/Leinen (#02143)

Nadelspiel Stärke 2–3 (je nachdem wie fest gestrickt wird)

Strickmuster
Bündchen (2 M rechts, 2 M links im Wechsel)
glatt rechts

Maschenprobe
Im Jacquardmuster
ca. 19 M und 18 R = 5 cm x 5 cm

Eine kleine Fotoanleitung für das Stricken der Fäustlinge findest du auch auf Seite 98–100.

Unicorn

Schlage 64 M in Grau/Leinen an, verteile diese gleichmäßig auf einem Nadelspiel (16 M je Nd) und schließe zur Rd.
Stricke 20 Rd im Bündchenmuster.
Stricke nun 1 Rd glatt rechts und nehme dabei gleichmäßig verteilt 8 M zu (72 M).
Folge nun der Strickschrift. (ACHTUNG: Für die rechte bzw. linke Hand gibt es jeweils eine eigene Strickschrift!)

Ab Rd 16 wird zusätzlich das Strickmuster »Daumenzwickel« in die grünen Kästchen eingestrickt.

In Rd 38 bis 1 M vor dem Daumenzwickel nach der Strickschrift stricken.
Lege nun die 1 M vor dem Zwickel, die 15 Zwickelmaschen und 1 M nach dem Zwickel auf einem Faden still (17 stillgelegte M).

Tipp: Damit man die Maschen später wieder besser aufnehmen kann, lege ich die Maschen immer auf einem doppelt gelegten Faden still.

Schlage über der Lücke 3 neue M an und stricke weiter nach der Strickschrift.
Nach Beenden der Strickschrift den Faden abschneiden, durch die restlichen M ziehen und vernähen.

DAUMEN

Nehme die 17 stillgelegten M wieder auf. Stricke 13 weitere M aus dem oberen Rand heraus. Verteile die 30 M auf 3 Nd und stricke in Rd nach der Strickschrift »Daumen«. Danach Fäden abschneiden, durch die übrigen M ziehen und vernähen.

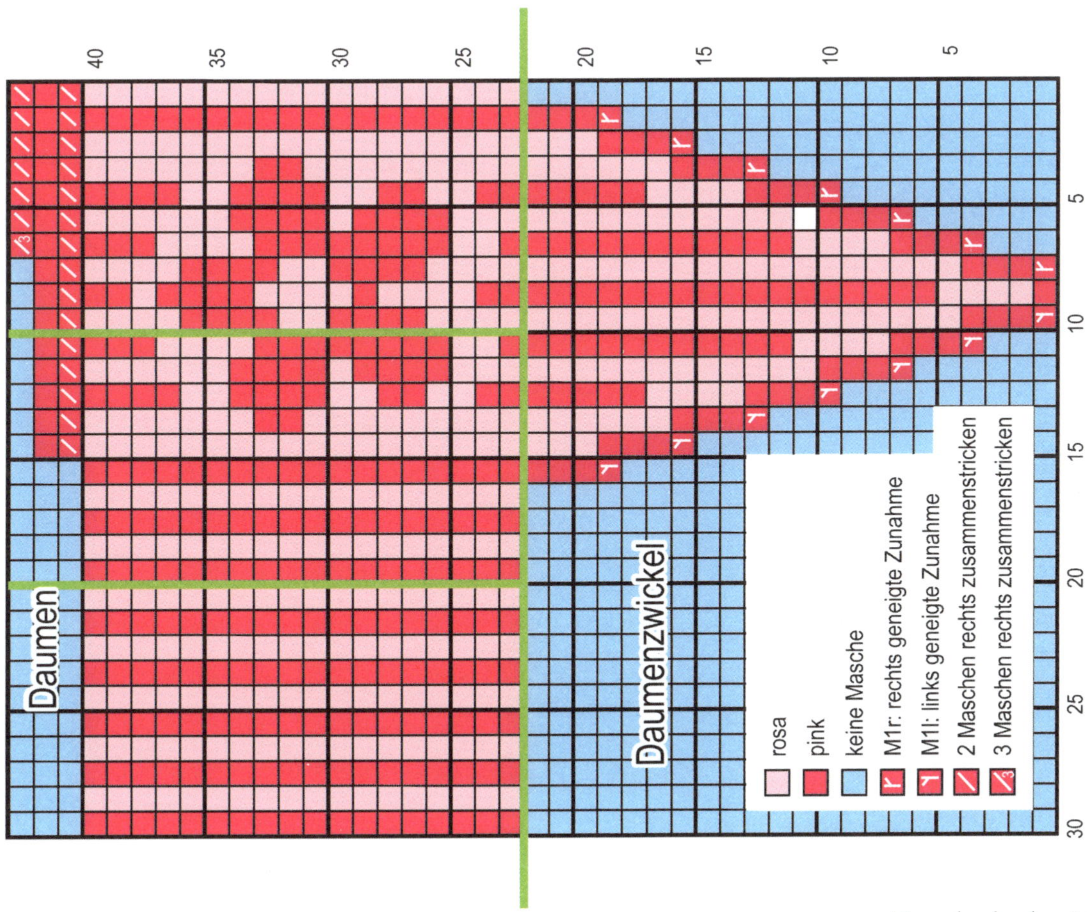

Strickschrift Daumen/Zwickel

Strickschrift linke Hand

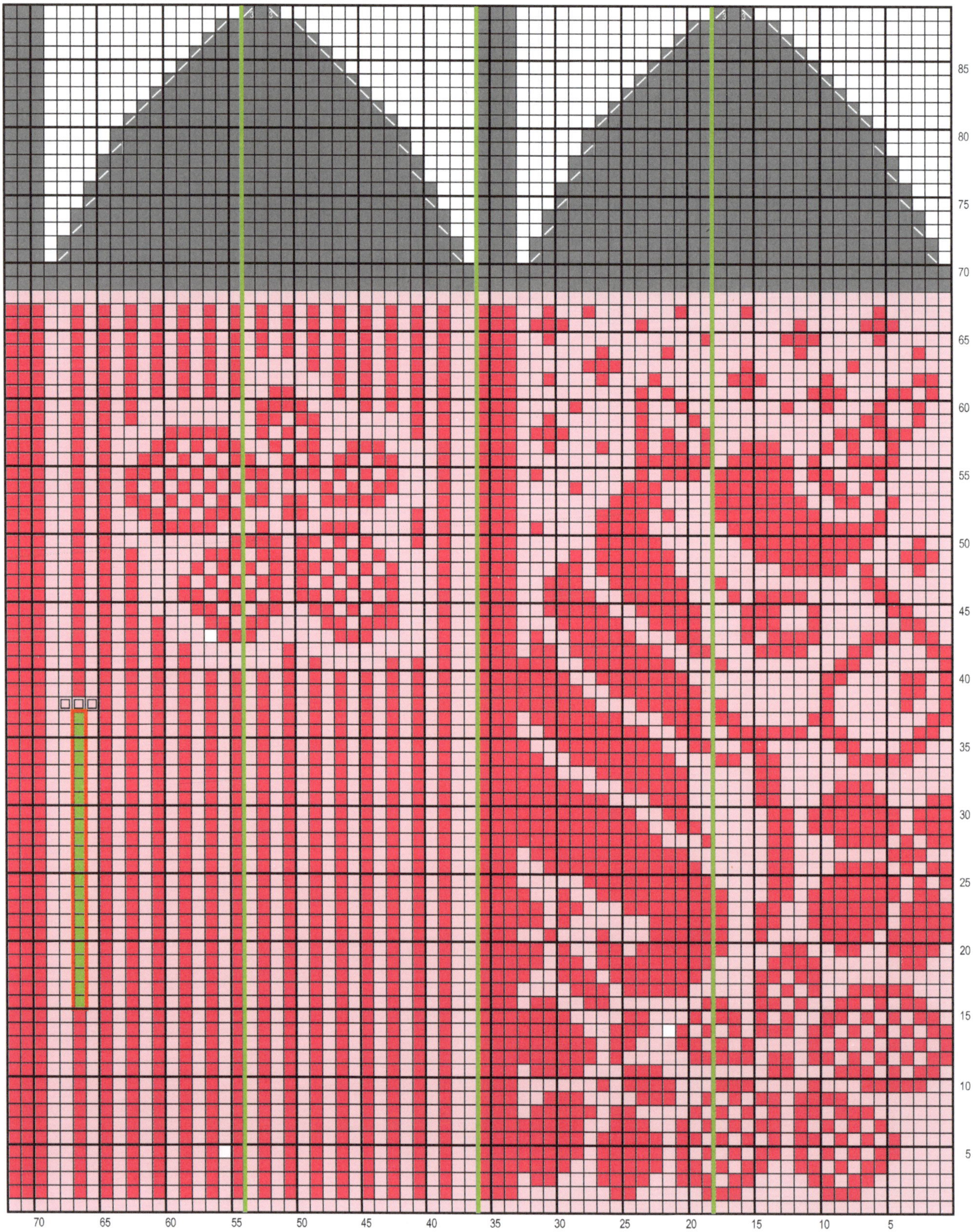

- rosa
- pink
- grau
- keine Masche
- 2 Maschen rechts zusammenstricken
- 2 Maschen rechts überzogen zusammenstricken
- 3 Maschen rechts zusammenstricken
- 3 Maschen rechts überzogen zusammenstricken
- neu angeschlagene Maschen (über d. Daumenzwickel)

Strickschrift rechte Hand

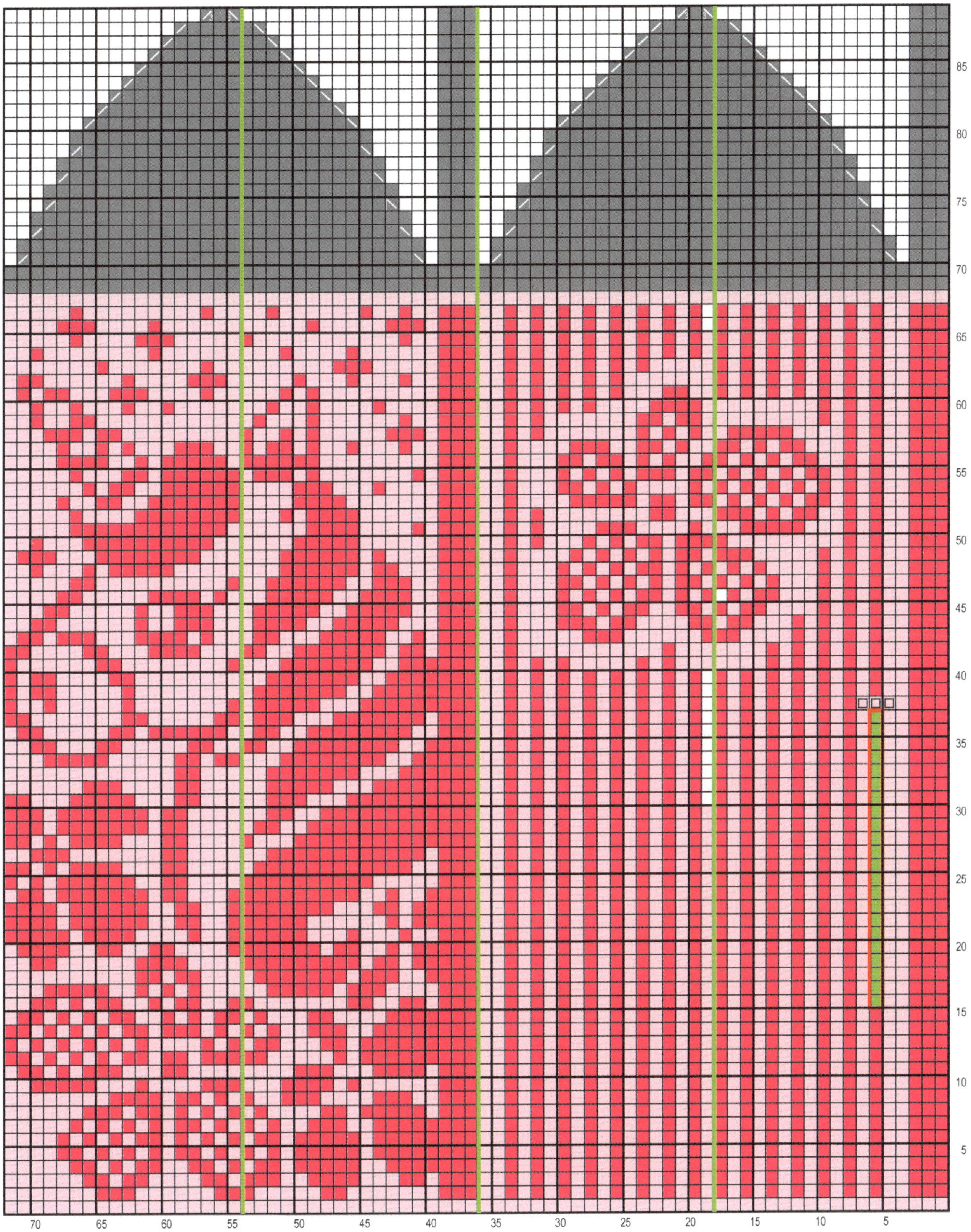

rosa

pink

grau

keine Masche

2 Maschen rechts zusammenstricken

2 Maschen rechts überzogen zusammenstricken

3 Maschen rechts zusammenstricken

3 Maschen rechts überzogen zusammenstricken

neu angeschlagene Maschen (über d. Daumenzwickel)

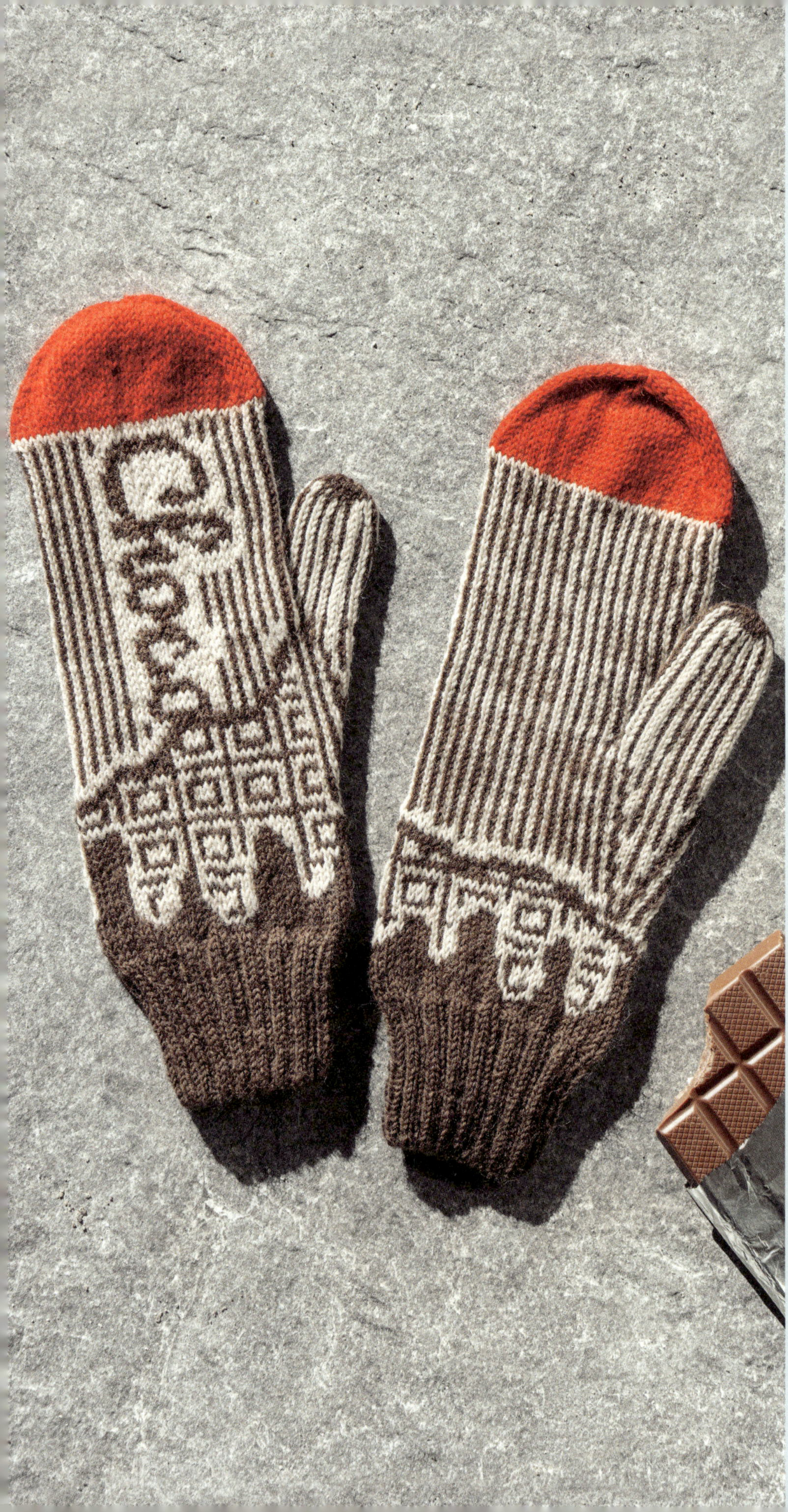

Schwierigkeitsgrad
Fortgeschritten

Größe
Einheitsgröße Damen
Länge: ca. 27,5 cm einschl. Bündchen
Breite: ca. 9,5 cm
ggf. Nadeln und Garn entsprechend der Maschenprobe anpassen

Material
Regia Sockenwolle 4-fädig (LL: 210 m/50 g)
ca. 25 g Beige/Hellkamel (#00017)
ca. 30 g Braun (#2903)
ca. 10 g Rot/Kirsche (#02002)

Nadelspiel Stärke 2–3 (je nachdem wie fest gestrickt wird)

Strickmuster
Bündchen (2 M rechts, 2 M links im Wechsel)
glatt rechts

Maschenprobe
Im Jacquardmuster
ca. 19 M und 18 R = 5 cm x 5 cm

Eine kleine Fotoanleitung für das Stricken der Fäustlinge findest du auch auf Seite 98–100.

Chocolate

Schlage 64 M in Braun an, verteile diese gleichmäßig auf einem Nadelspiel (16 M je Nd) und schließe zur Rd. Stricke 20 Rd im Bündchenmuster.
Stricke nun 1 Rd glatt rechts und nehme dabei gleichmäßig verteilt 8 M zu (72 M).
Folge nun der Strickschrift. (ACHTUNG: Für die rechte bzw. linke Hand gibt es jeweils eine eigene Strickschrift!)

Ab Rd 16 wird zusätzlich das Strickmuster »Daumenzwickel« in die grünen Kästchen eingestrickt.

In Rd 38 bis 1 M vor dem Daumenzwickel nach der Strickschrift stricken.
Lege nun die 1 M vor dem Zwickel, die 15 Zwickelmaschen und 1 M nach dem Zwickel auf einem Faden still (17 stillgelegte M).

Tipp: Damit man die Maschen später wieder besser aufnehmen kann, lege ich die Maschen immer auf einem doppelt gelegten Faden still.

Schlage über der Lücke 3 neue M an und stricke weiter nach der Strickschrift.
Nach Beenden der Strickschrift den Faden abschneiden, durch die restlichen M ziehen und vernähen.

DAUMEN

Nehme die 17 stillgelegten M wieder auf. Stricke 13 weitere M aus dem oberen Rand heraus. Verteile die 30 M auf 3 Nd und stricke in Rd nach der Strickschrift »Daumen«. Danach Fäden abschneiden, durch die übrigen M ziehen und vernähen.

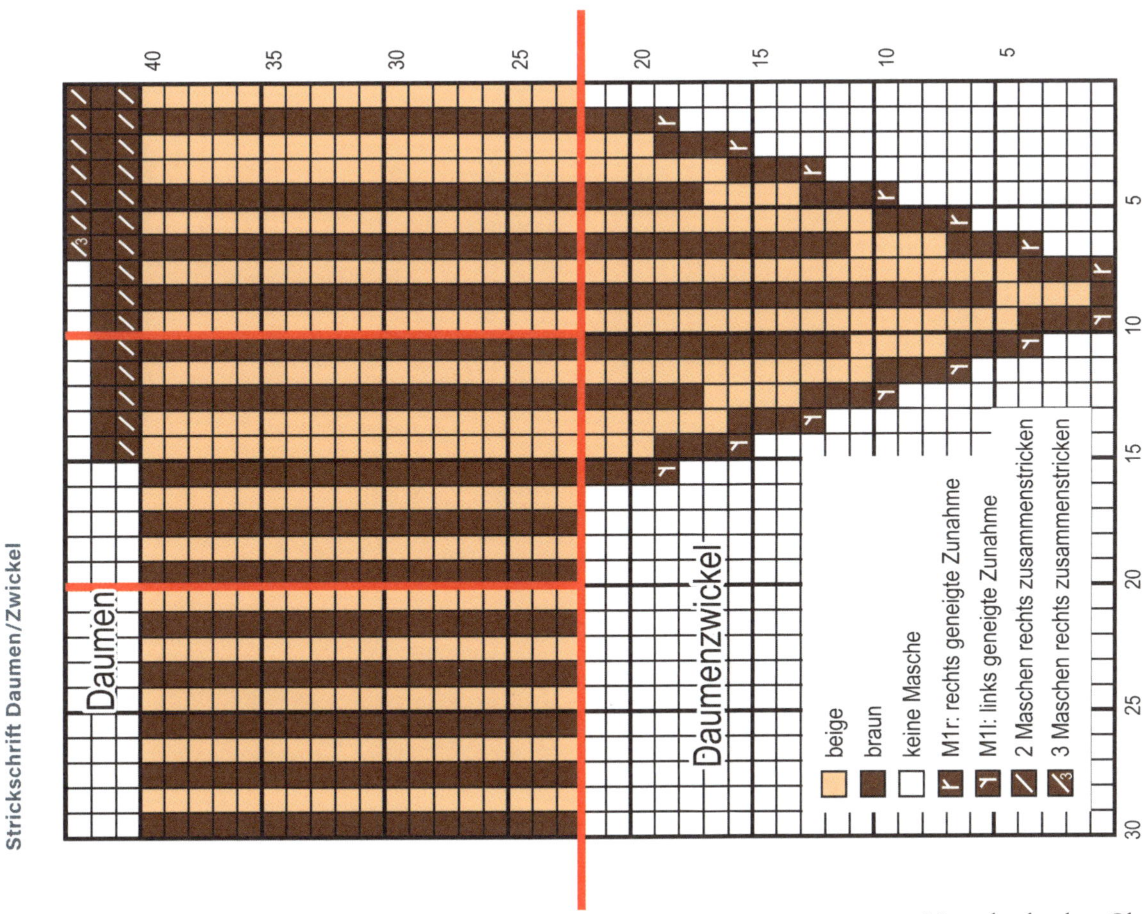

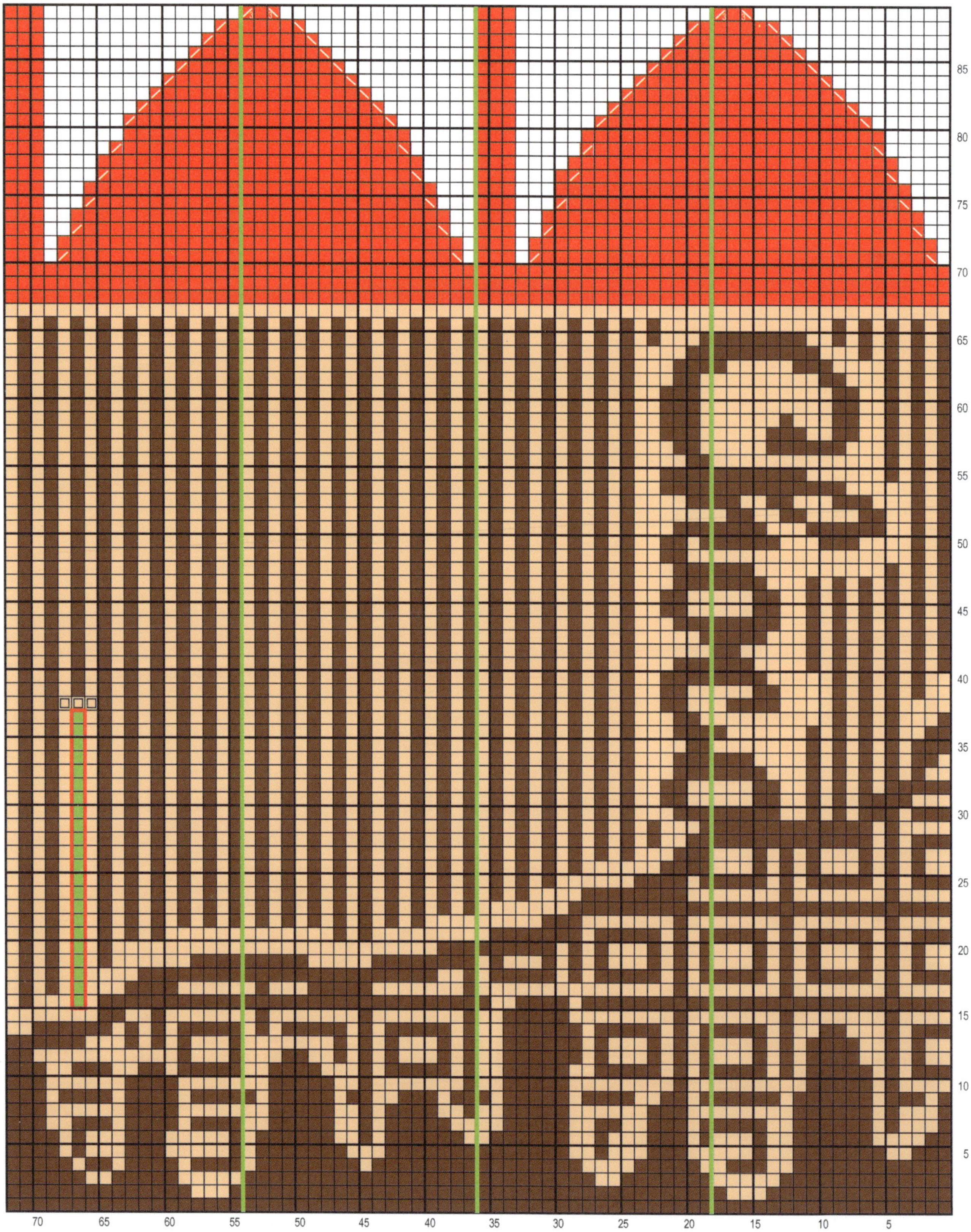

Strickschrift linke Hand

- beige
- braun
- rot
- keine Masche
- 2 Maschen rechts zusammenstricken
- 2 Maschen rechts überzogen zusammenstricken
- 3 Maschen rechts zusammenstricken
- 3 Maschen rechts überzogen zusammenstricken
- neu angeschlagene Maschen (über d. Daumenzwickel)

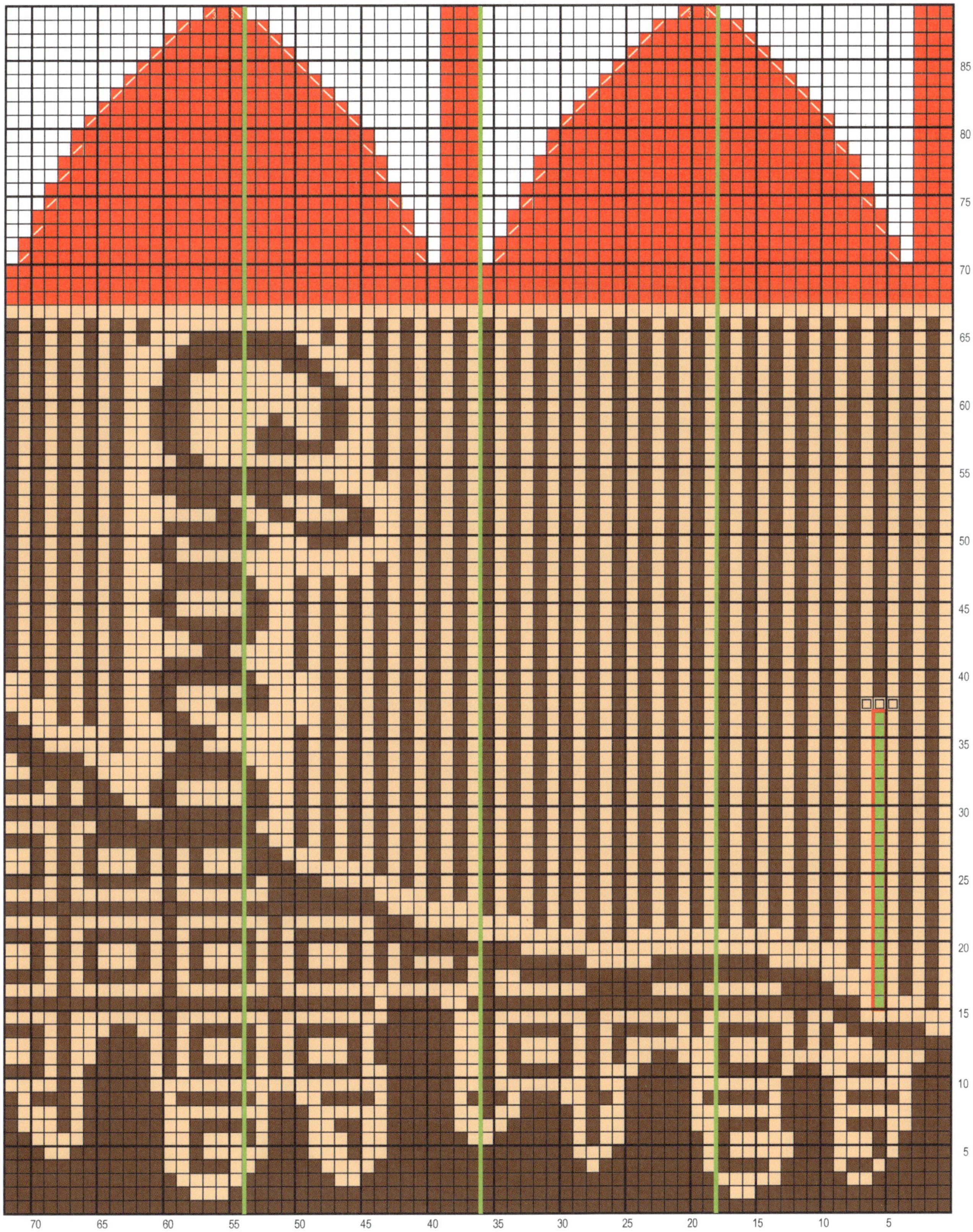

- beige
- braun
- rot
- keine Masche

- 2 Maschen rechts zusammenstricken
- 2 Maschen rechts überzogen zusammenstricken
- 3 Maschen rechts zusammenstricken
- 3 Maschen rechts überzogen zusammenstricken
- neu angeschlagene Maschen (über d. Daumenzwickel)

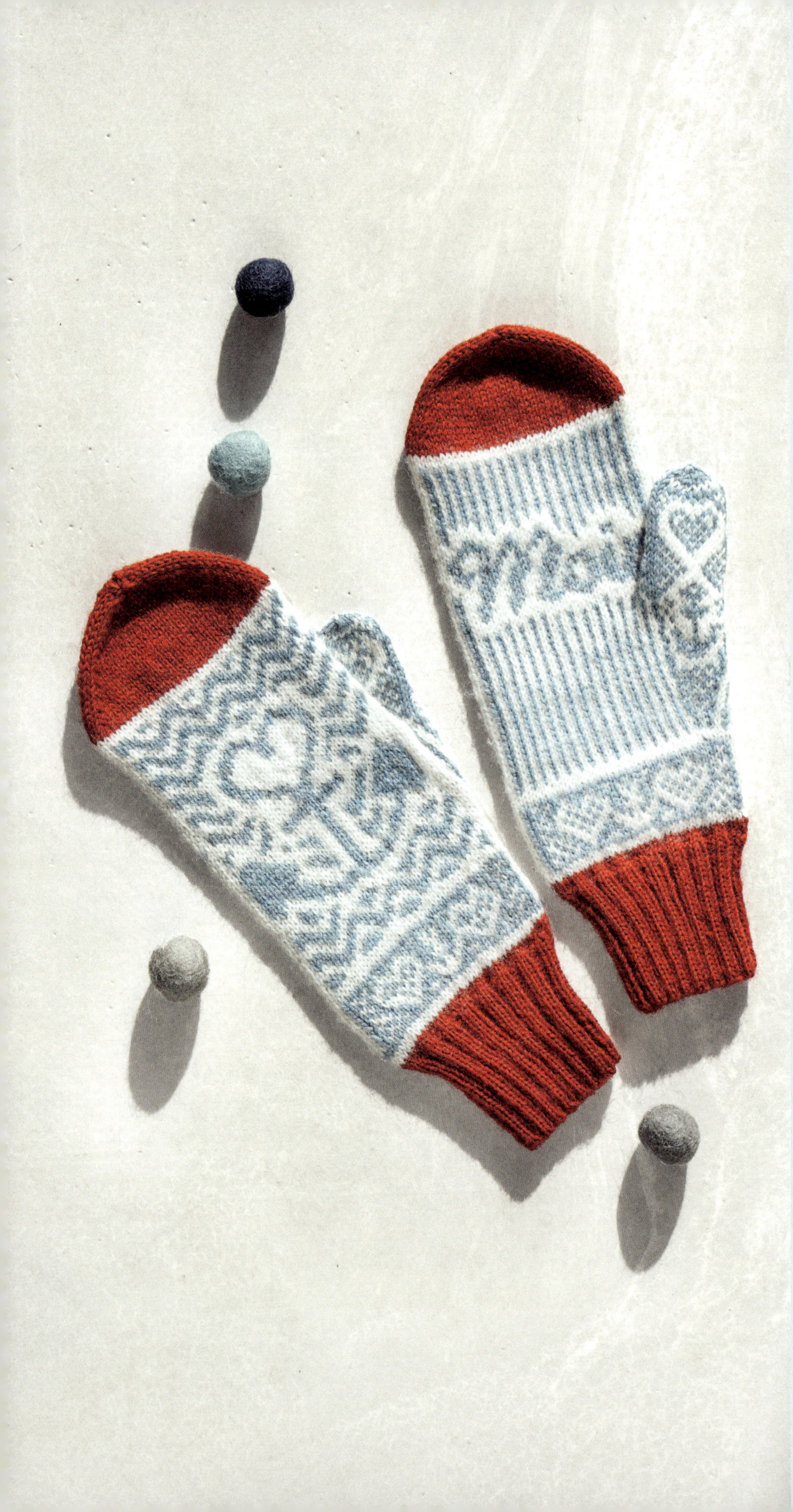

Schwierigkeitsgrad
Fortgeschritten

Größe
Einheitsgröße Damen
Länge: ca. 26,5 cm einschl. Bündchen
Breite: ca. 9,5 cm
ggf. Nadeln und Garn entsprechend der Maschenprobe anpassen

Material
Sockenwolle 4-fädig
(LL: 210 m/50 g) Regia
ca. 15 g Rot/Kirsche (#02002)
ca. 25 g Graublau/Cloud meliert (01844)
ca. 25 g Superweiß (#02080)

Nadelspiel Stärke 2–3 (je nachdem wie fest gestrickt wird)

Strickmuster
Bündchen (2 M rechts, 2 M links im Wechsel)
glatt rechts

Maschenprobe
Im Jacquardmuster
ca. 19 M und 18 R = 5 cm x 5 cm

Eine kleine Fotoanleitung für das Stricken der Fäustlinge findest du auch auf Seite 98–100.

Moin Moin

Schlage 64 M in Rot/Kirsche an, verteile diese gleichmäßig auf einem Nadelspiel (16 M je Nd) und schließe zur Rd. Stricke 20 Rd im Bündchenmuster.
Stricke nun 1 Rd glatt rechts und nehme dabei gleichmäßig verteilt 8 M zu (72 M).
Folge nun der Strickschrift. (ACHTUNG: Für die rechte bzw. linke Hand gibt es jeweils eine eigene Strickschrift!)

Ab Rd 16 wird zusätzlich das Strickmuster »Daumenzwickel« in die grünen Kästchen eingestrickt.

In Rd 38 bis 1 M vor dem Daumenzwickel nach der Strickschrift stricken.
Lege nun die 1 M vor dem Zwickel, die 15 Zwickelmaschen und 1 M nach dem Zwickel auf einem Faden still (17 stillgelegte M).

Tipp: Damit man die Maschen später wieder besser aufnehmen kann, lege ich die Maschen immer auf einem doppelt gelegten Faden still.

Schlage über der Lücke 3 neue M an und stricke weiter nach der Strickschrift.
Nach Beenden der Strickschrift den Faden abschneiden, durch die restlichen M ziehen und vernähen.

DAUMEN

Nehme die 17 stillgelegten M wieder auf. Stricke 13 weitere M aus dem oberen Rand heraus. Verteile die 30 M auf 3 Nd und stricke in Rd nach der Strickschrift »Daumen«. Danach Fäden abschneiden, durch die übrigen M ziehen und vernähen.

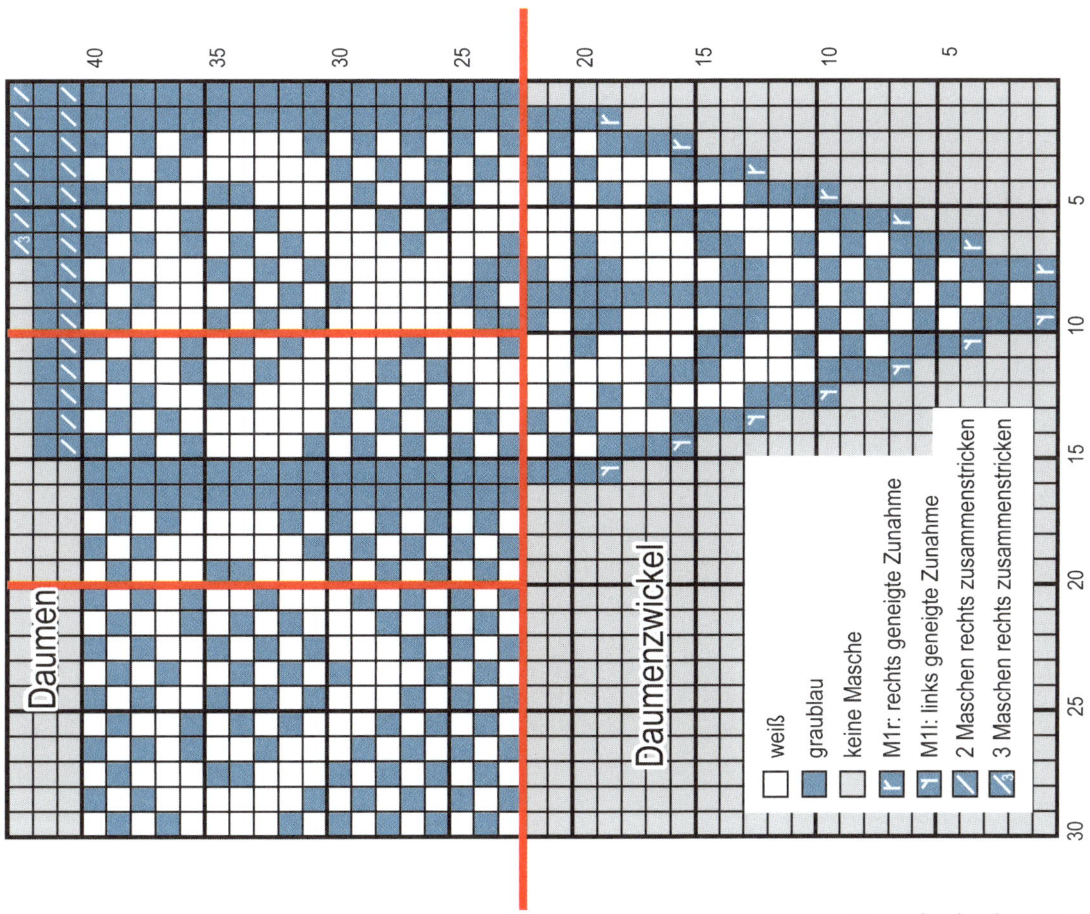

Strickschrift Daumen/Zwickel

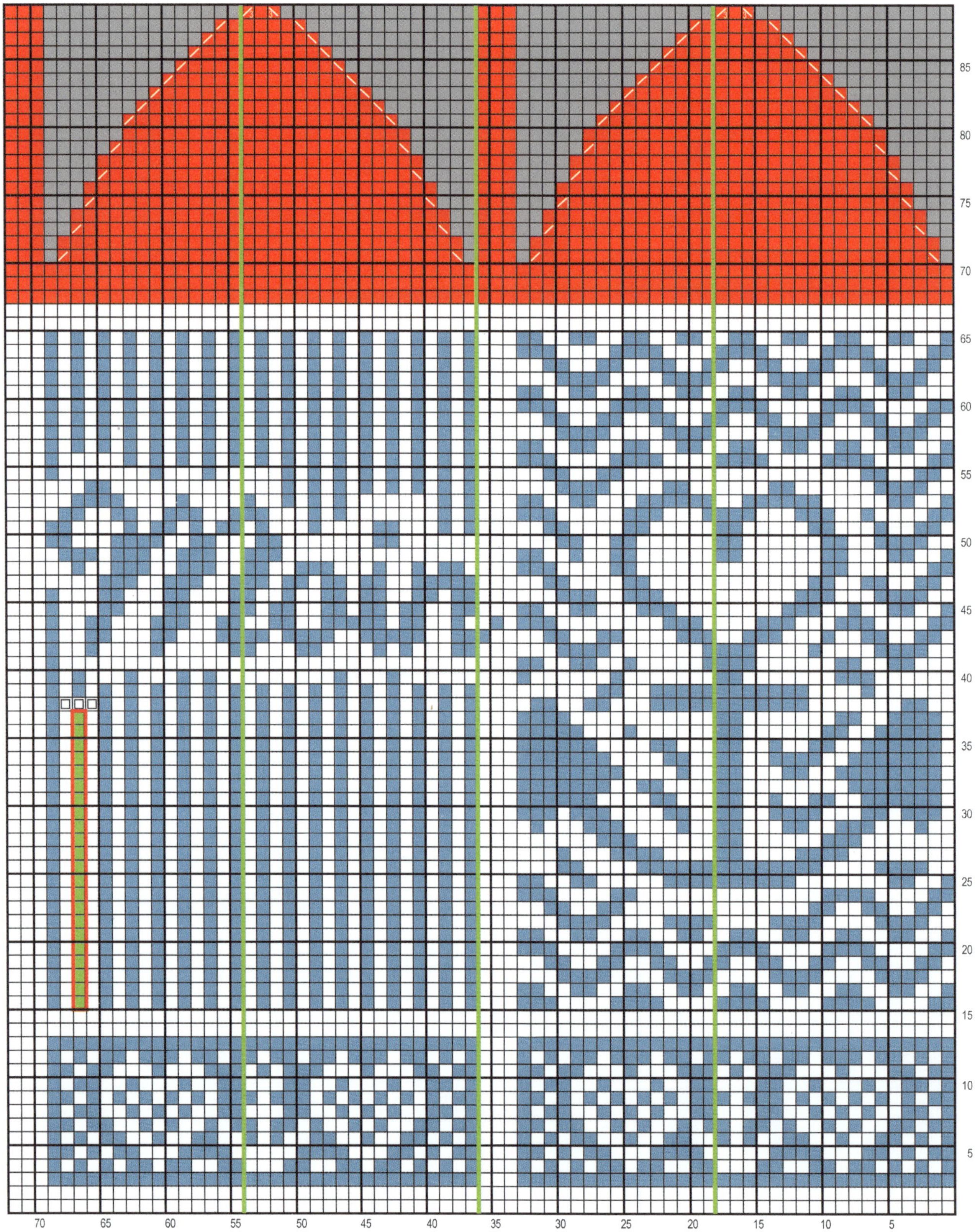

Strickschrift linke Hand

- weiß
- graublau
- rot
- keine Masche
- 2 Maschen rechts zusammenstricken
- 2 Maschen rechts überzogen zusammenstricken
- 3 Maschen rechts zusammenstricken
- 3 Maschen rechts überzogen zusammenstricken
- neu angeschlagene Maschen (über d. Daumenzwickel)

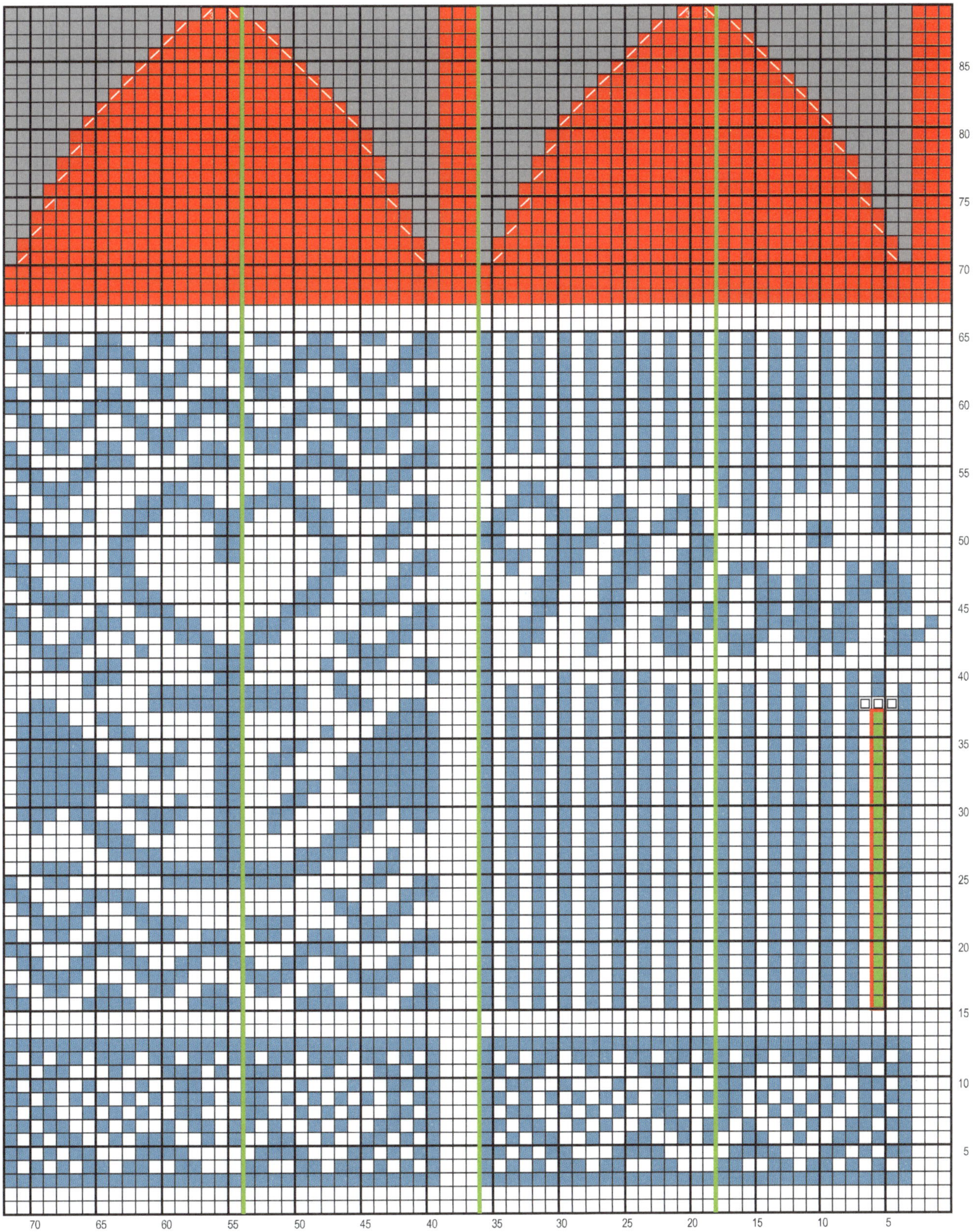

- weiß
- graublau
- rot
- keine Masche
- 2 Maschen rechts zusammenstricken
- 2 Maschen rechts überzogen zusammenstricken
- 3 Maschen rechts zusammenstricken
- 3 Maschen rechts überzogen zusammenstricken
- neu angeschlagene Maschen (über d. Daumenzwickel)

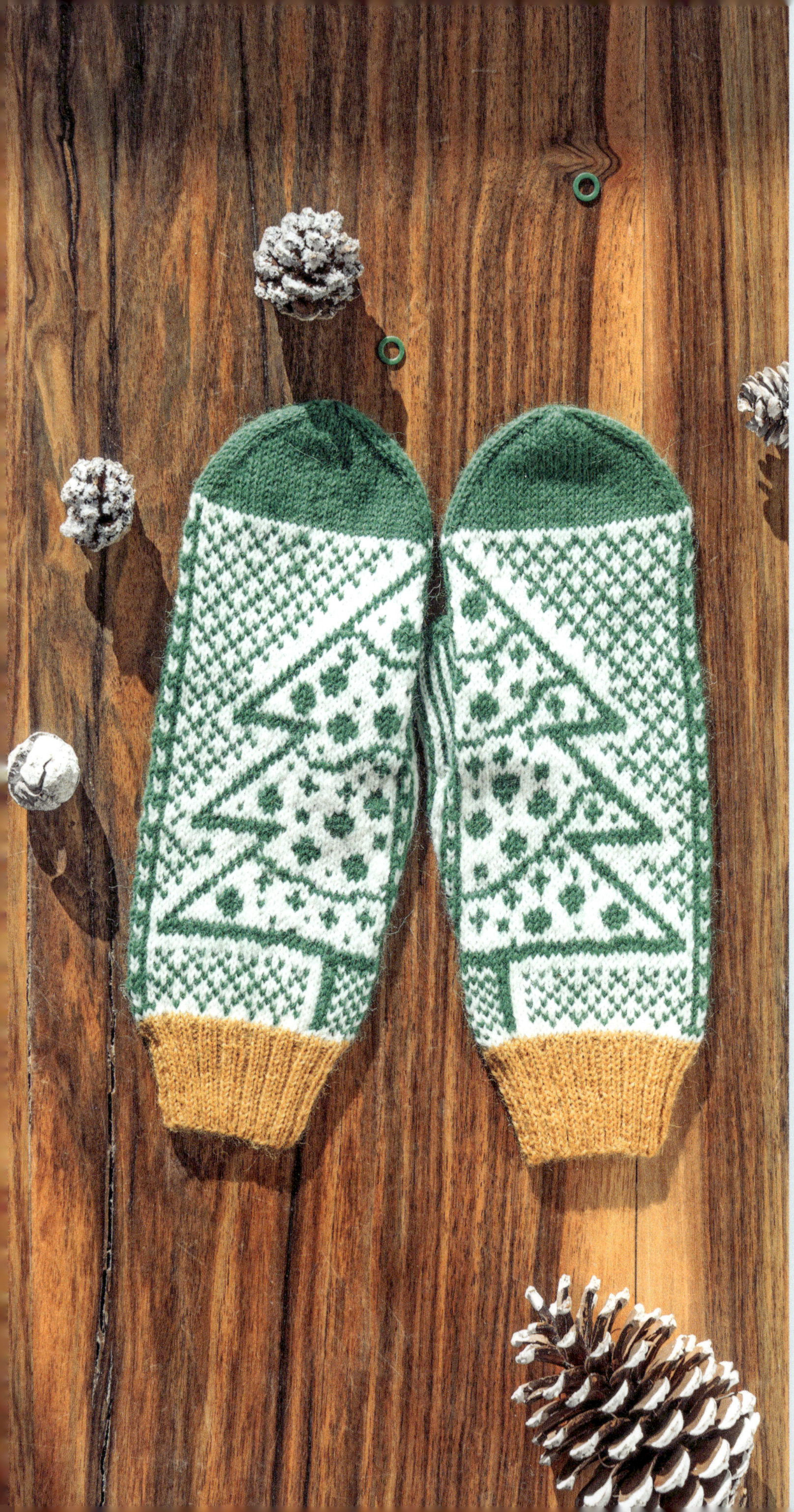

Schwierigkeitsgrad
Fortgeschritten

Größe
Einheitsgröße Damen
Länge: ca. 26,5 cm einschl. Bündchen
Breite: ca. 9,5 cm
ggf. Nadeln und Garn entsprechend der Maschenprobe anpassen

Material
Opal Sockenwolle 4-fädig (LL: 210 m/50 g)
ca. 30 g Grasgrün (#1990)
ca. 25 g Weiß (#2620)
Drops Fabel Sockenwolle 4-fädig (LL: 210 m/50 g)
ca. 10 g Senf (#111)

Nadelspiel Stärke 2–3 (je nachdem wie fest gestrickt wird)

Strickmuster
Bündchen (2 M rechts, 2 M links im Wechsel)
glatt rechts

Maschenprobe
Im Jacquardmuster
ca. 19 M und 18 R = 5 cm x 5 cm

Eine kleine Fotoanleitung für das Stricken der Fäustlinge findest du auch auf Seite 98–100.

Tannenbaum

Schlage 64 M in Senf an, verteile diese gleichmäßig auf einem Nadelspiel (16 M je Nd) und schließe zur Rd. Stricke 20 Rd im Bündchenmuster.
Stricke nun 1 Rd glatt rechts und nehme dabei gleichmäßig verteilt 8 M zu (72 M).
Folge nun der Strickschrift. (ACHTUNG: Für die rechte bzw. linke Hand gibt es jeweils eine eigene Strickschrift!)

Ab Rd 16 wird zusätzlich das Strickmuster »Daumenzwickel« in die orangenen Kästchen eingestrickt.

In Rd 38 bis 1 Masche vor dem Daumenzwickel nach der Strickschrift stricken.
Lege nun die 1 M vor dem Zwickel, die 15 Zwickelmaschen und 1 M nach dem Zwickel auf einem Faden still (17 stillgelegte M).

Tipp: Damit man die Maschen später wieder besser aufnehmen kann, lege ich die Maschen immer auf einem doppelt gelegten Faden still.

Schlage über der Lücke 3 neue M an und stricke weiter nach der Strickschrift.
Nach Beenden der Strickschrift den Faden abschneiden, durch die restlichen M ziehen und vernähen.

DAUMEN

Nehme die 17 stillgelegten M wieder auf. Stricke 13 weitere M aus dem oberen Rand heraus. Verteile die 30 M auf 3 Nd und stricke in Rd nach der Strickschrift »Daumen«. Danach Fäden abschneiden, durch die übrigen M ziehen und vernähen.

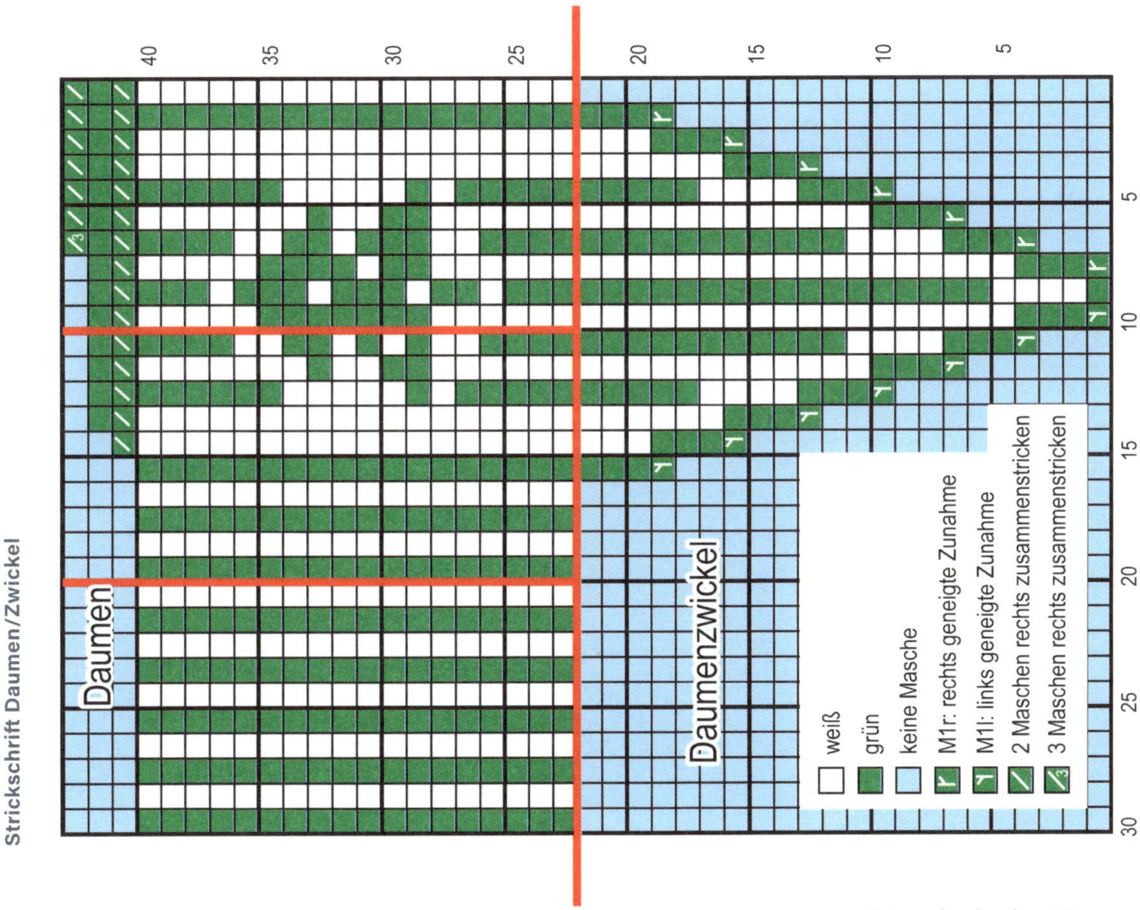

Strickschrift linke Hand

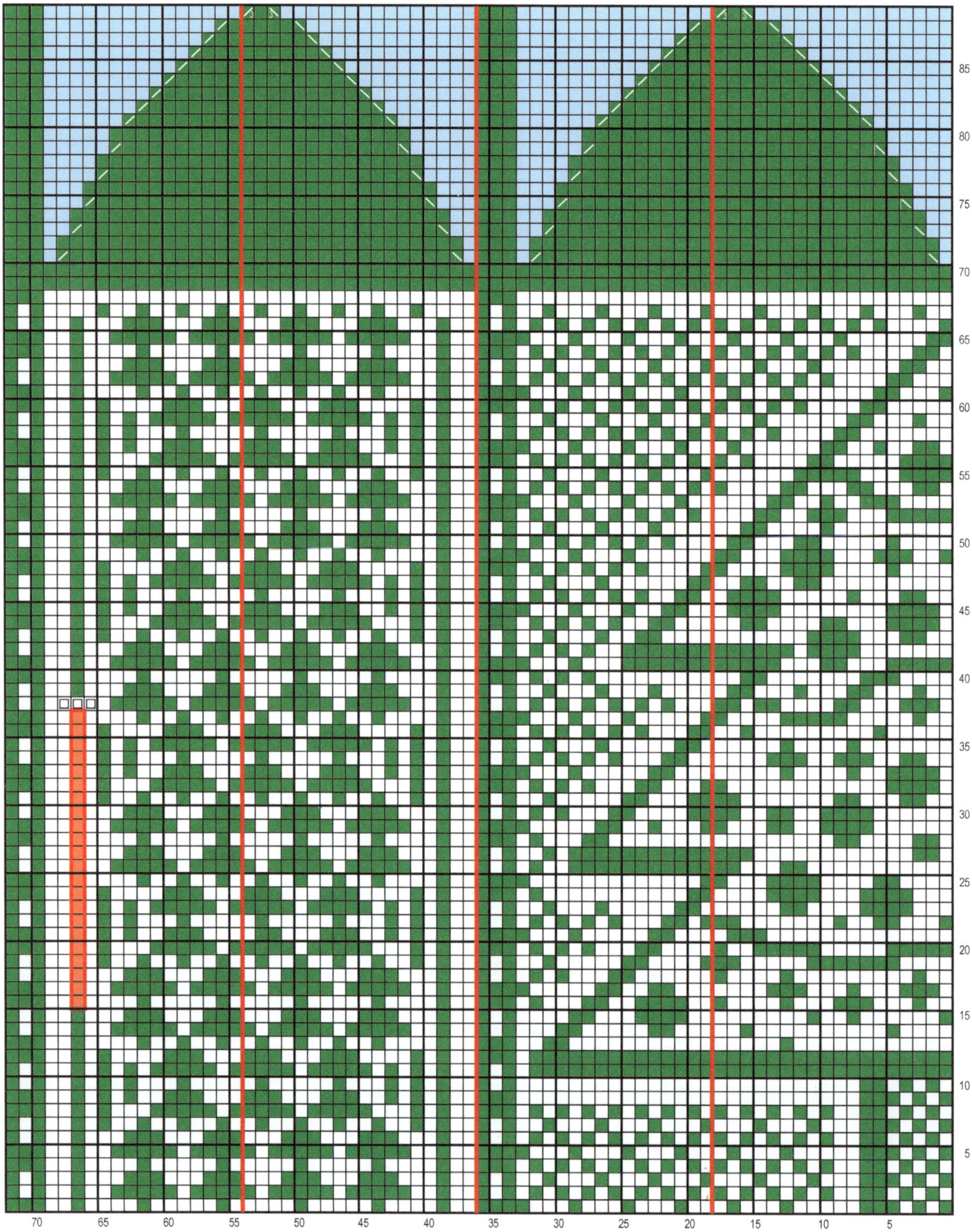

- weiß
- grün
- keine Masche
- 2 Maschen rechts zusammenstricken
- 2 Maschen rechts überzogen zusammenstricken
- 3 Maschen rechts zusammenstricken
- 3 Maschen rechts überzogen zusammenstricken
- neu angeschlagene Maschen (über d. Daumenzwickel)

Strickschrift rechte Hand

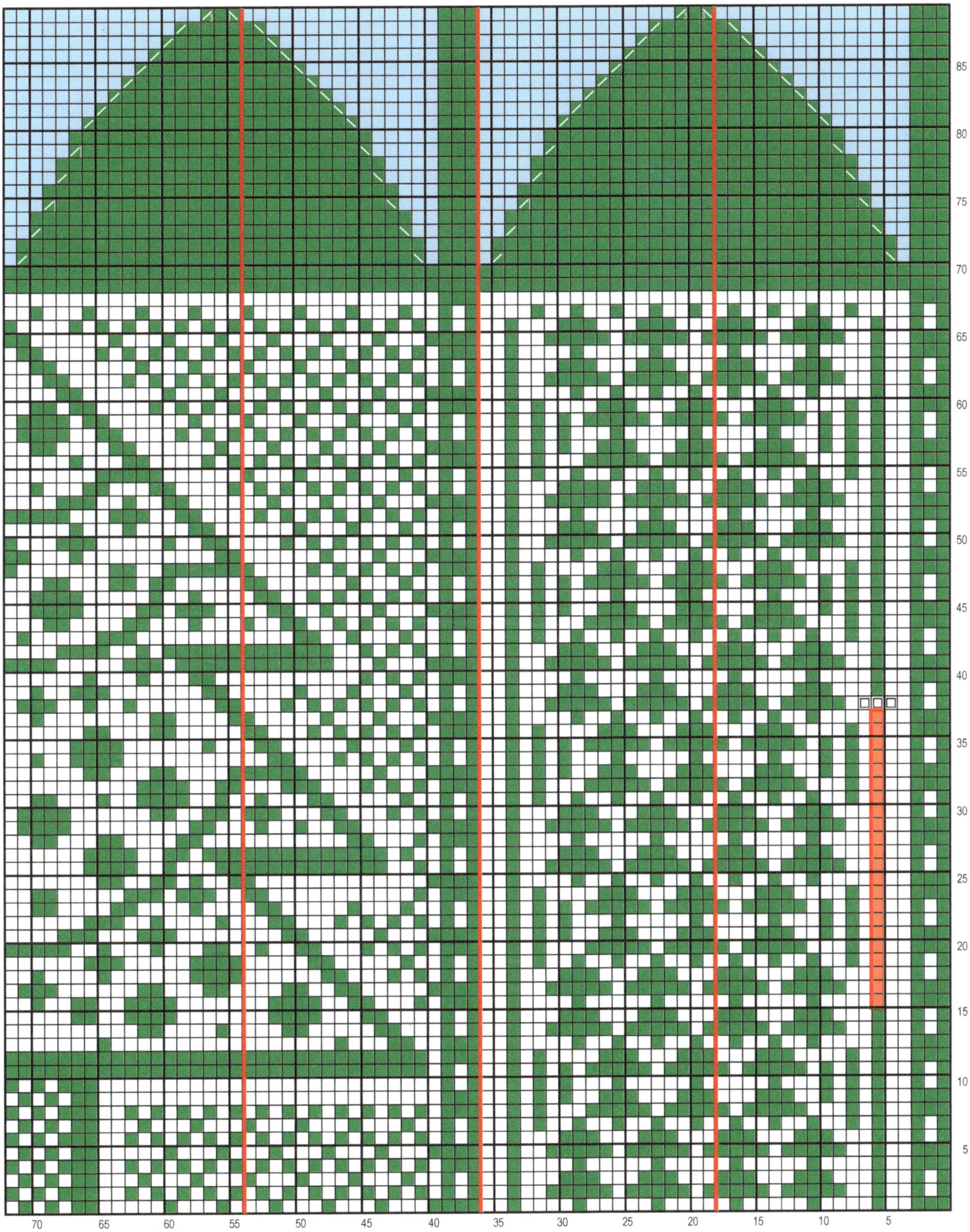

- weiß
- grün
- keine Masche
- 2 Maschen rechts zusammenstricken
- 2 Maschen rechts überzogen zusammenstricken
- 3 Maschen rechts zusammenstricken
- 3 Maschen rechts überzogen zusammenstricken
- neu angeschlagene Maschen (über d. Daumenzwickel)

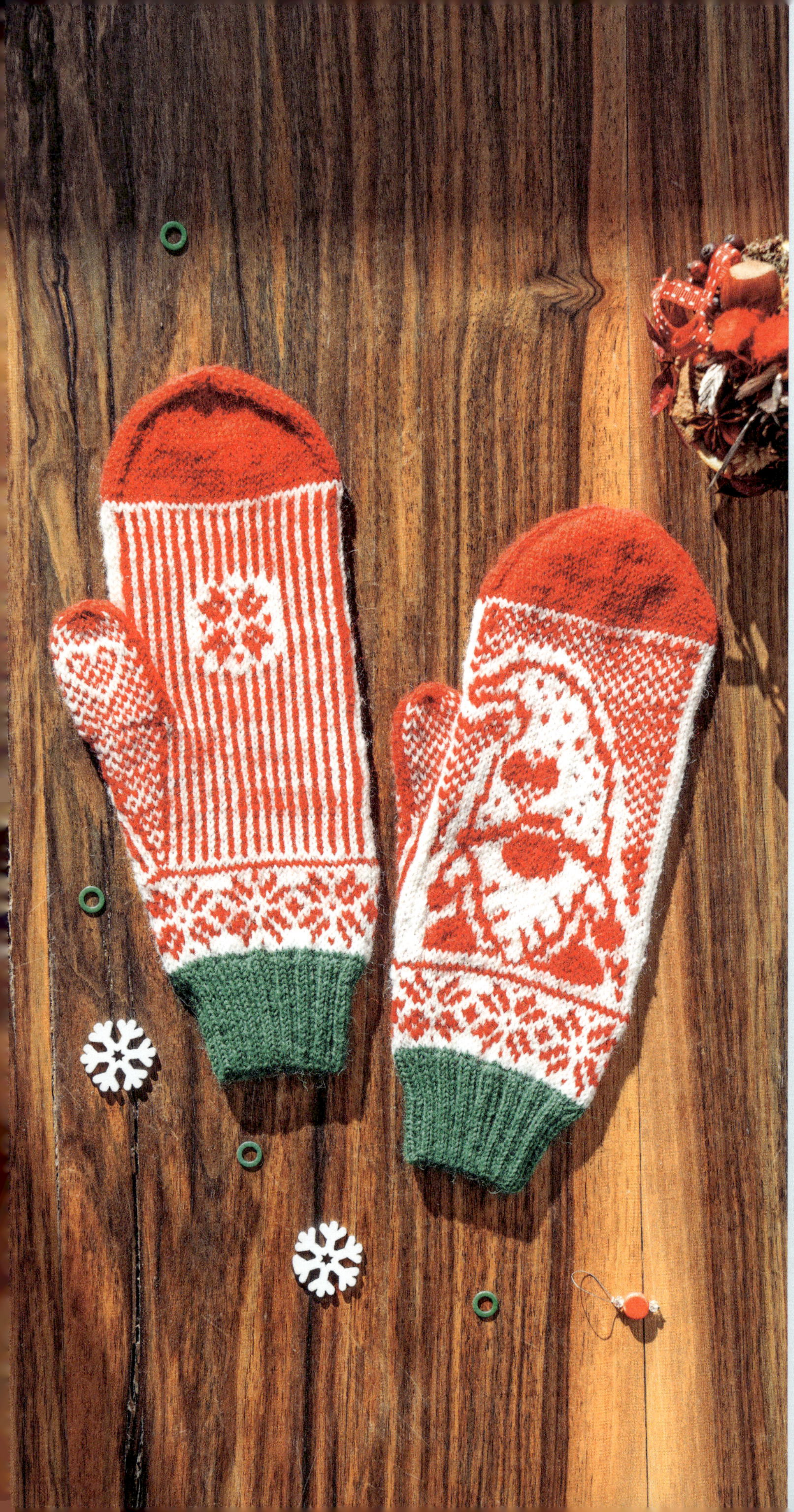

Schwierigkeitsgrad
Fortgeschritten

Größe
Einheitsgröße Damen
Länge: ca. 26,5 cm einschl. Bündchen
Breite: ca. 9,5 cm
ggf. Nadeln und Garn entsprechend der Maschenprobe anpassen

Material
Opal Sockenwolle 4-fädig
(LL: 210 m/50 g)
ca. 10 g Grasgrün (#1990)
ca. 30 g Weiß (#2620)
ca. 25 g Rot (#5180)

Nadelspiel Stärke 2–3 (je nachdem wie fest gestrickt wird)

Strickmuster
Bündchen (2 M rechts, 2 M links im Wechsel)
glatt rechts

Maschenprobe
Im Jacquardmuster
ca. 19 M und 18 R = 5 cm x 5 cm

Eine kleine Fotoanleitung für das Stricken der Fäustlinge findest du auch auf Seite 98–100.

Wichtelwärmer

Schlage 64 M in Grasgrün an, verteile diese gleichmäßig auf einem Nadelspiel (16 M je Nd) und schließe zur Rd.
Stricke Rd 20 im Bündchenmuster.
Stricke nun 1 Rd glatt rechts und nehme dabei gleichmäßig verteilt 8 M zu (72 M).
Folge nun der Strickschrift. (ACHTUNG: Für die rechte bzw. linke Hand gibt es jeweils eine eigene Strickschrift!)

Ab Rd 16 wird zusätzlich das Strickmuster »Daumenzwickel« in die grünen Kästchen eingestrickt.

In Rd 38 bis 1 Masche vor dem Daumenzwickel nach der Strickschrift stricken.
Lege nun die 1 M vor dem Zwickel, die 15 Zwickelmaschen und 1 M nach dem Zwickel auf einem Faden still (17 stillgelegte Maschen).

Tipp: Damit man die Maschen später wieder besser aufnehmen kann, lege ich die Maschen immer auf einem doppelt gelegten Faden still.

Schlage über der Lücke 3 neue M an und stricke weiter nach der Strickschrift.
Nach Beenden der Strickschrift den Faden abschneiden, durch die restlichen M ziehen und vernähen.

DAUMEN

Nehme die 17 stillgelegten M wieder auf. Stricke 13 weitere M aus dem oberen Rand heraus. Verteile die 30 M auf 3 Nd und stricke in Rd nach der Strickschrift »Daumen«. Danach Fäden abschneiden, durch die restlichen M ziehen und vernähen.

Strickschrift Daumen/Zwickel

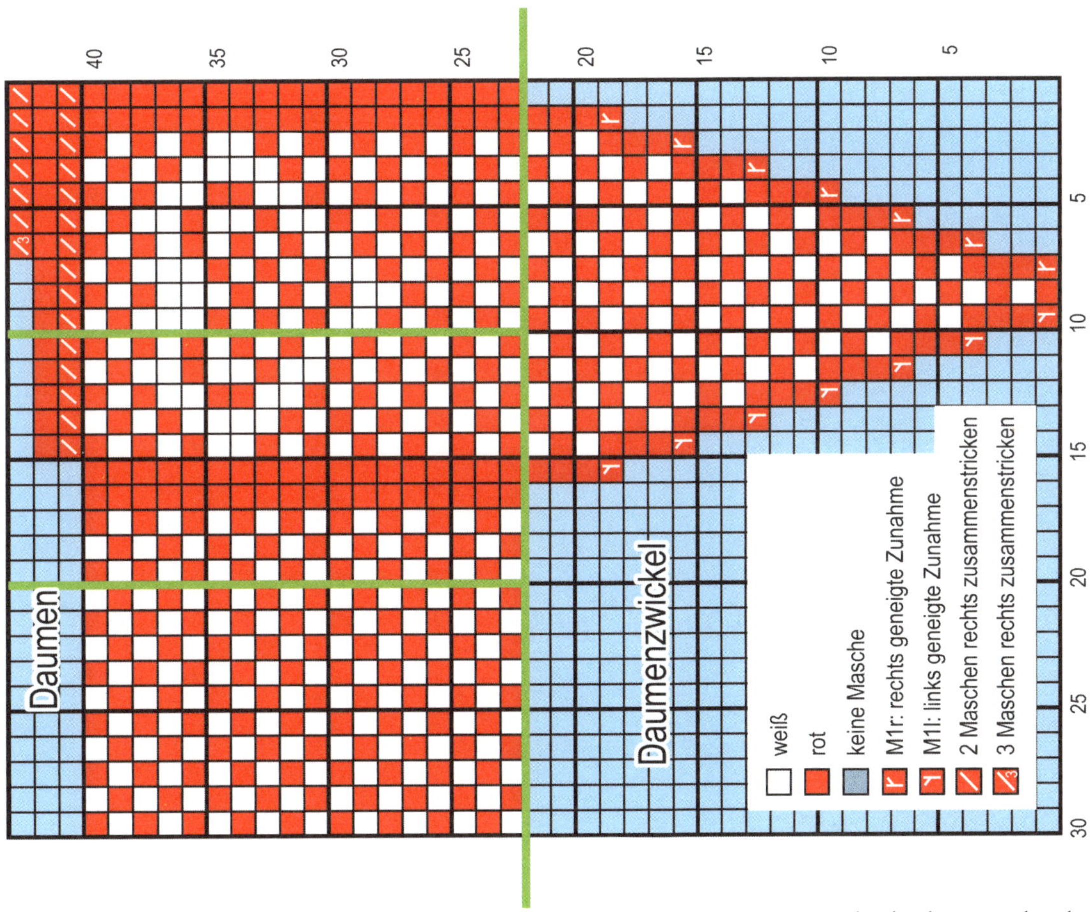

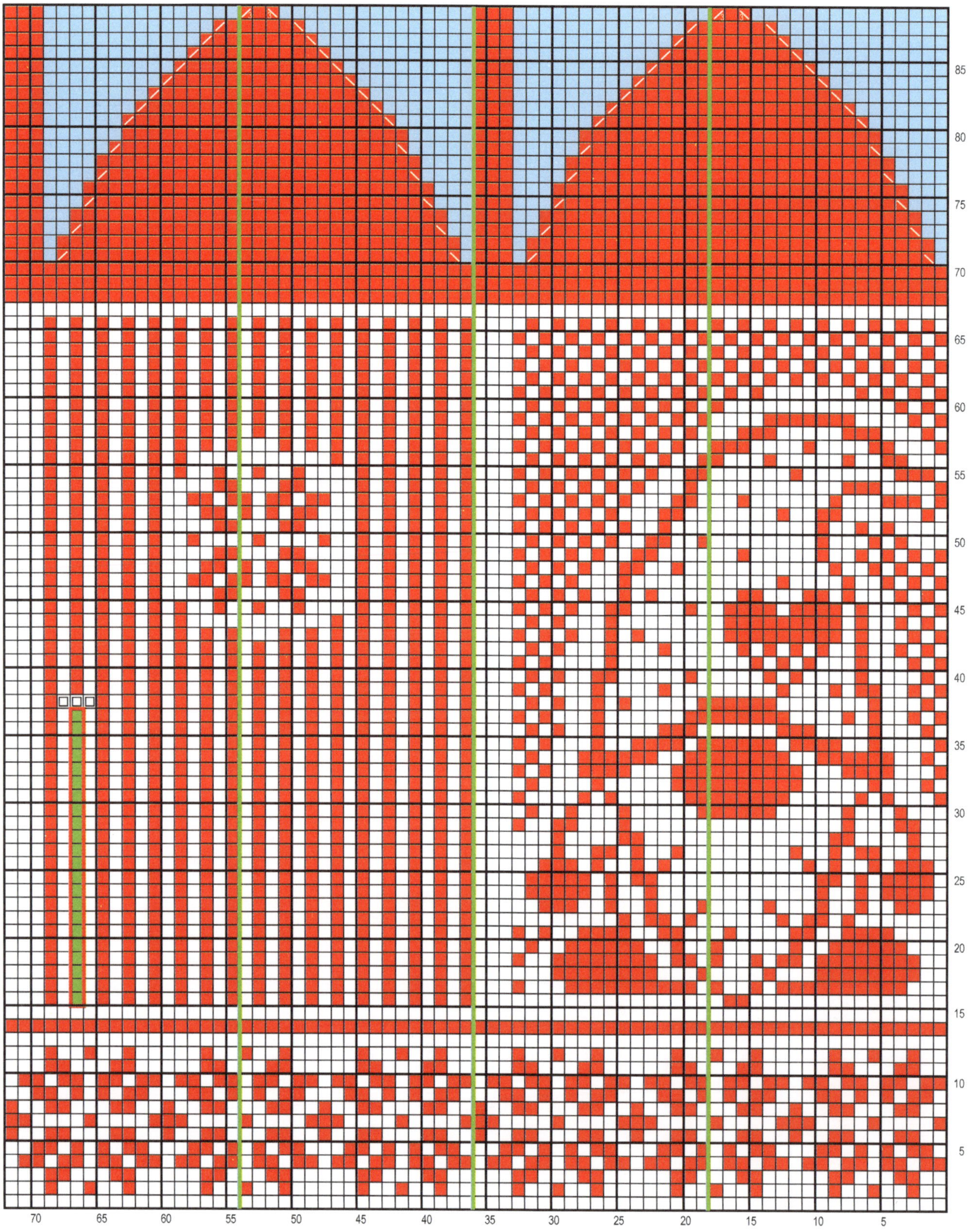

weiß
rot
keine Masche
2 Maschen rechts zusammenstricken
2 Maschen rechts überzogen zusammenstricken
3 Maschen rechts zusammenstricken
3 Maschen rechts überzogen zusammenstricken
neu angeschlagene Maschen (über d. Daumenzwickel)

Strickschrift rechte Hand

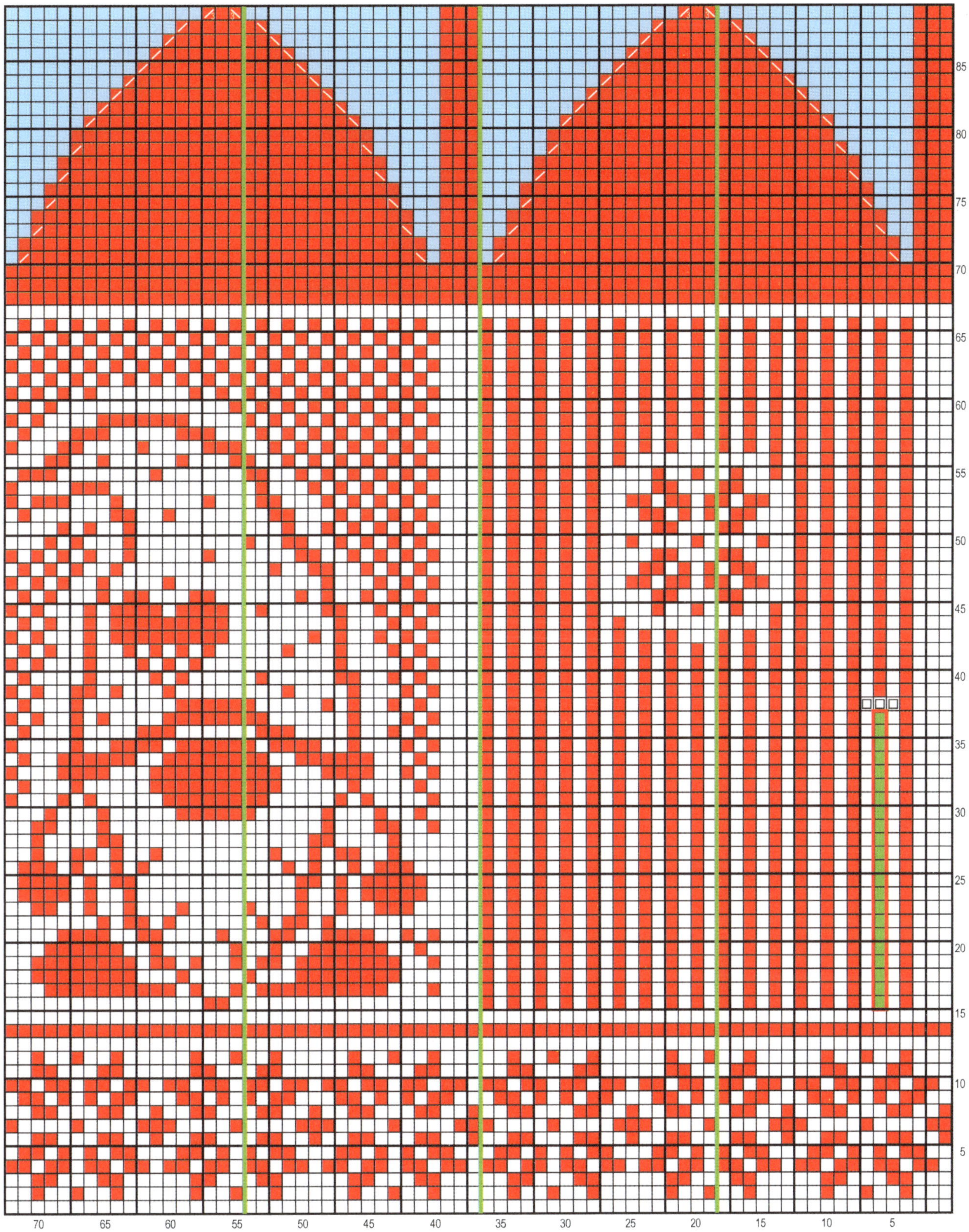

- weiß
- rot
- keine Masche
- 2 Maschen rechts zusammenstricken
- 2 Maschen rechts überzogen zusammenstricken
- 3 Maschen rechts zusammenstricken
- 3 Maschen rechts überzogen zusammenstricken
- neu angeschlagene Maschen (über d. Daumenzwickel)

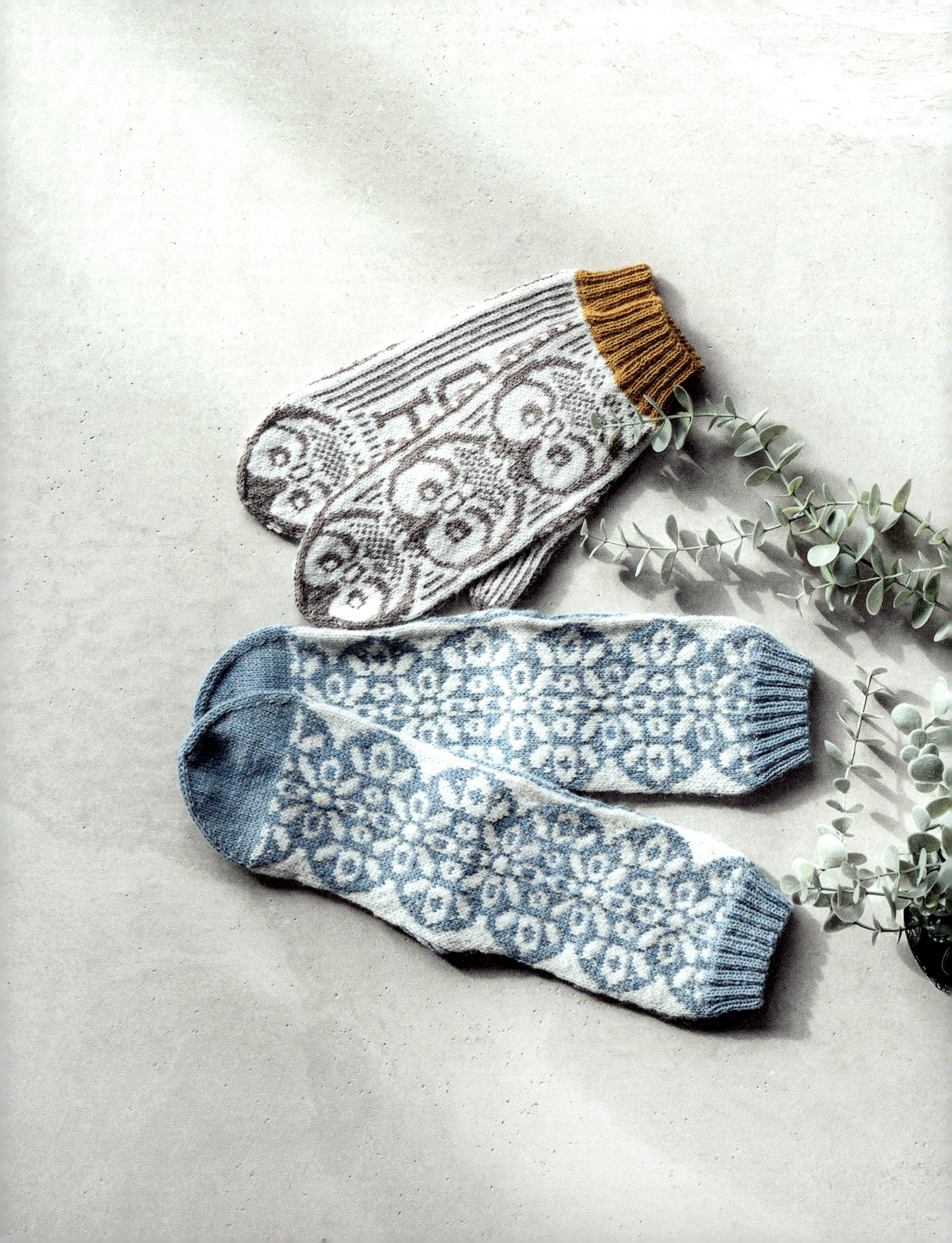

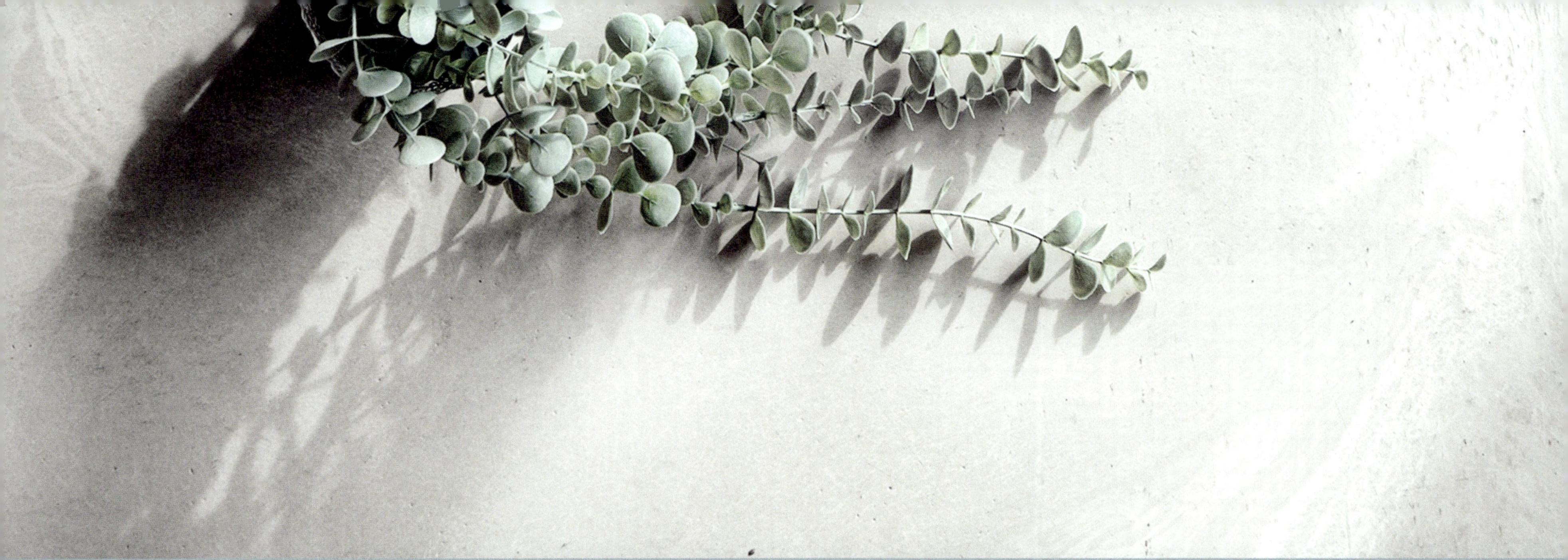

Allgemeine Infos und verwendete Techniken

MASCHENPROBE:

Ich stricke auch die Maschenprobe für mehrfarbig Gestricktes immer in Runden. Zum einen, da es sehr mühselig ist, ein Jacquardmuster in Hin- und Rückreihen zu stricken und zum anderen, weil die Festigkeit von einem in Reihen bzw. Runden gestrickten Stück variieren kann.
Verwende für die Maschenprobe dasselbe Nadelspiel und Garn wie zum Stricken der Socken oder der Handschuhe. Stricke dann eine Maschenprobe in dem angegebenen Muster. Ich stricke dafür ungefähr 6 bis 7 cm des Schaft-Strickmusters in die Höhe und messe daran ab, wie viele Maschen für 5 cm Breite und 5 cm Höhe verwendet wurden. Wurden weniger Maschen gestrickt als in der Maschenprobe angegeben, muss eine dünnere Nadelstärke gewählt werden. Wurden mehr Maschen gestrickt, eine dickere.

ZÄHLMUSTER:

Die Zählmuster werden von unten nach oben und von rechts nach links gelesen. Die etwas dickeren Linien in der Strickschrift zeigen jeweils an, wie die Maschen auf den vier Nadeln des Nadelspiels verteilt sind.

Hier noch eine kleine Info zum Lesen der Strickschrift »Daumenzwickel/ Daumen« der Handschuhe:
Die Strickschrift des Daumenzwickels wird ebenfalls von unten nach oben und von rechts nach links gelesen. Der Zwickel wird bis zur eingezeichneten dicken Linie gestrickt. Die Strickschrift oberhalb der dicken Linie gilt den 30 Daumenmaschen. Die vertikalen dicken Linien zeigen an, wie die Maschen auf den drei Nadeln verteilt sind (jeweils 10 Maschen).

VERWENDETE TECHNIKEN

2 Maschen rechts zusammenstricken:
In 2 Maschen gleichzeitig wie zum Rechtsstricken einstechen. Dann den Arbeitsfaden holen, durch beide Maschen ziehen und die Masche von der linken Nadel gleiten lassen.

2 Maschen rechts überzogen zusammenstricken:
1 Masche wird wie zum Rechtsstricken abgehoben, die folgende Masche wird rechts gestrickt und die abgehobene Masche wird dann über die gestrickte Masche gehoben.

3 Maschen rechts zusammenstricken:
In 3 Maschen gleichzeitig wie zum Rechtsstricken einstechen. Dann den Arbeitsfaden holen, durch die drei Maschen ziehen und die Masche von der linken Nadel gleiten lassen.

3 Maschen rechts überzogen zusammenstricken:
1 Masche wird wie zum Rechtsstricken auf die rechte Nadel gehoben. Die nächsten beiden Maschen werden rechts zusammengestrickt. Die abgehobene Masche wird dann über die eben zusammengestrickten Maschen gehoben.

M1r bzw. rechts geneigte Zunahme:
Hole den Querfaden zwischen der zuletzt gestrickten und der neuen Masche mit der linken Nadel von hinten nach vorne auf die linken Nadel. Stricke die Masche durch den vorderen Umschlag ab.

M1l bzw. links geneigte Zunahme:
Hole den Querfaden zwischen der zuletzt gestrickten und der neuen Masche mit der linken Nadel von vorne nach hinten auf die linken Nadel. Stricke die Masche verschränkt bzw. durch den hinteren Umschlag ab.

ABKÜRZUNGEN

Damit die Anleitungen so flüssig wie möglich zu lesen sind, habe ich versucht weitestgehend auf Abkürzungen zu verzichten. Hier ist eine Liste mit den Abkürzungen, die dennoch enthalten sind:

LL = Lauflänge
M = Masche(n)
Nd = Nadel(n)
R = Reihe(n)
Rd = Runde(n)

M1r = Make 1 right, rechts geneigte Zunahme
M1l = Make 1 left, links geneigte Zunahme

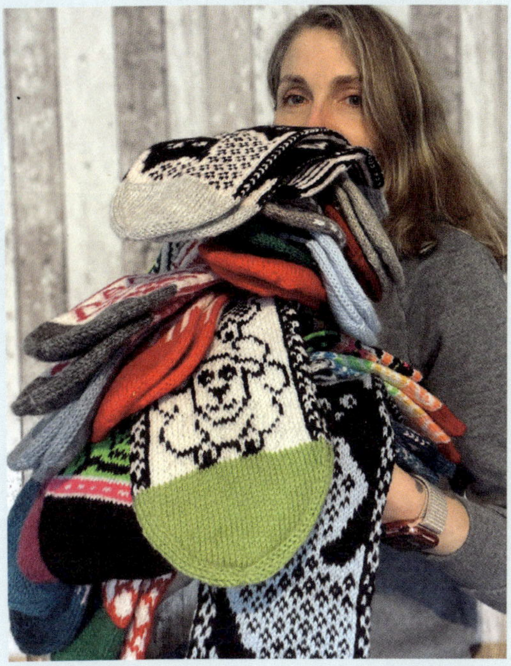

DIE AUTORIN

Andrea Hoedt-Konken, geboren 1979 in Norden, hat das Stricken im Alter von neun Jahren von ihrer Mutter gelernt und seitdem nie wieder damit aufgehört.
Heute strickt sie hauptsächlich mehrfarbig und großflächig gemusterte Socken und Handschuhe. Ihr Ziel ist es, dem Stricken ein frisches Image zu verleihen. Immer wenn behauptet wird, dass Stricken langweilig und altbacken ist, sieht sie es als zusätzliche Motivation, moderne, lustige und interessante Muster zu entwerfen und zu stricken.

Seit einigen Jahren teilt Andrea unter dem Synonym **@Naehbenwirkung** ihre Strickmuster auf Instagram und Etsy und freut sich, ihre Leidenschaft für das Stricken mit anderen zu teilen.

Hauptberuflich arbeitet sie als Mediengestalterin und lebt mit ihrem Mann und ihren beiden Kindern im schönen Ammerland in Norddeutschland.

Liebe Leser:innen,
wir freuen uns, dass wir euch mit diesem Buch inspirieren und Teil eurer kreativen Reise sein dürfen. Noch mehr Inspiration, originelle Ideen und besondere Themen findet ihr auf unserer Verlagsseite www.stiebner.com.

Lasst uns zusammen kreativ werden!

Wir sind immer offen für eure Anregungen, Wünsche und Kritik – schreibt uns gerne unter verlag@stiebner.com.
Da geteilte Freude bekanntlich doppelte Freude ist: Zeigt uns eure kreativen Ideen und fertigen Projekte auf Social Media! Markiert uns mit @stiebnerverlag und die Autorin mit @naehbenwirkung oder nutzt die folgenden Hashtags:

#StiebnerVerlag #StiebnerKreativ #naehbenwirkung #BunteSockenWitzigeHandschuheStricken

Text und Charts: Andrea Hoedt-Konken
Fotografie: Susanne Jaeger
Cover & Layout: Danai Afrati
Projektleitung und Lektorat: Stefanie Klapetek
Druck: Graspo printing house, Tschechien

ISBN 978-3-8307-2156-7
Bibliografische Information der Deutschen Nationalbibliothek:
Die Deutsche Nationalbibliothek verzeichnet diese Publikation in der Deutschen Nationalbibliografie; detaillierte bibliografische Daten sind im Internet über http://dnb.dnb.de abrufbar.

www.stiebner.com